MIGUEL HERNÁNDEZ DESDE AMÉRICA

Editores

Aitor L. Larrabide   Elvia Ardalani

© Fundación Cultural Miguel Hernández
© University of Texas-Pan American Press
© Aitor L. Larrabide
© Elvia Ardalani

ISBN 978-0-938738-24-4

Primera edición: 2011

Library of Congress Cataloging in Publication Data

1. Hernández, Miguel—1910-1942—Criticism and interpretation.2. Spanish poetry- Spain -20th century. 3. Spanish literature –Spain-20th century. I. Larrabide, Aitor L. II. Ardalani, Elvia.
PQ6615.E57 M54 2011

Fundación Cultural Miguel Hernández
C/. Miguel Hernández, 75
03300-Orihuela (Alicante)
España
c.e. administracion@miguelhernandezvirtual.com
Sitio web: www.miguelhernandezvirtual.com

The University of Texas-Pan American Press
1201 W. University Drive, Lamar Building Room 9A
Edinburg, Texas 78539

Portada: Ismael Aguilar, agruismael@gmail.com.
Cuidado de la Edición: Francisco Macías Valdés.

Impreso en Estados Unidos
Printed in the United States

PRESENTACIÓN

El presente volumen surgió de la necesidad que los estudiosos de la poesía de Miguel Hernández han señalado en los últimos años: plantear una reconstrucción de la obra hernandiana desde distintas perspectivas, liberándola de los esquemas estrictamente biográficos que tanto han influido en la crítica tradicional y abriéndola a otras aproximaciones teóricas que permitan estudiarla en toda su riqueza. Nos interesó, especialmente, la visión de la poesía de Hernández en el continente americano, al que llegó casi a la par que los barcos del exilio español. El recibimiento de su obra en los distintos países de América, su influencia en otros poetas tanto americanos como españoles, y la visión americana de su obra, son campos de investigación que pueden enriquecer el acervo crítico de los estudios hernandianos. En este año de homenajes al poeta oriolano universal, nos pareció acertado iniciar la reconstrucción de los puentes que llevaron su voz a tierras americanas. Este volumen no pretende ser definitivo: es apenas un primer paso en lo que, creemos, puede ser un terreno fértil de nuevas aproximaciones teóricas.

Agradecemos profundamente a la Fundación Cultural Miguel Hernández, a su director Juan José Sánchez Balaguer y al distinguido Patronato de la misma por todo el apoyo ofrecido para la realización de este proyecto, y por cuanto han hecho para diseminar la obra del poeta a lo largo de los años. Nuestro agradecimiento también a la Universidad de Texas-Pan Americana, particularmente al Departamento de Lenguas Modernas y Literaturas y a su director, el Dr. Glenn Martínez, por su interés en que este volumen viera la luz. A Francisco Macías Valdés, de la Biblioteca del Congreso de Estados Unidos, y entrañable amigo, por su atinada asesoría técnica y las muchas horas empleadas en el cuidado de esta edición. De igual manera agradecemos a María José Mielgo Busturia, directora de la revista *Alborada-Goizaldia*, por su entusiasmo en la realización de este proyecto. Finalmente, nos queda agradecer a los colaboradores de este libro y a las instituciones que representan. Sin su visión crítica y su entusiasmo este libro no hubiera llegado a convertirse en realidad.

Aitor L. Larrabide   Elvia Ardalani

RECORDANDO A UN GRAN POETA: MIGUEL HERNÁNDEZ

Juan Cano Ballesta
Universidad de Virginia, Emeritus

Madrid, septiembre de 2010

El centenario del nacimiento de Miguel Hernández, que celebramos este año 2010, es una gran oportunidad para conmemorar su figura, recordar al hombre y al poeta, y profundizar en el conocimiento de su vida y obra mientras le rendimos un merecido homenaje. Miguel Hernández es un extraordinario poeta que sorprendió en su tiempo y rompió moldes en las letras de los años treinta: resucitó el auto sacramental, llevó a su cumbre la elegía, renovó el género lírico, dio un nuevo rumbo a la poesía amorosa, creó el teatro de guerra, cultivó el artículo periodístico, etc.

Yo recuerdo con emoción el efecto fulminante que me produjo la poesía de Miguel Hernández en el primer contacto que tuve con ella. Con avidez la leía yo en la única edición entonces disponible, la *Obra escogida (Poesía, Teatro)* de Arturo del Hoyo, publicada por Aguilar en 1952 bajo la severa vigilancia de la censura, que sólo permitió incluir dos poemas de *Viento del pueblo*. Su pasión, su fuerza, su entusiasmo juvenil me fascinaron, pero también su lenguaje, a veces abarrocado y dificultoso, me intrigaba y despertaba una curiosidad difícil de saciar, que me empujaba a indagar y adivinar lo que el joven poeta quería decir con aquellas metáforas insólitas y preñadas de misterio. Me asombraba su potencia creadora, su inspiración desbordante y aquel titánico esfuerzo por superar su rudeza original expresando los hallazgos de tanta fantasía y tanta pasión en versos tradicionales y en moldes clásicos. La frescura, el vibrante lirismo y la profundidad teológica de su auto sacramental, combinados con el contacto vivo con la realidad social de los turbulentos años de la República, sorprendieron entonces y siguen hoy causando asombro.

Sus sonetos amorosos de *El rayo que no cesa* (1936) suscitaron la admiración y el entusiasmo de todo lector, a cuyas manos llegaban. El mismo Juan Ramón Jiménez quedó impresionado y llegó a hablar de los "sorprendentes sonetos amorosos" del poeta de Orihuela presentándolos como modelos de auténtica poesía. No es de extrañar que pensara así el poeta de Moguer, pues ¿qué otra impresión pueden producir estrofas como esta?:

> Por tu pie la blancura más bailable,
> donde cesa en diez partes tu hermosura,
> una paloma sube a tu cintura,
> baja a la tierra un nardo interminable.

En sus claras alabanzas al poeta de Orihuela, Juan Ramón Jiménez no pierde la oportunidad de lanzar una puya a un prestigioso poeta como Pedro Salinas, que en los últimos años había publicado nada menos que dos valiosos libros de lírica amorosa como *La voz a ti debida* y *Razón de amor,* excelentes obras que eran ciertamente muy diferentes del libro de Miguel Hernández. También José Ortega y Gasset escribe a Miguel pidiéndole poemas para su *Revista de Occidente* y pronto se publican en ella varios sonetos y la "Elegía" a Ramón Sijé, como Miguel escribe a los padres de éste en enero de 1936.

Pero Miguel Hernández, además de sus sonetos, escribió también, varios años después, unos conmovedores poemas de amor, y no hablamos de un amor idealizado y platonizante, sino del amor físico, como encuentro de los cuerpos, como acontecimiento de trascendencia cósmica, algo totalmente nuevo y desconocido en la poesía española de siempre, algo que no tenía nada que ver con la poesía romántica ni con los poetas modernistas, ni con los versos de Pedro Salinas. Miguel Hernández fue un gran innovador también en el género amoroso.

Podemos decir que la guerra y el amor son los dos acontecimientos que el poeta vivió con más pasión y a los que se entregó de un modo total y absoluto. Por eso revelan de forma muy eficaz su auténtica alma de hombre y de poeta. Es, por tanto, *Viento del pueblo* el otro gran libro que conviene resaltar del poeta de Orihuela. Es *Viento del pueblo* una obra ligada al acontecer histórico (y por tanto también cargada de las escorias del momento) y es la obra más vibrante de quien mereció ser llamado "gran poeta del pueblo" y "el primer poeta de nuestra guerra". Los poemas de este libro surgen de una historia que se está haciendo y en la que tratan de imprimir su huella. El combatiente y el poeta palpitan en él con sus preocupaciones, angustias e ilusiones, en el ritmo atropellado de sus versos, en la fluidez de sus romances y en el chisporroteo de imágenes sorprendentes.

Miguel Hernández logró además renovar y difundir otros géneros literarios: el teatro social (*Los hijos de la piedra* o *El labrador de más aire*) y el periodismo de guerra en una serie de artículos, que publicaron varios periódicos del frente y que yo (junto con Robert Marrast) tuve el honor de dar a conocer en *Poesía y prosa de guerra y otros textos olvidados*, Madrid, Editorial Ayuso, en 1977. Es hora, pues, de que se estudie al poeta de Orihuela en todas sus facetas, no sólo en su lírica, sino también escarbando en sus prosas del frente, en su teatro comprometido y en otros muchos aspectos que revela el estudio cuidadoso de sus archivos.

Miguel Hernández fue, además, un extraordinario ser humano que tuvo que luchar duramente para abrirse camino en la vida, en circunstancias muy difíciles (sin medios económicos, sin trabajo). Madrid, donde hoy es homenajeado, es la misma ciudad en que él pasó tantos apuros económicos y donde él supo también, poco a poco, ir labrándose un futuro, hacerse un nombre, codearse con los mejores escritores (Vicente Aleixandre, Pablo Neruda, Rafael Alberti, Federico García Lorca, entre otros) y escribir en las revistas y periódicos más prestigiosos del momento: *Cruz y Raya*, *Revista de Occidente*, *El Sol*, etc.

Y después, cuando parece que todo lo estaba logrando, cuando estaba llegando a la cumbre, la guerra civil vino a destrozar todos sus planes e ilusiones y Miguel Hernández por pura honradez y sentido de responsabilidad, se pasa tres años de frente en frente (luchando, escribiendo poesía, haciendo periodismo) y después se pasa otros dos años de prisión en prisión ("haciendo turismo", como él escribe con humor amargo en una carta a su esposa) hasta ser sentenciado a muerte y después indultado, muriendo en la cárcel de una tuberculosis pulmonar aguda. La suya es, como todos sabemos, una vida terriblemente trágica.

Han pasado cien años desde su nacimiento y nadie hubiera imaginado lo que hoy iba a significar su nombre y su memoria para las nuevas generaciones. Él tampoco se hubiera imaginado que una importante avenida y una estación del metro de Madrid iban a llevar su nombre, ni que habría una universidad llamada Miguel Hernández, él, a quien tanto le dolía el que las universidades estuvieran cerradas para los hijos de los pobres, y donde a él le hubiera encantado poder estudiar. En abril de 1937 publicó en *Frente Sur* un artículo conmovedor titulado "El hijo del pobre", donde escribe: "Las universidades nunca han tenido puertas ni libros para los hijos pobres"...

Miguel Hernández a lo largo de las décadas pasó de poeta silenciado por el franquismo, que impedía que se publicara su obra, a poeta manipulado y distorsionado por la censura del franquismo, que impedía que se publicara cualquier obra suya que contuviera un mensaje político. Sólo desde los años setenta, Miguel Hernández ha llegado a convertirse en un gran mito reconocido por todos como figura brillante de las letras españolas y como luchador por la libertad y la democracia por su comportamiento humano responsable y valiente durante la guerra, y hoy se le considera, junto con Federico García Lorca, una de las grandes y reconocidas víctimas de la represión franquista.

Hoy es Miguel Hernández el poeta de todos, un poeta universal, de todos los que lo leen y disfrutan con su poesía, su teatro y su prosa. Como tal queremos recordarlo y rendirle homenaje en este y en otros numerosísimos actos, revistas, periódicos y publicaciones, que celebrarán por toda España y por otros muchos países al gran poeta de Orihuela.

EL SUDOR: UN ELEMENTO POÉTICO DE GABRIEL Y GALÁN EN LA POESÍA DE MIGUEL HERNÁNDEZ

Luis Mariano Abad

La dimensión estética y la dimensión política

«El sudor» apareció por primera vez en septiembre de 1937, en el libro *Viento del pueblo*. Ese mismo mes, casi simultáneamente, se publicó también en la revista *Hora de España*, en el número IX. Se conserva, sin embargo, una copia mecanografiada datada en Madrid, con fecha de 24 de febrero de 1937, [1] que aproxima su composición a la de «Las manos», publicado en *Ayuda* el 20 de febrero de 1937, y del que también hay copia mecanografiada con fecha de 15 de febrero. [2] Los dos poemas, contiguos en las páginas de *Viento del pueblo*, parecen responder a un mismo aliento poético. Con una forma semejante —serventesios de pie quebrado escritos en versos alejandrinos— constituyen formulaciones distintas de un mismo tema: la celebración del trabajo, a través de su efecto —el sudor— o de su causa —las manos—, como exaltación de los trabajadores frente a sus enemigos, caracterizados por la ociosidad. Del testimonio de Jorge Luzuriaga se desprende que Miguel Hernández apreciaba especialmente estas composiciones. En la primavera de 1938, durante una conversación que ambos mantuvieron en el frente, cerca de Castellón, aquél elogió el poema «Jornaleros», del que había aprendido de memoria unas estrofas. Hernández no compartió su entusiasmo. Después de confesarle que el estribillo "tenía algo de oficio", le preguntó si había leído «Las manos» o «El sudor». Y añadió: "En ellos me encuentro más cerca de lo que quiero expresar".[3]

Por esas fechas también, en mayo de 1938, Ramón Gaya publicó, en el número XVII de *Hora de España*, un artículo titulado «Divagaciones en torno a un poeta: Miguel Hernández». En la línea marcada por Tomás Navarro Tomás en el prólogo mismo del libro, el pintor murciano critica la "desmedida facilidad" de sus versos:

> Por *Viento del pueblo* circula un vigor que no siempre encuentra empleo apropiado y se extravía, se pierde entonces como una fuerza inútil.

Un poema se salva de esta crítica: «El sudor». Un poema que Ramón Gaya considera que "puede calificarse de muy hermoso":

> La facilidad está en él como quisiéramos que estuviera siempre, empleada y no utilizada, es decir, que no resulta retórica y mitin, sino pasión y entrega.

Sin embargo, las cualidades que lo hacen estimable para Gaya no parecen coincidir con el propósito con que lo compuso Hernández:

> Nótese que Miguel Hernández no sólo habla aquí del sudor por lo que el sudor del trabajo significa en el hombre de nobleza y dignidad —más bien ésta es la parte del poema que a él le fracasa— sino que se enamora del sudor como sudor puro, como cosa, como sola existencia, y consigue llenarlo entonces de una hermosura que en la realidad vulgar no puede, naturalmente, tener.

Reconoce Ramón Gaya el valor que adquiere el sudor como atributo del trabajo, y la dignidad que ello representa para los trabajadores, pero relega esta dimensión simbólica —"la parte del poema que a él le fracasa"— a un segundo plano frente a la plasticidad y la potencia con que refleja el referente real; lo que Gaya aprecia y pondera verdaderamente en estos versos es que en ellos se manifiesta, precisamente, no lo que el sudor "quiere decir", sino "lo que el sudor parece o es en sí mismo". Relaciona esta capacidad de crear una "mentira hermosa" con una cualidad levantina que posee Miguel Hernández por razón de su procedencia, y continúa su reflexión planteando la cuestión de las relaciones entre la verdad de la realidad y el arte. Estas "divagaciones" aparecieron apenas unos meses después de que fuera publicado *Viento del pueblo*, pero dejan ya bastante definido el punto de vista desde el que la crítica contempló, con un sesgo muy poco favorable, durante mucho tiempo, los poemas de guerra e incluso la poesía hernandiana en su totalidad.

Desde este punto de vista, el mérito del poema queda en gran medida desligado de su carácter social y político. La influencia de semejante planteamiento gravita todavía sobre el comentario que Concha Zardoya, ya en 1955, realiza sobre la composición:

> «El sudor» es una oda de exaltación mística de esa agua transparente que ilumina la vida, de esa "blusa silenciosa y dorada" que viste a los trabajadores: el sudor se hace algo bello, delicadísimo, panteísta transfiguración de las fuerzas naturales.[4]

Luis Felipe Vivanco, por el contrario, pondera estas dos composiciones tomando sobre todo en consideración su carácter político, al servicio de la lucha de clases:

> En estos dos poemas Miguel Hernández consigue su mejor acento como poeta de una clase social combatiente. Y es lo que debemos buscar en ellos: revelaciones parciales desde esa conciencia de clase, y no revelaciones últimas de lo humano, como las de Whitman en su «Canto a las ocupaciones» o las de Rilke en sus poemas a las manos de los pobres.[5]

Restituye Vivanco a estos versos su carácter revolucionario, al servicio de la clase trabajadora, del que Ramón Gaya hacía abstracción en su enjuiciamiento. También Serge Salaün se sitúa en esta línea interpretativa:

> Es lo que justifica, por todo lo que implica el sudor en la historia del hombre, la restauración de la hegemonía popular (la comunidad de los que trabajan), y la inversión de los valores sociales perversamente impuestos por los que no habéis sudado jamás...[6]

Podría concluirse que, a lo largo del tiempo, en el proceso de fijación del sentido de «El sudor», la crítica ha ido modificando sus interpretaciones y ha otorgado una importancia cada vez mayor a la dimensión social y política del poema; en lo que respecta, sin embargo, a su cualidad estética, no hay diversidad de posturas, sino que más bien se aprecia una completa unanimidad: «El sudor» es una de las composiciones más y mejor valoradas de *Viento del pueblo*.

La poesía impura

Desde una aproximación estética al poema resulta inevitable la referencia a Neruda y a su poesía impura. Un tema tan "aparentemente prosaico", por decirlo con palabras de Ramón Gaya, parece remitir de manera casi directa al célebre prólogo que Pablo Neruda escribió en el número primero de *Caballo Verde para la Poesía*, de octubre de 1935. "Sobre una poesía sin pureza", en efecto, alude al sudor de manera explícita:

> Así sea la poesía que buscamos, gastada como por un ácido por los deberes de la mano, penetrada por el sudor y el humo, oliente a orina y a azucena, salpicada por las diversas profesiones que se ejercen dentro y fuera de la ley.

Y se reiteran estas alusiones unas líneas más adelante:

> [...] y el producto poesía manchado de palomas digitales, con huellas de dientes y hielo, roído tal vez levemente por el sudor y el uso.

Son bien conocidas la admiración que Miguel Hernández sintió por Neruda y la influencia que el poeta chileno ejerció sobre su evolución poética. La trascendencia que los prólogos nerudianos a *Caballo Verde* tuvieron en la época, unida al hecho de que en ese primer número publicó Miguel Hernández el poema «Vecino de la muerte» explican sobradamente la relación que entre «El sudor» y la poesía de la impureza suele establecerse. Stephen Hart sintetiza la cuestión muy acertadamente:

> Es evidente (...) que, en cuanto al tema mismo —el sudor (palabra tabú en la sociedad culta)— y la agresividad de

la emoción expresada en el poema, el poema miguelhernandiano merece el calificativo de "impuro". Eso es, precisamente, lo que «El sudor» tiene en común con la poética nerudiana.[7]

Considera, sin embargo, el autor, que la influencia que Neruda ejerce sobre Hernández ha sido con frecuencia exagerada por la crítica. Incluso en un poema como éste, de tan marcada impronta nerudiana, lejos de mera imitación, pueden apreciarse elementos que demuestran la originalidad del poeta oriolano:

> Pero hay algo en el estilo del poeta oriolano que le distingue radicalmente de Neruda. «El sudor» recurre, a diferencia de la poesía nerudiana, a un gongorismo que tiene el efecto de embellecer y sublimar cuanto toca (...) La huella del célebre cordobés queda hondamente marcada en «El sudor», donde Hernández recurre a imágenes tan gongorinas como "el plumaje" del sudor (estrofa 1) y sus "áureas enredaderas" (estrofa 2) (...) «El sudor» es el resultado de la fusión de lo nuevo -poesía impura- con lo tradicional -gongorismo- (...) Conviene subrayar que el enlace de poesía social y gongorismo es un rasgo exclusivamente hernandiano.[8]

Desde este punto de vista, por tanto, la influencia nerudiana no alcanza a explicar, por sí sola, la singularidad de este poema. La huella gongorina, la potencia metafórica que Hernández desarrolló a partir de *Perito en lunas*, confieren una personal impronta a «El sudor» que lo alejan de la imitación ciega o servil, hasta el punto de que, para Stephen Hart, lo convierten en "una muestra ejemplar de la independencia literaria de Hernández".[9]

El trabajo y el sudor

Para Ramón Gaya el mérito principal de estos versos reside en haber dado al sudor "fisonomía, presencia, carne", centrándose en lo que el sudor "parece o es" y no en "lo que quiere decir". Parece claro, sin embargo, que el propósito comunicativo del poeta queda más fielmente considerado desviando la palabra "sudor" de su significado literal; que el sentido del poema requiere de manera imprescindible una interpretación simbólica del sudor como cifra o signo del trabajo a la que se subordinan la plasticidad de sus imágenes y la originalidad de sus metáforas.

Esta vinculación simbólica entre el sudor y el trabajo la encontramos también en otros poemas de *Viento del pueblo*: en «El niño yuntero», publicado en febrero de 1937, muy próximo, por tanto, a la fecha de composición de «El sudor», escribe Miguel Hernández:

> Contar sus años no sabe
> y ya sabe que el sudor
> es una corona grave
> de sal para el labrador.

Una imagen que, por otra parte, queda ya acuñada en *Los hijos de la piedra*, de 1935. En la primera escena de la obra encontramos ya la misma metáfora:

> MINERO 3º. —Me quito una corona de sudor y enseguida me rodea otra la frente.

También la encontramos en «Sonreídme», de la misma época, para expresar el hermanamiento del poeta con los trabajadores:

> (…) los que conmigo en surcos, andamios, fraguas, hornos, os arrancáis la corona del sudor a diario.

En «Aceituneros», compuesto en marzo de 1937, también se asocian, de manera natural, ambos conceptos, sudor y trabajo:

> No los levantó la nada,
> ni el dinero, ni el señor,
> sino la tierra callada,
> el trabajo y el sudor.

«Jornaleros», que en su primera aparición en *La voz del combatiente*, núm. 56, el 25 de febrero, aparece fechada en "Madrid, 14 de febrero de 1937"[10] contrapone de nuevo a los trabajadores con sus enemigos a través de la imagen del sudor unido al trabajo:

> Esta España que habéis amamantado
> con sudor y empujes de montaña,

> codician los que nunca han cultivado
> esta España.

Y en «Las manos», ya citado, encontramos también una asociación semejante:

> Endurecidamente pobladas de sudores
> retumbantes las venas desde las uñas rotas,
> constelan los espacios de andamios y clamores,
> relámpagos y gotas.

Entre febrero y marzo de 1937, por tanto, escribe Hernández una serie de poemas que giran alrededor de un mismo eje temático: el trabajo. Aunque el enfoque se realiza desde distintos ángulos, en todos ellos se aprecian manifiestas coincidencias: desde una postura revolucionaria el poeta denuncia la explotación de los trabajadores y los exhorta a que se levanten contra ella. Y en todos estos poemas, de una u otra forma, a través de distintos procedimientos, el sudor aparece siempre vinculado al trabajo.

Algunas de estas imágenes mediante las que quedan ligados los dos conceptos han sido ya empleadas por Miguel Hernández en obras anteriores. En los poemas de *Viento del pueblo*, como, en general, en toda su obra, puede comprobarse cómo algunos elementos, tanto temáticos como formales, de etapas anteriores reaparecen utilizados con nuevos valores que adquieren al integrarse ahora en sistemas significativos distintos. Así, los primeros versos del poema, tan encomiados por Ramón Gaya, están ya prefigurados, en cierto modo, en el auto sacramental, *Quién te ha visto y quién te ve*, en la escena VI de la parte segunda, cuando el Deseo incita al Hombre para que ceda a la tentación de la Carne y quite la vida al Pastor:

> ¿Vivirás siempre hecho un río
> de lágrimas?; hecho un mar
> de sudor y de pesar?:
> sudor del ojo al que hiere
> todo; cuerpo que no quiere,
> lagrimoso, trabajar...

En esta misma obra, en la escena III de esa misma parte segunda, el Estío exhorta al Hombre al trabajo en los siguientes términos:

> Prepara el cuerpo al sudor,
> prepara el pecho a la angustia,
> prepara la mano al callo
> y a la tierra la cintura.

La asociación de la sal y del sudor que, como hemos visto, utiliza también en *Los hijos de la piedra* y recrea en «El niño yuntero», la ensaya Hernández ya en *El labrador de más aire*, de 1935. En el acto segundo, Juan, el protagonista, se enorgullece ante Isabel de su condición de labrador:

> Y que desde que la esteva
> llevo, con su manantial
> siempre el sudor me renueva
> una corona de sal.

En esta cuarteta observamos además, cómo se conforma la imagen central de la cuarta estrofa de «El sudor»: "Cuando los campesinos van por la madrugada / a favor de la esteva..." En la misma obra, ante Don Augusto, terrateniente, Juan reivindica su derecho a la tierra, fundado en el trabajo. La idea del sudor que se vierte sobre la tierra, y la lentitud con que brota, conceptos ambos que encontramos en el poema de *Viento del pueblo*, aparecen ya en sus palabras:

> (...) y le doy, diariamente,
> un manantial con la frente
> y con las plantas un beso.
> (...) Por ella soy un arroyo
> de sudor amargo y lento.

La contraposición entre el trabajador y el explotador se plantea también en este mismo parlamento de Juan, quien se formula una pregunta cuyos ecos se perciben en el poema «Aceituneros»:

> ¿Qué huesos o qué sudor,
> qué sangre o qué pies le da?

> Nadie merece ser dueño
> de hacienda que no cultiva (...)

La metonimia por la cual la palabra "sudor" adquiere en la poesía de Hernández el valor de 'trabajo' es, como vemos, una constante estilística, un motivo recurrente a lo largo de su trayectoria poética; sudor y trabajo son conceptos que quedan acuñados, como las dos caras de una misma moneda, de manera casi indivisible en la poesía hernandiana. De nuevo los encontramos en *Pastor de la muerte*, también de 1937, como los poemas de *Viento del pueblo*. En el acto cuarto, en la escena II del cuadro primero, después de que el Cubano haya realizado una exaltación de la lucha identificándola con las virtudes del trabajo, se cierra la escena con una Voz General que agrupa a todos los soldados. A propósito de las ametralladoras, dice:

> Sed la máquina pura
> que hago arder y girar:
> la muralla de máquinas
> de la frágil ciudad
> del sudor, del trabajo
> defensor de la paz.

Del *Génesis* a Gabriel y Galán

Parece evidente que ese nexo indisoluble entre sudor y trabajo se remonta, en última instancia, al capítulo tres del Génesis; a la maldición de Dios que recae sobre Adán por haber desobedecido su mandato: "ganarás el pan con el sudor de tu frente". En el mismo parlamento de *El labrador de más aire* que citábamos más arriba, cuando reivindica con orgullo su condición de trabajador de la tierra, Juan integra en su alegato el versículo bíblico:

> Arrogante y aldeano,
> me honra extremadamente
> decir que mi pan lo gano
> con el sudor de mi frente.

No debemos pensar, sin embargo, que la imagen del sudor como símbolo del trabajo se explica por la influencia directa de la Biblia. Entre las Sagradas Escrituras y la poesía hernandiana media la figura de Gabriel y Galán, poeta salmantino cuya obra deja en la de

Hernández una huella más profunda y duradera de lo que habitualmente sostiene la crítica.[11]

José María Gabriel y Galán nació en 1870 en el pueblo salmantino de Frades de la Sierra. Como la de Miguel Hernández, fue su vida extremadamente breve. Murió muy joven, en 1905, sin llegar a cumplir los 35 años. Ajeno a los círculos literarios de su época, se le consideró en su tiempo poeta natural, de la tierra, como un cuarto de siglo después se consideraría también al oriolano[12]; su apego a la tradición, tanto en lo formal —aunque también experimentó con los ritmos modernistas— como sobre todo en lo ideológico, determinaron que sus contemporáneos lo convirtieran en estandarte de una reacción antimodernista. Francisco Villegas, prologuista de la primera edición de *Castellanas*, en 1902, oponía al decadentismo de los simbolistas los temas de Gabriel y Galán:

> Patria, religión, amor casto, resignación, trabajo, constituyen los ideales y sentimientos a que el poeta de *Castellanas* rinde fervoroso culto.[13]

Aunque se considerase a sí mismo ajeno a cualquier bandería política e intentase eludir en vida la polémica partidista, el profundo conservadurismo de su ideario y el sincero sentimiento religioso de toda su obra determinaron que muy pronto se identificara su poesía con posturas claramente de derechas. El obispo de Salamanca, el padre Cámara, se empeñó en costear la primera edición de sus poemas y prologó personalmente el volumen ofreciéndolo a los lectores como "remedio para tanta pestilencia socialista y libertaria".[14] En una época en que la cuestión agraria se convirtió en uno de los más importantes focos de tensión política y social, los versos de Galán ofrecen una visión bucólica e idealizada de la vida rural de la que desaparece todo rasgo negativo. En un constante y continuado desarrollo del tema de la vida retirada, la paz, la serenidad, la armonía y la belleza serán los atributos del campo, donde todo manifiesta la presencia de Dios. El amor al trabajo rige la vida humilde de pastores y labradores que, con su profunda religiosidad, encarnan las virtudes tradicionales. Las relaciones entre amos y trabajadores se enfocan siempre desde una perspectiva moral —resignación y aceptación alegre del trabajo para éstos; caridad y amor al prójimo para aquéllos— pero nunca en términos políticos o sociales. Como señaló Emilia Pardo Bazán:

> (...) el corazón de Gabriel y Galán es siempre religioso, siempre de oro viejo cristiano...[15]

Siguiendo esta línea argumental, comenta Carmen Fernández Daza:

> Toda la obra de Gabriel y Galán es religiosa, cristiana, mejor aún, católica. (...) Dios y una fe sin dudas son el motor de sus versos y la dedicatoria última de toda su obra porque Gabriel y Galán vivía en el convencimiento de que a Dios debe el hombre todo cuanto es y cuanto hace (fecundidad, familia, trabajo, tierra: poesía).[16]

Estos presupuestos hondamente cristianos inspiran, desde luego, la concepción del trabajo que de continuo aflora en su obra, auténtico *leit motiv* que se reitera sin cesar a lo largo de toda su producción. Un poema es especialmente interesante en este sentido: se trata del «Canto al trabajo», que apareció en el libro póstumo *Nuevas Castellanas*. Alcanzó en su momento una gran celebridad porque fue ganador del premio que el Centre Catalá de Buenos Aires ofrecía en unos juegos florales de octubre de 1904. En gran medida, este «Canto al trabajo», en versos endecasílabos y heptasílabos, es una reelaboración de un poema anterior, «Canción», del libro *Castellanas*, donde se formulan también semejantes conceptos. Aunque el tema es, como hemos dicho, recurrente en los poemas de Galán, esta composición condensa, en cierto modo, lo que el trabajo representa en su pensamiento. El elemento fundamental de esta concepción es la consideración del trabajo como una ley divina que rige el mundo y a la que el hombre debe someterse:

> A ti, de Dios venida,
> dura ley del trabajo merecida,
> mi lira ruda su cantar convierte;[17]

Una idea también expresada en «Canción»:

> ¡El trabajo es la ley! Todo se agita
> todo prosigue el giro
> que le marca esa ley por Dios escrita,
> dondequiera que miro.

Pero esta ley, lejos de ser interpretada como la maldición que en el *Génesis* aparece, se estima beneficiosa y fructífera en cuanto que por su carácter productivo tiene como consecuencia la fecundidad. El trabajo, en Gabriel y Galán, está consustancialmente ligado a la fecundidad, es "fuente de vida":

> Mas tu voz iracunda
> fulminó la sentencia tremebunda,
> y por tocar en tus divinos labios
> tornóse en ley fecunda (…)
>
> Fecundo hiciste al mundo,
> feliz nos lo entregó tu amor profundo,
> y cuando el crimen tu rigor atrajo,
> nuevamente fecundo,
> si no feliz, nos lo tornó el trabajo.

El mismo concepto que se manifiesta en «Canción»:

> ¡Todo al trabajo se ligó fecundo!

Esta asociación entre trabajo y fecundidad, esta capacidad productora, es la que permite conceptuar el trabajo como segundo creador, después de Dios, del mundo:

> Y gloria a ti, ¡oh fecundo
> sol del trabajo, alegrador del mundo!
> Sin ofensa de Dios, que fue el primero,
> tú el creador segundo
> bien te puedes llamar del mundo entero.

Así considerado, el trabajo es un elemento redentor que dignifica al hombre y en el que se cifra el sentido de su existencia:

> Redimes y ennobleces,
> fecundas, regeneras, enriqueces,
> alegras, perfeccionas, multiplicas,
> el cuerpo fortaleces
> y el alma en tus crisoles purificas.

En «El poema del gañán» aparece también la misma idea:

> Él también intuía
> que el trabajo es virtud, es armonía,
> es levadura del placer humano,
> fuente del bien, secreto de la suerte (...)

El trabajo es, en suma, origen de todo bien:

> Al padre y al esposo
> les da para los suyos pan sabroso,
> olvido al triste en su dolor profundo,
> salud al poderoso,
> honra a la patria y bienestar al mundo.

Es comprensible, desde esta perspectiva, que junto a la exaltación del trabajo se manifieste una censura de la ociosidad. Frente al elogio de la actividad se opone una vehemente reprobación de la inactividad, por estéril e injusta:

> Tiempos tan esperados
> de la justicia, que avanzáis armados:
> ¡sitiad por hambre o desquiciad las puertas
> de alcázares dorados
> que no las tengan al trabajo abiertas!

> ¡Vida que vive asida
> sabia sorbiendo de la ajena vida,
> duerma en el polvo en criminal sosiego!
> ¡Rama seca o podrida
> perezca por el hacha o por el fuego!

Tres rasgos esenciales, por tanto, caracterizan al trabajo en el sistema poético de Gabriel y Galán: su carácter de ley vital proveniente de Dios, su fecundidad y la dignidad que infunde a los hombres. Todos ellos, junto a la contraposición entre trabajo y ociosidad, son asumidos por Miguel Hernández e incorporados en fecha muy temprana a su obra. En 1930, Luis Almarcha, Vicario General de la Diócesis y director de *El Pueblo de Orihuela*, periódico de la Federación de Sindicatos Agrícolas Católicos de Orihuela, encargó a Miguel Hernández la composición de un poema para ser recitado en la conmemoración del Primero de Mayo. Resulta muy significativo que el joven poeta tomase como modelo el «Canto al trabajo» y se inspirase en él de manera muy directa para escribir «Al trabajo». Aunque las estancias se convierten en sextillas modernistas, pueden reconocerse con claridad los principales núcleos temáticos de Gabriel y Galán. El trabajo como ley vital:

> (…) un canto dedicado con unción santa al trabajo,
> que es grandeza de grandezas, Dios humano, ley vital!

Su fecundidad:

> ¡Glorias, glorias al trabajo procreador del universo,
> progresiva acción de vidas, río de próspero caudal!

Sus efectos ennoblecedores para el hombre:

> Proclamad su recio influjo bienhechor… Él engrandece,
> él sublima y regenera, dignifica y enaltece…
> ¡El trabajo es una escala para ver más cerca a Dios!

No falta tampoco la oposición entre el trabajo y la ociosidad, que acentúa en Hernández su carácter moral:

> ¡Cruz pesada a los inútiles, vagabundos y holgazanes;
> (…)¡Glorias, glorias al trabajo, mar inmenso donde flota
> el cadáver de los vicios como barca frágil rota.

En su «Canto al trabajo» procede Galán por amplificación, presentando una entusiasta enumeración de las distintas labores a las que aplica el hombre sus facultades productivas. Esta relación de actividades no es sino la inversión, en términos positivos, del catálogo de acciones que los moralistas de la antigüedad reprobaban por ser manifestaciones de la codicia humana. Quevedo las recoge en su «Sermón estoico de censura moral», de donde las toma el poeta salmantino para su poema. De éste pasan a los versos del Hernández primerizo, y sus ecos se alcanzan a percibir todavía, años más tarde, en el poema «Las manos»:

> Conducen herrerías, azadas y telares,
> muerden metales, montes, raptan hachas, encinas,
> y construyen, si quieren, hasta en los mismos mares
> fábricas, pueblos, minas.

Es evidente que Miguel Hernández asume plenamente la concepción del trabajo que reflejan los poemas de Gabriel y Galán y hace suyos todos sus planteamientos. Pero la asunción de este esquema ideológico no se limita exclusivamente al poema de 1930, sino que se prolonga a lo largo del tiempo y, con las variaciones que la evolución del ideario hernandiano le impone, constituye todavía la base, el sustrato último, sobre el que se asientan todas esas composiciones que, entre febrero y marzo de 1937, exaltan el trabajo desde una perspectiva revolucionaria.

Huellas de que esa identificación permanece vigente más allá de esos iniciales poemas de adolescencia las podemos apreciar en el auto sacramental *Quién te ha visto y quién te ve*. En la escena II de la parte primera, el Esposo, dirigiéndose a la Esposa, le dice:

> ¡Crear!, por recrear y recrearnos:
> tal fue mi pensamiento.
> Todo el que crea y siembra, es más que algo;
> es algo Dios, si menos.

Se percibe aquí, con nueva formulación, la idea de que el trabajo es un "Dios humano", que procede, a su vez, de Gabriel y Galán: "tú el creador segundo / bien te puedes llamar". La evolución ideológica de Miguel Hernández le llevará, más adelante, a despojar de sentido religioso este concepto, pero, desligado de su raíz católica, se mantiene vivo en sus poemas. Así, en «La fábrica-ciudad», de *El hombre acecha*, una exaltación del trabajo desde una perspectiva sociológica, muy próxima a los valores del realismo socialista, vemos reaparecer la idea del trabajo como fuerza creadora:

> Y los hombres se entregan a la función creadora
> con la seguridad suprema de los astros.

La plena identificación con la visión del mundo de Gabriel y Galán se prolonga mientras Hernández se mantiene en la órbita del pensamiento católico. No sólo en Orihuela, con Ramón Sijé, sino también en Madrid, en el entorno de Bergamín y su revista *Cruz y Raya*. A finales de 1934, cuando, según escribe a Luis Rosales, ya está elaborando el "poema sobre la ciudad" que aquél le sugirió, su sintonía con Gabriel y Galán es tan completa todavía que integra sin dificultad en su «Silbo de afirmación en la aldea» la oposición del campo y la ciudad que Galán realiza, desde una perspectiva moral, en su poema «Regreso». Más tarde, cuando su evolución vital y literaria lo alejan del catolicismo, Hernández no desecha íntegramente este esquema ideológico, sino que lo reelabora, adaptándolo a su nuevo sistema de pensamiento, acomodándolo a sus nuevos valores. De este modo, la ruptura con la noción de trabajo de Gabriel y Galán no es total: en realidad, de todos los rasgos que hemos visto que lo definen, sólo uno desaparece cuando Hernández adopta una posición antiburguesa y revolucionaria: su naturaleza divina, su consideración como ley emanada de la voluntad de Dios. De hecho, en «El niño yuntero», refuta explícitamente tal idea, en unos versos que marcan la distancia que en esos momentos lo separan de la ideología que poco tiempo atrás había compartido:

> ¿De dónde saldrá el martillo
> verdugo de esta cadena?
>
> Que salga del corazón
> de los hombres jornaleros,
> que antes de ser hombres son
> y han sido niños yunteros.

Con esta pregunta y esta respuesta, Hernández no sólo exhorta a los trabajadores a que luchen para acabar con la injusticia del trabajo infantil. En un plano distinto, estos versos constituyen una réplica a aquellos otros que Gabriel y Galán escribió en su poema «La tregua»:

> Muy larga la brega ha sido,
> muy corta ha sido la tregua,
> pero sujetos estamos
> del trabajo a la cadena,
> y nadie romperla debe,
> que a Dios le toca romperla.

Pierde, pues, el trabajo su carácter de ley divina, pero mantiene, en la poesía de guerra de Miguel Hernández, aquellos otros rasgos distintivos que lo definían en el esquema ideológico de Gabriel y Galán: su poder productivo, esto es, su fecundidad, y la dignidad que de él se desprende. No desaparece tampoco la oposición entre el trabajo y la ociosidad, que sustituye el enfoque moral por el social y, adquiriendo una dimensión política, pasa a expresar la lucha de clases entre los trabajadores y los explotadores, entre el jornalero y el terrateniente. Todos estos rasgos los encontramos de nuevo en «La fiesta del trabajo», artículo que escribió, en *Frente Sur*, el 18 de abril de 1937, para conmemorar el primero de mayo. El vínculo entre trabajo y fecundidad se estrecha en este texto hasta tal punto que en él escribe Hernández:

> En Mayo ocupa el trabajo su mediodía. (...) El amor también es trabajo. Mayo es un taller de mujeres y hombres, raíces y animales que resuenan de un modo musical amando y trabajando. La mujer anhela durante este mes, como nunca, ser madre y la tierra es doblemente materna. A las puertas de mayo hay una escritura luminosa que dice: FECUNDIDAD.[18]

Así, todos estos atributos del trabajo, procedentes de una concepción católica, se integran sin modificaciones sustanciales en el ideario de la revolución. Y el símbolo que asume todos estos valores es, justamente, el sudor. En los poemas de Galán, el sudor es un motivo recurrente que aparece una y otra vez; no es que sea el tema de un poema determinado, sino que se trata, más bien, de una auténtica constante a lo largo de sus obras, en las que la exaltación del trabajo es uno de los principales ejes argumentales. Miguel Hernández lo incorpora ya a su propia escritura en 1930, en su poema «Al trabajo» que tan de cerca sigue al «Canto al trabajo» del autor de *Castellanas*:

> Los que fuertes como bronces horadáis las bravas sierras,
> los que alegres y animosos cultiváis las ricas tierras
> con sudor, (...)

A partir de ese momento, el sudor queda ligado indisolublemente al concepto de trabajo y va ser una constante también en la obra de Miguel Hernández, al menos hasta su poesía de guerra, mientras las preocupaciones sociales ocupan un lugar preeminente en sus versos. El valor que el concepto de trabajo asume en sus poemas va modificándose al compás de su propia evolución ideológica, como hemos comprobado. Pero, cualesquiera que sean sus rasgos distintivos, siempre se expresan a través de la imagen del sudor. Está presente en los poemas de adolescencia y en el auto sacramental, *Quién te ha visto y quién te ve*, de acentuado carácter católico; sigue estándolo en *El labrador de más aire*, y *Los hijos de la piedra*, obras de "exaltación del trabajo"; aparece también en *Pastor de la muerte* y continúa en los poemas de guerra, de carácter revolucionario, recogidos en *Viento del pueblo*. En cierto modo, «El sudor» es un poema que compendia todos los valores que el símbolo reúne, con la singularidad de que en él Hernández renueva por completo el repertorio de imágenes; en él adquiere el tópico un nuevo aspecto al verse sometido a un proceso de transfiguración metafórica que el poeta domina magistralmente gracias a su trato con el gongorismo y la vanguardia de Ramón Gómez de la Serna; cambian por completo, con una originalidad sorprendente y brillante, las metáforas; pero el trasfondo del poema revela la presencia de las ideas de Gabriel y Galán que siguen latiendo en él y que todavía dejan huellas y resonancias perceptibles.

El sudor sigue siendo, así, símbolo de la fecundidad propia del trabajo:

> Por la atmósfera esparce sus fecundos olores
> una lluvia de axilas.

Versos en los que se perciben los ecos de aquellos otros de Gabriel y Galán: "*Todo al trabajo se ligó fecundo*", de «Canción»; "fecundo hiciste al mundo", de «Canto al Trabajo» y tantos otros semejantes. Una expansión de esta idea de la fecundidad es la imagen que muestra al sudor como el riego que hace brotar los frutos de la tierra; el comienzo de la segunda estrofa de la composición

> Llega desde la edad del mundo más remota
> a ofrecer a la tierra su copa sacudida (…)

no es sino una recreación, con ecos nerudianos, de la imagen del sudor derramado sobre la tierra; como lo es también la metáfora sorprendente con que se abre la estrofa sexta:

> El sabor de la tierra se enriquece y madura:
> caen los copos del llanto laborioso y doliente (…)

Es una figura ya utilizada, como hemos visto, por Hernández en *El labrador de más aire* :

> (…) le doy diariamente
> un manantial con la frente.

El origen de tal idea lo hallamos, de nuevo, en los versos del poeta salmantino. Son innumerables los ejemplos que podrían citarse de ello. Basten algunos como estos: *"riega el labriego la feraz besana / con sudor de su frente"*; o bien: *"el hijo del trabajo / siempre creyó cosa evidente / que el sudor de la frente / es el mejor abono de la tierra"*, ejemplos ambos de «Canción»; o también: "Todos los hijos del trabajo rudo / que regáis con sudor la hacienda mía", de «Regreso».

La intensificación de la metáfora que asocia el sudor a la gota, a la lluvia, a los copos fecundantes, da lugar al sorprendente "maná de los varones y de la agricultura", imagen sorprendente por lo novedosa, pero que, por la asociación entre el sudor y el varón, evoca de nuevo los versos del poeta castellano: "el trabajo (…) es honra del varón fuerte", de «El poema del gañán».

Junto a la fecundidad, se refleja también en el poema la dignificación que el trabajo produce. La renovación del concepto es radical, aunque, a pesar de la transformación, el significado último es el ya conocido: el trabajo inviste de una especial dignidad al que lo ejerce. Sobre la base de su brillo resplandeciente, el sudor se asocia, a lo largo de tres estrofas, con el oro: "áureas enredaderas", "blusa silenciosa y dorada", "vestidura de oro de los trabajadores". En el poema «Brindis», de su libro *Castellanas*, relaciona también Gabriel y Galán el sudor y el oro: "Dice el granero al gañán: / yo soy tu rico tesoro, / soy el sudor de tu afán, / sudor que ha cuajado en oro...". Algunos elementos secundarios en la construcción del tropo mantienen también su vinculación con Galán: el trabajador al que se refiere el poema no es otro que el labrador, protagonista central de la poesía del salmantino, al que se presenta arando los campos en al amanecer:

> Cuando los campesinos van por la madrugada
> a favor de la esteva removiendo el reposo

La descripción del amanecer, precisamente, es el escenario con que comienzan muchos de los poemas dedicados por Galán a cantar la tarea de los labradores: "Con el relente que le da el tempero, / la madrugada roció la tierra", escribe, por ejemplo, en «Las sementeras»; y el reposo como rasgo característico del campo es también otro de los elementos que forman parte de su escenografía habitual: "Aquí se siente a Dios. En el reposo / de este dulce aislamiento...", leemos en «Canción». No es que Miguel Hernández imite un poema determinado, como pudo hacer en su juvenil «Al trabajo», o que tome como punto de partida para su creación una determinada composición, como en el caso de «El silbo de afirmación en la aldea». La impronta de Gabriel y Galán aquí, en la forma, no se concreta en la mímesis de un determinado poema. Miguel Hernández es ya dueño de su propio lenguaje poético y no necesita préstamo alguno. Ocurre, sin embargo, que la lectura de Galán, la identificación con su visión del mundo, fue tan profunda que deja después reminiscencias y huellas sin necesidad de que haya un empeño deliberado de imitación. Es absolutamente normal, por ejemplo, que en un poema dedicado al sudor aparezca la mención de la frente. No es tan esperable, sin embargo, que, entre todas las posibles asociaciones a las que el sudor se presta, aparezcan en un mismo poema pupilas y cristales: "adorno de las manos como de las pupilas"; "el sudor, con su espada de sabrosos cristales". Frente, pupila y cristales, precisamente, son utilizados por Gabriel y Galán en el poema «Regreso», bien conocido por Miguel Hernández:

> Desciendan por mi frente
> del sudor del trabajo los raudales
> y bañen mi pupila distraída,
> que ésos son los cristales
> a través de los cuales
> debemos todos contemplar la vida.

La lectura de esos versos, reiterada y atenta, gravita sobre el poeta, incluso sin un propósito claro de imitación, en el momento de la composición de sus imágenes. Gabriel y Galán aporta materiales que Hernández es capaz de reelaborar e integrar, renovados, en su propio sistema poético.

Junto a la fecundidad y a la dignidad, también el contraste entre trabajo y ociosidad se refleja en «El sudor», en esa línea revolucionaria que asimila tal oposición a la lucha de clases. La novedad del enfoque radica en que, si el sudor ha quedado caracterizado por su luminosidad, los enemigos de los trabajadores son mostrados como "apagados" y sin gozar de la "corona de los poros abiertos", reformulación de la imagen ya comentada de la "corona de sudor".

«El sudor», en suma, encaja perfectamente, por su tema, en la poesía de la impureza de Pablo Neruda; y supone una renovación de la iconografía a través de la cual se expresa el tópico del trabajo: la familiaridad con el estilo gongorino permite a Miguel Hernández la creación de potentes y originalísimas imágenes para designar el sudor. Pero, bajo la nueva apariencia formal, siguen latiendo las antiguas ideas que tienen su origen en una concepción católica del trabajo según la cual éste se vincula a la fecundidad, induce a la dignificación de los trabajadores y se opone a la ociosidad y a los ociosos. Por todo ello, junto a los nombres de Neruda y Góngora, hay que añadir el de Gabriel y Galán para una cabal comprensión del significado de «El sudor» en la obra poética hernandiana.

NOTAS

[1] Vd. Miguel Hernández, *Obra completa. I. Poesía*, ed. Agustín Sánchez Vidal y José Carlos Rovira con la colaboración de Carmen Alemany, Madrid, Espasa Calpe, 1992, p. 1014. En adelante, OC.
2 *Ibídem*, p. 1013.
[3] Jorge Luzuriaga, "Encuentro con Miguel Hernández", en *Miguel Hernández*, ed. de María de Gracia Ifah, Madrid, Taurus, 1975, pp. 54-55.
[4] Concha Zardoya, *Miguel Hernández. Vida y obra. 1955*. Barcelona, Nortesur, 2009, p. 112.
[5] Luis Felipe Vivanco, "Miguel Hernández bañando su palabra en corazón", *Introducción a la poesía española contemporánea*, Vol. 2, Madrid, Ediciones Guadarrama, 1974, p. 204.
[6] Serge Salaün, "Miguel Hernández: Eros en la guerra (Viento del pueblo), en *Estudios sobre Miguel Hernández*, Francisco Javier Díez de Revenga y Mariano de Paco, eds., Murcia, Universidad de Murcia, 1992, p. 440.
[7] Stephen Hart, «Miguel Hernández y Pablo Neruda: dos modos de influir», en *Revista de Crítica Literaria Latinoamericana*, año XIII, n.º 26, Lima, 1987, p. 119.
[8] *Ibíd.*, pp. 119-120.
[9] *Ibíd.*, p. 120.
[10] OC, I, p. 1013. Vd. también Miguel Hernández, *Viento del pueblo*, ed. de Juan Cano, Madrid, Cátedra, 1989, p. 91.
[11] Puede ampliarse esta cuestión de la influencia de Gabriel y Galán sobre Miguel Hernández en Luis Mariano Abad, «De nuevo sobre el "Silbo de afirmación en la aldea"», en Juan José Sánchez y Francisco Esteve (eds.), *Presente y futuro de Miguel Hernández. Actas del II Congreso Internacional Miguel Hernández, Orihuela-Madrid, 26-30 octubre 2003*, Orihuela, Fundación Cultural Miguel Hernández, 2004. Id., «El niño yuntero: realidad y tradición literaria», *Letras de Deusto* (monográfico *Homenaje a Miguel Hernández*), núm. 126, (vol. 40), enero-marzo 2010, Bilbao, Universidad de Deusto.
[12] El 15 de octubre de 1930, miércoles, publica *El Día*, de Alicante, el poema de Miguel Hernández «La bendita tierra». Está dedicado a Juan Sansano, "eminentísimo poeta de Orihuela", director propietario del periódico, que escribe una elogiosa presentación donde por primera vez se relaciona al poeta oriolano con Gabriel y Galán: [...] *Miguel Hernández ha de llegar a ser una gran figura de la literatura alicantina, para honra nuestra. La dulzura y la belleza de sus*

composiciones -[19]algunas de ellas impecables-son dignas de figurar al lado de las del inmortal poeta salmantino Gabriel y Galán y de las de Rey Soto, el gran artista gallego.

[13] García Carraffa, Alberto y Arturo, *Gabriel y Galán*, Madrid, Imprenta de Juan Pueyo, 1918, p. 179

[14] El prólogo se publicó en *El Lábaro* (Salamanca), año VI, núm. 1565 (2-4-1902), p. 1.

[15] *Ibíd.*, p. 175.

[16] José María Gabriel y Galán, *Antología poética*, ed. Carmen Fernández Daza, Madrid, Castalia, 2001, pp. 42-43.

[17] José María Gabriel y Galán, *Obras completas*, Arturo Souto (ed.), México, Porrúa, 1992, p. 67. Todas las citas de Gabriel y Galán proceden de esta edición.

[18] OC., III, p. 2206.

LO POPULAR EN LA POESÍA DE MIGUEL HERNÁNDEZ Y SU VIGENCIA

Juan Carlos Abril

Es difícil calibrar en qué cantidad o cómo un poeta pervive en las generaciones precedentes, y quizá partir de esa premisa sea un engaño *a priori*, una falacia al modo de las que ideara el New Criticism, si existiera. Obviamente si dijéramos que un poeta de hoy se parece a Miguel Hernández sería un demérito del poeta, igual que si dijéramos que se parece a Federico García Lorca o Rafael Alberti. Las influencias, o las vigencias, van en otra dirección, menos cuantificables, y no dependen tampoco del número de veces que se le cita en un poemario. Sin embargo el éxito de la poesía de Miguel Hernández es innegable. Para analizar por dónde ha residido este éxito —literario, pero también biográfico, lo cual es un plus para la obra, que se nutre de la biografía de manera simbiótica— y por dónde su poesía se ha ido transmitiendo, celebrando, leyendo y sintiendo, habría que realizar un pequeño análisis sociológico de la obra del poeta y de su la vida del poeta asimismo, quien, como es conocido, no tuvo la mejor de las adolescencias ni de las juventudes, en cuanto a posibilidades para realizar su vocación diamantina, ser poeta. Y es a partir de la decisión irrevocable de ser poeta, de esa decisión insobornable, cuando comenzará a labrarse una leyenda que le irá acompañando durante sus contradictorios años de Madrid, la cruenta Guerra Civil y los años injustos de su presidio hasta el mismo día que muere, a los 31 años fruto de la enfermedad contraída en aquellas insalubres cárceles de la posguerra.

Decimos el éxito de Miguel Hernández, y decimos bien, ya que el oriolano es uno de los poetas que más se conocen del siglo XX, alabado por unos y denostado por otros, también es cierto, pero la verdad es que su popularidad, le guste a quien le guste y le pese a quien le pese, es indiscutible. En su insoslayable éxito y voz habría, por tanto, que basar nuestro análisis. Mientras que en las capas lectoras populares el Miguel Hernández más famoso es el de su poesía popular y combativa, con un libro de cabecera, *Viento del pueblo*, para los poetas —y hablo en general, todo esto admitiría matices, y nos hacemos cargo de que la poesía es el género por antonomasia de los matices— el Miguel Hernández preferido suele ser el del *Cancionero y romancero de ausencias*, aunque también sus poemas últimos, y *El hombre acecha*. Suele colocarse a Miguel Hernández como un poeta que representa una opción poco estética, una opción dura. Por el contrario, para los lectores menos «exquisitos» su sensibilidad y ternura suelen ser los aspectos fundamentales que paradójicamente podrían definirlo. Dos posturas, ciertamente, encontradas.

Habría que considerar algo muy importante, decisivo en nuestra caracterización, para después volver a este punto, y es que Miguel Hernández se revela como la última voz que eleva lo popular a rango universal, que realiza esa difícil conexión con el pueblo, que lleva la poesía al pueblo. Después de él, ninguno. Y por eso luego será tan bien comprendido por el lector de la masa. Por ejemplo, otras voces importantes de la poesía del siglo XX y XXI, siendo de tono coloquial y accesible, estarán destinadas a las clases medias. Y la conexión con un lector de poesía que supere los círculos de los propios poetas es ciertamente algo inusual. Sin embargo, Hernández es el último de una saga, que comenzó bajo el auspicio del filósofo José Ortega y Gasset y su proyecto de modernizar una España que en los años veinte todavía se encontraba con niveles de analfabetismo escandalosos, y en una situación social, global, más que alarmante. Este proyecto se unía a esa saga enraizada en la poesía clásica del siglo de Oro, los cancioneros y las raíces de nuestra tradición, de nuestra *Lírica española de tipo popular*, utilizando el conocido título del libro de Margit Frenk. Este proyecto, como es sabido, pretendía modernizar España en un intento de conjugar tradición y vanguardia para, por un lado, traer la modernidad a través de la vanguardia europea, insuflar nuevas perspectivas, y por otro salvar la tradición española, esa tradición oscura que a lo largo de los últimos tres siglos había pesado como una losa, esa leyenda negra que no levantaba cabeza. No era el caso, claro, de otros países que habían reivindicado solamente la vanguardia, Francia, Inglaterra, Italia, puesto que su tradición estaba a buen recaudo en las arcas áureas de sus respectivas historias (a pesar de que estas historias fueran tan negras como la española, o incluso peores).

Pero la historia de España no brillaba, como es bien sabido, y era motivo de vergüenza, sin resaltar nunca lo positivo, realzando lo negativo: sembrada de oscuridad, con la pérdida de las últimas colonias en el 98 comienza un proyecto regeneracionista que fragua finalmente en el 27. Esta Generación llevó el programa orteguiano hasta sus mejores extremos, conjugando tradición y vanguardia con el objetivo de modernizar España. Y lo consiguió. En este punto se sitúa Miguel Hernández, si bien se sube al carro del 27 algo más tarde (ese «genial epígono», según le calificara Dámaso Alonso), en 1933, con *Perito en lunas*, un libro ciertamente epigonal de la estética del gongorismo cuando ya éste había acabado. Al principio *Perito en lunas* se iba titular *Poliedros*, con lo que nos indica el carácter gongorino del libro. Pero en 1933, como decimos, el gongorismo ya había acabado y esto lo supo Miguel Hernández en el mismo momento en que publicó su libro, por eso rápidamente cambiaron sus inquietudes. No obstante fue un paso importante, pues aun siendo un poemario que le debía mucho al 27, demostró que se encontraba a la altura de los mejores de esta Generación, y esto es tan cierto como que los primeros poemas de Cernuda son tan buenos como el resto de la obra del sevillano.

Hay que recordar vivamente que existe un antes y un después en la historiografía literaria del siglo XX español, ya que la modernidad que se intenta poner en juego antes de la Guerra Civil se verá truncada radicalmente. Esta modernidad, como tal, no tendrá continuación, aunque hubo intentos (recordemos al recientemente fallecido Carlos Edmundo de Ory o a Gloria Fuertes, en los años cuarenta), pero es cierto que la regeneración de la poesía española después de la Guerra Civil vendrá por otro lado, tanto aplicada a los poetas supervivientes del 27 que sobrevivieron, como a los de la Generación del 36, como Luis Rosales, o como posteriormente a los del 50. Ese impulso ya no se volverá a vivir, porque formará parte de una historia cerrada y conclusa definitiva y lamentablemente por la Guerra Civil. Averiguar ahora nosotros en qué habría quedado la deriva popular que llevaba la República es un enigma, una incógnita de imposible solución, y que queda demasiado lejos de nuestros objetivos. Pero la poesía no es ajena a la historia, como tantas veces se ha pretendido asegurar a través de la autonomía del arte, y con la Guerra Civil se puso fin a una época y se inauguró tristemente otra.

Como decimos, en los años 30 el gongorismo ya había acabado, si bien hay excepciones ilustres como *Perito en lunas* que nos muestran que las modas no tienen razón de ser cuando existen buenos libros que las contradicen. Un buen libro de poesía, a contracorriente, impone su moda. Para entonces, el 27 y los grandes poetas del momento habían virado hacia la rehumanización, ese acercamiento hacia problemas sociales y humanos que, en cada uno de los poetas, tuvo una dirección diferente (caso claro en Antonio Machado, Juan Ramón también a su modo). Además, los poetas de la llamada Generación del 36 habían irrumpido también en el panorama, habían tomado fuerza las corrientes católicas —de las que salió el propio Miguel Hernández—, a través de *Cruz y Raya*, las corrientes fascistas, ultraconservadoras o liberales, a través de *La Gaceta Literaria*, y se había abierto un abanico de voces que diversificó lo que conocemos como el 27 y todo lo que había habido antes o vino después, donde el 27 ya dejó de ser preponderante. Esos años de la República son sin duda más decisivos que finales de los años veinte, y más brillantes. Cierto formalismo (ya no de raigambre orteguiana, sino en la clave humana apuntada), y de su mano el garcilasismo de después de la Guerra, tanto de un lado como de otro (me refiero políticamente), comenzó a cobrar prestigio. De hecho había sido una salida que otros poetas habían ensayado, como por ejemplo el Luis Cernuda de *Un río, un amor*. Los poetas comenzaron a hacer sonetos y a cultivar las formas clásicas en esta línea apuntada, reivindicando una voz más humana, nada gongorina, más «serena» en cuanto al estilo se refiere. Línea que no dejaba de coquetear con el lado social y denunciador de las vanguardias, pero que renunciaba a la ruptura del lenguaje radical más vanguardista, y a la desconexión con el lector. En cierto modo también se podría decir que la rehumanización supuso una síntesis, una síntesis distinta entre tradición y vanguardia, si bien se exploraban campos lingüísticos y semánticos que hasta entonces no se habían abordado, como la poesía social, la denuncia, el verso libre o versículo... Cada uno —cada poeta— a su modo emprendió este camino, que también podríamos simplificar como un camino humano, y es aquí donde comienza la andadura de Miguel Hernández hasta la Guerra Civil. Su decantación hacia lo humano y las formas clásicas lo llevarán a convertirse sin duda alguna en uno de los mejores sonetistas del siglo XX y de todos los tiempos en lengua española, con *El rayo que no cesa*, y esto desde luego posee mucho mérito tratándose de una forma cerrada de tan difícil consecución. Todo el mundo que se ponga y se esfuerce consigue escribir un soneto, pero no todo el mundo sabe hacer un soneto imborrable, inolvidable, como los de Miguel Hernández.

Una querencia tengo por tu acento...

> Paciencia necesita mi tormento
> urgencia de tu garza galanía,
> tu clemencia solar mi helado día,
> tu asistencia la herida en que lo cuento.
>
> ¡Ay, querencia, dolencia y apetencia!:
> tus sustanciales besos, mi sustento,
> me faltan y me muero sobre mayo.
>
> Quiero que vengas, flor, desde tu ausencia,
> a serenar la sien del pensamiento
> que desahoga en mí su eterno rayo.

No sólo serán los sonetos, sino en general todas las estructuras y formas cerradas de la poesía española. Habría que recordar su magistral manejo de los endecasílabos en tercetos encadenados, como en su archifamosa «Elegía».

A nivel general, en la poesía de la época son años de titubeos, las modas se van sucediendo muy rápidamente y solapándose, las vanguardias siguen haciendo mella y los cambios estilísticos son radicales, pues el panorama literario es muy confuso y todos los poetas presentan diferencias muy notables en cuestión de un año o dos. Así también le sucedió al oriolano. A partir de este acercamiento a lo humano y lo social, se desgaja *Viento de pueblo*, una poesía de circunstancias y de combate, una poesía históricamente enclavada en la Guerra Civil. Fuera de la Guerra Civil, esta poesía a veces puede quedar descontextualizada. Pero si nos detenemos a pensar en lo que significa y todo lo que la rodea, sin duda vamos a comprender dónde reside el éxito y la fama de Miguel Hernández que venimos intentando explicar. Este éxito se centró en los temas del pueblo, universalizándolos, llevándolos a todos los lugares y a todas las conciencias. Y éste es el Miguel Hernández que ha sobrevivido de generación en generación y que se ha leído o escuchado —a través de la inestimable ayuda de los cantautores, en años enconados de protesta hacia la muerte del mismo dictador que vio llegar Miguel Hernández: recordemos a Paco Ibáñez, entre otros, pero por encima de todos Joan Manuel Serrat— en tantos poemas que fueron convertidos en canción. Hay que decir también que si han sido llevados a canción tantas veces y de tantas y diferentes maneras, es porque los poemas se amoldaban a la estructura popular y cancioneril, y no hace falta que insistamos en repetir que en la alta poesía, en la poesía culta, no está del todo muy bien considerado.

Una vez más hay que matizar: a partir de principios del siglo XX o finales del Simbolismo, la poesía culta se convierte en la poesía hegemónica por antonomasia, deja de tener prestigio la poesía popular si bien, fruto de la situación de analfabetismo de las clases populares, todavía gozaba de vida, ya que seguían recitándose romances y coplas en los círculos laborales o familiares. Y nosotros mismos lo hemos vivido en nuestra infancia y adolescencia: nuestra abuela, que nació en 1918 y que no sabía apenas firmar, sin embargo conocía de memoria muchos romances, que nos recitaba y que todavía perviven, ya muy contaminados, en los ambientes rurales españoles, pues no olvidemos que la alfabetización ha sido una realidad bastante reciente. Por tanto el panorama del siglo XX —en general— es el de una poesía para poetas o para las clases cultas, una poesía que poco tiene que ver con el recitado o la mnemotécnica, teniendo en cuenta además que los temas que toca Miguel Hernández son especialmente sangrantes para las clases acomodadas o ricas, lo cual, y esto no es mérito de Hernández, ya estaban también realizando otros como Rafael Alberti o Federico García Lorca, a quienes seguramente seguía con mucho interés. No vamos a caer en el tópico de que por el hecho de provenir de una clase humilde vamos a dotarle de una capacidad especial por escribir buena poesía. No, eso es independiente de la clase social de donde se provenga, y contradiciendo la canción de Ennio Morricone, «la clase obrera no va al Paraíso». De hecho, el proceso de rehumanización es similar en todos, si bien en las concreciones de cada poesía es donde se hallan las diferencias. Miguel Hernández, centrándose en el campo, en la tierra, y en la explotación del trabajador, cosa que, como decimos, también practicaban otros, aporta su particular y personal experiencia del campo, que desde luego era muy vivida, ya que él era hijo de un propietario de cabras, de clase baja pero no proletaria, que no es lo mismo que ser cabrero, es decir, las cabras eran suyas. De todos modos su situación socioeconómica no era muy buena ni privilegiada para acercarse a las letras (al contrario, éstas se suelen ver como un peligro para el trabajo, como de hecho así le sucedió con su padre, que no quería que Miguel estudiara), y el acercamiento hacia el mundo laboral de los jornaleros, de su explotación, y de la explotación infantil en concreto, y de otros detalles y particularidades especialmente dramáticas, es lo que le ha hecho conectar con el pueblo, lo que le ha elevado a poeta del pueblo. Su lenguaje posee las dosis justas de retórica que el pueblo necesita para acercarse a un poema o una metáfora. Y esta es su máxima vigencia. Haber llegado a conectar con el pueblo de manera tan sonora y nítida.

Por otra parte, su instrumentalización política —de la que él seguramente se sentiría orgulloso— ha hecho que sea un poeta que despierta la conciencia política en los lectores, y en concreto muy recomendable para lectores que comienzan a leer poesía, que comienzan a descubrir el mundo. El Miguel Hernández más conocido es un poeta decididamente «fácil», con lo «difícil» que puede significar esto en poesía, pues no es ningún demérito, sino que respondió a una pretensión buscada conscientemente.

Hay que recomendar el Miguel Hernández más popular a los adolescentes o principiantes en poesía, ya que logra rápidamente conectar (sean o no de izquierdas, la poesía posee el don de traspasar cualquier barrera política). Es un mérito, le guste o no a los grandes poetas, nos convenzan sus rimas fáciles o sus artificios que a veces parecen muletillas, con toda esa serie de repeticiones, preguntas enfáticas y retóricas, paralelismos simples, etc. Pero es un poeta que saca chispas a las palabras, las hace chocar en distintas situaciones u objetos, conectando con los lectores y convirtiéndose velozmente en un icono de poesía popular, combativa y de denuncia. Una denuncia en cierto sentido —en la suya propia, la de su voz— antes no explorada ya que ese acercamiento hacia las formas populares posee una misteriosa conjunción de verdad y poesía, de cercanía y lucha, en él. Miguel Hernández se fue despojando de la vanguardia poco a poco hasta ir acercándose a sus preocupaciones más humanas, primero en lo más profundo de la lucha social, en la Guerra Civil, y después en lo más íntimo de su realidad individual, en la cárcel. Son dos voces realmente opuestas, una la combativa y a veces propagandística, pero con resultados ciertamente inolvidables para el pueblo, y otra la tierna, la hermética a veces o también existencial, con resultados igualmente inolvidables para los poetas. Habría que decir que estas voces no son antitéticas y que poseemos rasgos de ternura en lo social, y rasgos de denuncia en lo íntimo. Son características que constantemente participan unas de las otras, en simbiosis, y a veces son imposibles de diferenciar. Por ejemplo, hay muchos versos que indican estos continuos vasos comunicantes en poemas como «Viento del pueblo»: «Cantando espero a la muerte, / que hay ruiseñores que cantan / encima de los fusiles / y en medio de las batallas», o «El niño yuntero»: «¿Quién salvará a este chiquillo / menor que un grano de avena? / ¿De dónde saldrá el martillo / verdugo de esta cadena?»; o por otro lado en las «Nanas de la cebolla»: «Vuela niño en la doble / luna del pecho: / él, triste de cebolla; / tú, satisfecho. / No te derrumbes. / No sepas lo que pasa / ni lo que ocurre», o la «Canción última»: «Pintada, no vacía: / pintada está mi casa / del color de las grandes / pasiones y desgracias».

Por ir extrayendo algunas conclusiones, hay que señalar que el hecho de que Miguel Hernández sea este año 2010 homenajeado responde tanto a la justicia literaria como a la histórica, lo cual no le quita ningún mérito a lo literario. Más bien le suma. En la poesía española actual, desde finales de los años setenta hasta hoy han sucedido muchas cosas. En ninguna de las corrientes, ni dominantes ni dominadas, se reivindica la voz de Miguel Hernández. Sin embargo, el compromiso hoy en día tiene muchas formas, como ya comenzaba a ser desde el 98, el 27 o las generaciones precedentes, y la voz más usada no es la de la retórica ni la de la comunión con el pueblo a través de las formas tradicionales. El lenguaje suele llevarse por lo social, la denuncia, los deícticos directos, como lo que se conoce por el realismo sucio, sin ningún tipo de adorno verbal. Los colectivos más radicales o sociales, los más comprometidos de hoy en día (que existen y mientras haya clases seguirán existiendo), tienen en cuenta a Miguel Hernández como padre del compromiso, de la lucha ideológica (en las ideas) y política (de cómo se estructuran racionalmente las ideas), pero a un nivel que no podría aplicarse (otra cosa muy distinta sería analizar la influencia de Miguel Hernández en la poesía hispanoamericana, pues las realidades sociales son muy distintas). Y mejor que su ejemplo histórico y poético quede ahí. Sea como fuere, tal y como hemos dicho, con Miguel Hernández se acaba una época, la de lo popular, y se acaba a lo grande, ya que él eleva este aspecto de la poesía de todos los tiempos a categoría universalmente válida, sin punto de comparación entre sus compañeros de las distintas generaciones con las que coincidió en el tiempo y en el espacio.

Miguel Hernández pertenece a la tradición más rabiosa del siglo XX, con un puñado de poemas y con un proyecto muy personal.

Independientemente de su instrumentalización política, y más aún ideológica, su poesía ha entrado a formar parte de la tradición de la mejor poesía española por derecho, porque algunas de sus composiciones no sólo son muy logradas sino que son muy conocidas, repetidas y sabidas por todos. Sí, es un poeta muy personal que logró individualizarse, destacar, entre la pléyade de poetas de la República, entre voces como las de Juan Ramón Jiménez, Antonio Machado, Federico García Lorca, Rafael Alberti, Luis Cernuda, etc., y aunque a todos nos hubiera gustado que hubiera vivido más años, y que nos hubiera seguido dando poemas en una evolución que se puede apreciar a las claras como muy prometedora y muy brillante, pero que se vio truncada, ¿qué se puede pedir más para que un poeta sea vigente?

AUSENCIAS CONDICIONADAS: EL PEDREGOSO CAMINO DE LA POESÍA DE MIGUEL HERNÁNDEZ EN MÉXICO

Elvia Ardalani

La historiografía literaria en nuestra lengua está llena de poetas cuya obra quedó presa en las bibliotecas universitarias y los ámbitos estrictamente académicos, sin que jamás llegase a trascender dentro de los parámetros de la cultura popular. Tales encarcelamientos no siempre han sido el resultado del elitismo intelectual o de factores intrínsecos a las poéticas en cuestión. A veces es el momento histórico el que impide o entorpece la recepción de una obra. Éste ha sido, a mi parecer, el caso de la poesía de Miguel Hernández en México. Muchas veces, hablando con escritores y académicos mexicanos especializados en literatura, ha surgido en la conversación el caso de la poesía hernandiana en ese país, conocida, pero "no tanto". No deja de resultar insólito que tal confesión venga de personas justamente dedicadas a la literatura, y más aún si comparamos el conocimiento de la obra de Hernández con la de otros españoles que vivieron periodos literarios semejantes y/o circunstancias biográficas parecidas, pensemos especialmente en Antonio Machado y Federico García Lorca, cuya poética formó parte del acervo cultural mexicano casi desde su inicio. Fue precisamente esta inquietud que yo misma padecí desde que conocí la obra de Miguel Hernández, a la que fui expuesta hace muchos años y fuera de México, la que me impulsó a examinar la recepción mexicana de la poética hernandiana. Se hace necesario subrayar que la obra del poeta oriolano tardó años en difundirse no sólo en México, sino en su propia tierra, y que en el contexto americano fueron Argentina, Cuba y México los focos de mayor importancia en su diseminación. Sin embargo, en este último, factores como la tardía fecha de publicación de su obra, el desconocimiento general de su literatura y biografía (por lo menos para las generaciones nacidas antes de 1980), más la ausencia de éstas en el imaginario popular mexicano (particularmente si se compara con la obra de Antonio Machado o García Lorca) merecen consideración. El presente artículo intenta reconstruir los momentos históricos vividos en México después de la Guerra Civil Española y que pudieron afectar la (des)popularización de la obra del poeta oriolano. Aunque es imposible trazar una relación directa de causa y efecto, creemos que la reconstrucción de ese periodo arroja luz sobre el asunto tratado en esta reflexión. Las circunstancias histórico-sociales bajo las que echó a andar la poesía hernandiana en tierras mexicanas, el ambiente político, y los procesos culturales enmarcados en una compleja lucha de poderes, pudieron condicionar su recepción por muchos años, a pesar de otros factores que pudieron haberla favorecido, tales como la intermedialidad ofrecida por la música, particularmente los cantos de Joan Manuel Serrat y Víctor Jara, y el ávido oído de un pueblo atravesado por profundas discrepancias sociales.

Para poder salir del terreno de la subjetividad que implica toda recepción, habría que definir el significado de popularidad en cuanto a su relación con la poesía. Para los propósitos de este trabajo, definiremos popularidad como el conocimiento, aunque pueda ser vago, de una obra o conjunto de obras por un público situado fuera de las esferas literarias, y en algunas ocasiones, con su consiguiente ingreso al imaginario colectivo. Es sabido que algunos poetas "crean culto", cautivando por igual a jóvenes y a viejos, cultos e incultos. Pensemos, en el caso de la historia literaria mexicana reciente, en Jaime Sabines. Sabines, lo sabía todo el mundo en México, llenaba auditorios y cuando leía, era tal el silencio reverencial que él mismo se sentía obligado a pedirle al público que aplaudiera o lo abucheara si eso se merecía. La poesía de Sabines reclamaba espacios culturales fuera de los focos académicos tradicionales. Juan Rulfo, dentro de la prosa, pasaba por cosas semejantes, y fuera del terreno nacional podríamos citar también a Mario Benedetti, entre otros.

Son varios los factores que contribuyen a la popularización de una obra. Aunque en el mundo contemporáneo la convergencia mediática (por ejemplo los vínculos creados por la música y el cine respecto a la poesía en los espacios culturales masivos) juega un papel importante en la diseminación de la literatura en general, no es el único factor determinante. Hay también otras circunstancias que confluyen en un momento dado, tales como la capacidad de recepción del público, las temáticas abordadas, y los mecanismos de poder que subyacen a toda producción cultural, aligerándola o entorpeciéndola. Los poetas mencionados anteriormente cultivaron una poesía de raíz popular, directa y comunicante. Sabines se popularizó en la víspera de los movimientos contraculturales cuando se proponía un rompimiento con la academia tradicional y el papel del escritor pasó de ser puramente elitista para sentar bases en los lectores reales, en aquellos, particularmente los jóvenes, que ansiaban cambiar el status quo, el famoso *establishment* que evolucionaba con más intensidad hacia la autocracia y el totalitarismo. Benedetti, por su parte, fue el poeta de la resistencia popular, el poeta de izquierdas. Fue también el poeta exiliado. La obra del gran uruguayo, particularmente su poesía, tuvo amplias ramificaciones populares tanto en la canción[xx] como en el imaginario popular, y más recientemente en el cine.[2]

    El caso de García Lorca, coetáneo de Miguel Hernández, ocupa un lugar muy especial en la historia literaria hispanoamericana. Sus viajes a Cuba y Argentina le permitieron establecer un nombre a través del teatro, género que en su momento (principios de los años treinta) todavía fungía en Hispanoamérica como el género de entretenimiento por excelencia. La llegada del poeta granadino a la Argentina, recibido por otro poeta de incuestionable trascendencia popular, Pablo Neruda, sirvió para que su teatro comenzara afincando la fama que después se vería magnificada tras los tristes acontecimientos de su ajusticiamiento. El asesinato de Lorca hizo noticia en casi todos los diarios de importancia en el continente, incluido México donde la noticia provocó revuelo. Así, García Lorca entraba al terreno de la leyenda, convirtiéndose en uno de aquellos pocos casos dentro del género poético en el que los libros de un autor se editaban y reeditaban, logrando quedarse dentro de los textos de lectura obligatoria. Al igual que los poetas mencionados con anterioridad, García Lorca escribía una poesía de honda raíz popular, subrayando la vida de los marginados sociales y de las mujeres (en el contexto social de la época tan desposeídas como los gitanos). El caso de la poesía de Antonio Machado fue semejante. Aunque poseía una obra muy conocida (su contacto con los poetas modernistas, particularmente Darío, lo habían popularizado en Hispanoamérica), que permitía la dispersión de su poesía más allá de los limitantes académicos, su emblemático exilio y su muerte posterior, subrayaron la popularización de su obra. Muchos años después y para otras generaciones, Joan Manuel Serrat lo reintrodujo en el imaginario popular mexicano a través de la canción.[3]

No ocurrió igual con Miguel Hernández. Curiosamente el mismo García Lorca le había advertido en una de sus cartas que los libros de poesía caminaban lento: agreguemos que en su caso el camino fue muy pedregoso. La obra hernandiana, de indudable calidad poética, también se construía sobre una raíz popular, contenía un abierto discurso amoroso y social, y por si fuera poco la tragedia de su vida lo colocaba de inmediato en la zona de la construcción mitológica, de la leyenda. Es decir, contaba desde el principio con todos los ingredientes necesarios para ocupar un lugar destacado en el imaginario popular mexicano, tal y como ocurrió en Cuba y Argentina: sin embargo, tuvieron que pasar muchos años para que su trabajo comenzara a tener trascendencia, aún dentro del ámbito cultural. A pesar de que Hernández tuvo contactos mexicanos (las reseñas de Octavio Paz sobre Hernández, por ejemplo, están ampliamente documentadas), de que los escritores exiliados conocían su obra, de que incluso se le rindieron homenajes en algunos países hispanoamericanos, y de que décadas después de su muerte su poesía fuera cantada por varios intérpretes, su voz quedó atrapada en las escasas páginas de algunas revistas y antologías, sin acceder a la cultura popular. Para reconstruir el camino de la obra hernandiana en México y su recepción, es necesario comenzar reconstruyendo la llegada de su obra a tierras mexicanas.

Lázaro Cárdenas, Ávila Camacho y los exiliados españoles

El trauma personal de Miguel Hernández desde su encarcelamiento en 1938 hasta su muerte en 1942 es apenas una gota en todo el mar revuelto que representó el acontecimiento histórico de la caída de la Segunda República Española. La Guerra Civil fue apenas el principio de una serie de trágicos acontecimientos que desembocarían en el encarcelamiento, la muerte, y el exilio de miles de españoles y extranjeros que participaron en el conflicto. La poesía amorosa y social de Hernández adquiere toda su honda dimensión universal precisamente con tal telón de fondo. Para entender la
recepción de su poesía en el país azteca en aquellos años inmediatos a su muerte, hace falta dar un vistazo a las condiciones del exilio español en la República Mexicana.

Eran años de turbulencia también en México. La presidencia de Lázaro Cárdenas asumida en 1934 y finalizada en 1940 coincidiría con el conflicto español. Lázaro Cárdenas, "Tata Lázaro", fue un presidente de izquierdas, identificado en el imaginario popular mexicano como el expropiador del petróleo y el padre de los indígenas. Su postura de clara orientación socialista resultó escandalizadora para algunos sectores de la sociedad mexicana, incluida la alta clase y la relativamente escasa clase media. Sus proyectos de expropiación petrolera, educación socialista, y ayuda a los refugiados españoles, fueron ácidamente recibidos por las capas sociales mencionadas anteriormente. Pese a todo, con la excepción de la educación socialista que prácticamente no se llevó a cabo, por lo menos no con la contundencia con la que se pretendía, los otros dos proyectos sí pudieron consumarse. El apoyo del cardenismo a los exiliados españoles resulta sumamente interesante y un tema que si fuera del ámbito literario aún no está del todo agotado, debiera estudiarse más a fondo en relación con los procesos culturales del exilio español en México. El apoyo de México a la Segunda República empezó desde que el gobierno cardenista se planteó el conflicto español no como un problema nacional, sino como uno que debía llevarse a los foros internacionales:

> Al estallar la Guerra Civil Española el gobierno de México entendió que aquella guerra no era un asunto interno como pretendieron algunas potencias europeas, sino que se trataba de un asunto internacional que debería ser abordado en el marco de la Sociedad de Naciones ya que países como Alemania e Italia estaban interviniendo a favor de los sublevados (de Hoyos 4).

A partir de ese planteamiento el apoyo real del gobierno mexicano al español se tradujo en ayuda militar y económica, principalmente, aunque no excluyó la ayuda humana.[4] La simpatía de Cárdenas para con la Segunda República, en general no era vista con buenos ojos por la población conservadora y de derechas, quienes habían satanizado a Cárdenas, tildándolo de comunista, vocablo que en el imaginario ultraconservador del México posrevolucionario contenía una pluralidad de significaciones, todas ellas negativas y a veces abiertamente absurdas. Pese a la oposición, el gobierno de Cárdenas brindó su apoyo a los exiliados españoles. Así, una vez terminado el conflicto, una gran cantidad de ellos partieron rumbo a México. En general, la situación para los exiliados no fue tan sencilla como lo sostiene la mitología del exilio español en México, proyectando un país unánimemente acogedor. El pueblo entero, ya se mencionó antes, no recibió a los exiliados con los brazos abiertos, como seguramente hubiera querido Cárdenas. Más allá de la resistencia al cardenismo de ciertos grupos, se interponían también la simpatía de la iglesia católica mexicana hacia los franquistas, gran parte de la colonia española asentada en México, y el desdén de las clases populares para quienes era imposible sustraerse a un imaginario mexicano plagado de imágenes desgarradoras, por no decir terribles, sobre la presencia española en México, condicionado por varios siglos de relaciones difíciles entre ambas naciones. Aunque la izquierda mexicana y algunos destacados intelectuales como David Alfaro Siqueiros apoyaron la política cardenista frente al exilio republicano, la prensa en general (con la excepción de *El Nacional*, diario oficial del partido) contribuyó a dar una imagen ambigua en el mejor de los casos, o abiertamente veleidosa en contra de los inmigrantes españoles.

Si durante el sexenio de Lázaro Cárdenas la situación no había sido idílica para los refugiados, como la hagiografía mexicana parece contarlo, las tensiones sólo se agudizaron con la sucesión presidencial y la llegada al poder de Manuel Ávila Camacho, de signo moderado. Bajo la rúbrica de la "Unión Nacional" la postura del nuevo presidente dio un giro hacia la derecha, incluso desligándose de muchos de los proyectos iniciados por su antecesor. El temor de los exiliados respecto a su situación en México fue incrementándose con la noticia de la sucesión, al punto que el presidente Cárdenas tuvo que celebrar una reunión con el candidato, en la que se reafirmó que los refugiados españoles seguirían gozando de las mismas condiciones y de la protección del gobierno mexicano. Una vez llegado al poder, el presidente Ávila Camacho siguió una política más bien ambigua al respecto, obligando a Cárdenas a llevar a cabo una segunda reunión:

> En febrero de 1941, a pesar de las seguridades obtenidas nuevo presidente, Indalecio Prieto pidió a Lázaro Cárdenas que interviniera. Éste trasladó al presidente Ávila Camacho por medio de Rubén Romero su "pleno apoyo personal" a la causa de la España republicana y contra el reconocimiento de Franco (Mateos 417).

El clima polarizado de la época, la realidad social del México posrevolucionario, y el eventual estallido de la Segunda Guerra

Mundial, fueron algunos de los factores que se conjugaron en la política de Ávila Camacho para con el exilio republicano.

La decepción sentida por los antiguos revolucionarios españoles al llegar a México las primeras expediciones colectivas en junio de 1939, hacia la realidad de los regímenes posrevolucionarios, había llegado, con el ascenso a la presidencia de Manuel Ávila Camacho, al temor de una involución fascista (Mateos 411).

Y no era simple paranoia. Casi desde el inicio, la ambigüedad del nuevo mandatario, sus constantes guiños con el franquismo y las contrariedades mostradas entre hechos y discursos, daban plena credibilidad a los temores de los españoles. El 5 de junio de 1941, el presidente asistió a un homenaje ofrecido por el filofranquista Casino Español en la Ciudad de México. "El banquete presidido por la bandera de México y la española rojigualda con los símbolos franquistas, no pasó de llamadas a la unidad y al cierre de las heridas de la guerra, pero su misma celebración fue lo decisivo"(Mateos 418). Sin embargo, el acercamiento al régimen franquista nunca se dio, no pasando de meros coqueteos, encubiertos de seudodiplomacia para con los españoles residentes en México. Las relaciones entre el gobierno mexicano y los exiliados fueron imprecisas y complejas en general. En 1941, Ávila Camacho, para calmar la presión de la prensa nacional que insistía en demonizar a los españoles como agitadores sociales, refuerza el decreto que prohibía a los exiliados actuar en cuestiones políticas, mexicanas o españolas, so pena de que se les cancelara el permiso de residencia. Entre otros hechos, el asesinato de Trotsky por el comunista español Ramón Mercader, había acrecentado los temores de desestabilización de buena parte del gobierno mexicano.

Los intelectuales españoles refugiados en México, no podían ser ajenos a lo que estaba ocurriendo en la política mexicana. El escritor Max Aub escribía en su diario con anotación del 7 de octubre de 1943: "Y señal de nuestro tiempo, el porvenir de México se está jugando no en los frentes de batalla sino aquí: la captación de los revolucionarios por el capital y sus intereses: el fascismo tiene todas las de ganar" (Mateos 412). Parecía ser unánime la opinión de los exiliados españoles, independientemente de su postura ideológica, respecto a ciertos aspectos de la vida mexicana, tales como la hispanofobia, las desigualdades sociales, y el nacionalismo de las clases populares[5].

Las políticas culturales mexicanas también respondían a este contexto social. Los intelectuales republicanos que habían sido acogidos en México fueron bien recibidos por los intelectuales mexicanos, pero sería un error pensar que todos los intelectuales mexicanos simpatizaron con la Segunda República. Hubo, en gran medida, también oposición de intelectuales que desde una postura católica conservadora, veían con buenos ojos el régimen de Franco y con desdén la inmigración española, entre ellos Alfonso Junco de la Vega, quien escribió en un artículo del 27 de mayo de 1939 en *El Universal*:

> ¿Por qué surgió la guerra?
> Ante la invasión del bolchevismo en España [...]; ante el desenfreno de incendiarios y asesinos bajo la complicidad o impotencia del gobierno; ante el caos social que despedazaba todo derecho, toda garantía, toda dignidad, toda eficaz defensa por vías legales, brotó la insurrección de un pueblo resuelto a vivir. Ya vivir con honor. [...] No eran militarotes los admirables muchachos de Falange, ni los Requetés, ni las Juventudes Obreras [...]. A mí
> me parece natural en todo hombre recto –no digamos en todo cristiano-, una actitud de admiración y simpatía para quien ha limpiado de carroña bolchevique su patria. (Pérez Viejo 1)

Pero si esta postura representa únicamente una fracción, lo cierto es que los conflictos, aún entre intelectuales que veían con simpatía la causa republicana y los exiliados, se dieron con frecuencia, particularmente en los primeros años del exilio. El establecimiento de La Casa de España, centro cultural que promovía la labor intelectual de los refugiados, produjo indisposición en algunos escritores que veían una doble política discriminatoria por parte del gobierno de Lázaro Cárdenas. Las acusaciones, a veces veladas, otras no tanto, aseguraban que el gobierno mexicano pagaba mejores sueldos a los españoles desdeñando a los mexicanos. Célebres fueron los conflictos entre Salvador Novo, Xavier Villaurrutia y Rodolfo Usigli en contra de José Bergamín.[6] La presión de la intelectualidad mexicana llegó a ser tal que La Casa de España se convirtió en El Colegio de México con la consiguiente creación de El Colegio Nacional que exigía nacionalidad mexicana para poder trabajar en él. No deja de ser irónico que amén de los motivos citados anteriormente, acontecimientos literarios extemporales, como la celebración del aniversario del dramaturgo mexicano Juan Ruiz de Alarcón, se llevara a los foros literarios bajo la lente del trato que éste había recibido en España y se usara para ilustrar la diferencia con el recibimiento que México daba al exilio intelectual español.[7] Por si fuera poco, no todos los intelectuales exiliados gozaban del amparo de El Colegio de México, por lo que tenían que preocuparse de ganar el sostén diario, y de llevar una vida lo menos desapercibida posible para no contrariar las sensibilidades mexicanas.

Es en este contexto que la poesía de Miguel Hernández llega a tierras mexicanas. Aunque se le rindieron homenajes en el primer año de su muerte, con la presencia de figuras destacadas como Max Aub , Pablo Neruda y Octavio Paz,[8] es fácil entender que su camino no fuera fácil y que su poesía tuviera que esperar varias décadas y mejores condiciones de recepción. De hecho, si revisamos los poemas publicados en esos primeros años en México, nos daremos cuenta que es su poesía amorosa, no la social, la que prevalece, aunque pudiera argüirse que eran motivos estéticos y no otros, los que privilegiaban tal selección.

Con el término de la Segunda Guerra Mundial, México llegaba a prepararse para las elecciones de 1946. Miguel Alemán Valdés se convierte en el sucesor de Ávila Camacho y el primer presidente del periodo posrevolucionario que no era militar, aunque su padre sí lo había sido. El "Cachorro de la Revolución", como se le llamaba, tuvo en su prioridad el desarrollo industrial del país, su modernización a través de proyectos importantes, dando también inicio a la complicidad que marcaría, a partir de su sexenio, las relaciones entre el gobierno y las grandes empresas. Su periodo presidencial terminaría en 1952, trece años después de la llegada de los primeros exiliados, cuando algunos ya comenzaban a experimentar el concepto del "transtierro", entendido como una adaptación definitiva al nuevo país. Es decir, los exiliados ya habían adquirido conciencia de que su exilio no era temporal, muchos tenían hijos que habían ya nacido en México o que habían crecido en el país que los acogió, expuestos desde pequeños a la nueva cultura.

El transtierro llegó más tarde, cuando el paso del tiempo propició que muchos refugiados arraigasen en tierras aztecas por diversas vías. Muchos construyeron una carrera profesional que les permitió disfrutar de una posición confortable. La mayoría vieron a sus hijos crecer en una permanente contradicción entre lo mexicano y lo español, imponiéndose cada vez más lo primero sobre lo segundo. Otros regresaron a España de visita y se encontraron extraños (de Hoyos 18).

Asimismo, dentro del ámbito intelectual, algunos escritores, aceptando el nuevo paisaje, supieron integrarlo a su literatura, tal es el caso de Max Aub y sus cuentos mexicanos. Parecía que conforme pasaba el tiempo, el trauma de la guerra y el exilio eran asumidos de la manera más saludable posible, integrándose a la nueva sociedad en todos los sentidos, y curando, como mejor se podía, las profundas heridas de la guerra. Dentro de este marco social no era difícil pasar por alto la voz de Miguel Hernández, un poeta en cuya misma tierra apenas si se había rescatado algo de su poesía. Es en la década del cincuenta cuando la poesía hernandiana toma un impulso más concreto en Hispanoamérica, y en España, aunque censurada. Aparece también la primera biografía de Hernández por el poeta paraguayo Elvio Romero, en la Editorial Losada. México, en cambio, seguía sin escucharle.

Los subversivos años sesenta y setenta

Los movimientos insurgentes en contra del gobierno iniciaron con mucha anterioridad a los icónicos años comprendidos entre 1960 y 1970. Laura Castellanos, en su libro *México Armado* (México, Editorial Era), marca el año de 1943, fecha en la que el líder campesino Rubén Jaramillo entra a la clandestinidad tras varios conflictos con el gobierno de Ávila Camacho[9,] como el inicio de una serie de movimientos subversivos a los que el aparato gubernamental respondía de una manera totalizadora y represiva, que culminarán en los años sesenta y setenta. En esa época se conformaron más de una treintena de guerrillas, con posiciones políticas y militares diferenciadas, que fueron aniquiladas en el campo y las ciudades por haberle declarado la guerra al Estado. Su saldo fue un número indefinido de muertes y alrededor de un millón de desapariciones forzadas. Se trataba de una población de origen rural, popular y clasemediero, que vio en las acciones revolucionarias el único camino para derrocar a un Estado corrupto y que reprimía cualquier expresión disidente. (Castellanos 17)

La azarosa década terminaría en México con una brutal muestra de la represión oficial con la Matanza de Tlatelolco el 2 de octubre de 1968, bajo la presidencia de Gustavo Díaz Ordaz, y tres años después, el 10 de junio de 1971 con la del Jueves de Corpus, esta vez bajo el mandato de Luis Echeverría Álvarez.

Durante esos ajetreados años, cuando la juventud de aquella época se veía agitada por los movimientos estudiantiles y la Revolución Cubana marcaba un nuevo impulso revolucionario, la poesía de Hernández, salvo algunos poemas incluidos en antologías, aún no se editaba en México. Es muy probable que de haberla conocido, los jóvenes del movimiento estudiantil de 1968 le hubieran concedido un lugar en la lista de sus lecturas preferidos, al lado de los escritores mexicanos que daban voz a las inquietudes de esa juventud producto del descontento social, la contracultura, y la hipocresía política; poetas como José Carlos Becerra, Juan Bañuelos, Rosario Castellanos, Octavio Paz, Jaime Sabines y Rubén Bonifaz Nuño, entre otros.

Es también por esos años que la canción de protesta social cobra aliento en Hispanoamérica. Joan Manuel Serrat había grabado en Madrid, en 1972 un disco con la poesía de Miguel Hernández, en el que se incluían los poemas "Menos tu vientre", "Elegía", "Para la libertad", "La boca", "Umbrío por la pena", "Nanas de la cebolla", "Romancillo de mayo", "El niño yuntero", "Canción Última", y "Llegué con tres heridas". Esa grabación supuso un estímulo para la dispersión de la obra hernandiana a nivel popular en países como Argentina y Cuba. En México, pese a que Serrat tenía gran acogida en México, este disco no trascendió, parcialmente porque algunos problemas personales del cantante le obligaron a terminar la gira antes de lo previsto, además que el LP titulado *Joan Manuel Serrat en México*, de 1970 seguía siendo el disco más sonado de Serrat. Es preciso señalar que otros cantantes españoles habían cantado los poemas de Miguel Hernández varios años antes que éste, incluidos Paco Ibáñez, Elisa Serna, Paco Rabal e Ismael, ninguno, sin embargo, tuvo en Hispanoamérica la popularidad del intérprete catalán. Resulta de especial interés destacar que Víctor Jara, el cantante chileno asesinado después de los sucesos del golpe de Estado de Augusto Pinochet, había grabado en 1971 su versión de "Andaluces de Jaén". Sin embargo, el disco que circuló en 1971 de Víctor Jara fue el titulado *Víctor Jara en México* y no contenía ningún poema del oriolano. Es imposible sustraerse a la pregunta de si la ausencia hernandiana gravitaba dentro de un plan deliberado de censura por parte del gobierno mexicano (desde luego no sólo contra Hernández) o si fue simplemente un producto de las condiciones de la época. Hacen falta estudios serios y detallados sobre las relaciones entre el Estado mexicano, la censura y la autocensura literaria en general en esos años, para poder trazar relaciones más directas.

Así, la voz de Miguel Hernández tuvo que esperar hasta el comienzo de los años ochenta (época que coincidiría con la llamada apertura democrática del entonces presidente José López Portillo) para que se publicara por primera vez un libro suyo. En 1977 España y México reanudaron relaciones diplomáticas, siendo el primer embajador mexicano el expresidente Gustavo Díaz Ordaz, bajo cuyo mandato se había perpetrado la Masacre de Tlatelolco. Es también en esa década cuando la poesía de Miguel Hernández comienza a publicarse en Estados Unidos y toma cierto ímpetu a través de las universidades estadounidenses que comenzaron a enfocarse seriamente en su obra.

No ha sido, pues, un camino fácil el de la poesía hernandiana en México. La historia ha demostrado que las lecturas de un público en un determinado periodo son más que simples afinidades, sirven también para perfilar las estructuras de poder que subyacen bajo tales producciones literarias. De igual forma, las omisiones resultan altamente esclarecedoras. La poesía de Miguel Hernández pudo haber tenido una mayor recepción y difusión en el país azteca. Las condiciones sociales mexicanas ofrecían un terreno fértil, tanto como en otros países americanos, particularmente Cuba y Argentina, donde el poeta oriolano encontró más recepción, y estaba incluido en la lista de autores favoritos de personajes revolucionarios como Ernesto Che Guevara. Es claro que tales condiciones no fueron suficientes para contrarrestar el complejo perfil de una época tatuada por la perseverancia de los traumas históricos, la hipocresía política y el aparato opresor del Estado. La obra de Miguel Hernández, más allá de sus perfiles sociales, está impregnada de cálidos matices humanos capaces de hallar recepción sin condiciones de nacionalidad o geografía. Hoy que la crítica especializada y los lectores cuentan con el recurso mediador de los años transcurridos, es posible ver la obra de Hernández con la mirada que otorga la lejanía temporal. Desde ese litoral, no cabe duda alguna que para nosotros, los lectores posmodernos del incipiente siglo XXI, la poética de Miguel Hernández, con sus aciertos y desaciertos, es una de las más sólidas en lengua castellana. Es justo que más que rendirle homenajes, comencemos a conocerla, a estudiarla, y abrirle nuevos caminos por otras lenguas y por otras geografías.

NOTAS

[1] La cantante argentina Nacha Guevara cantó la poesía de Benedetti a principios de la década de los setenta. Hubo además una fructífera colaboración artística entre el escritor, la cantante y Alberto Favero.

[2] La película "El lado oscuro del corazón" (1992), de producción argentino-canadiense, representó un éxito popular e incluía poemas de Mario Benedetti, Juan Gelman y Oliverio Girondo, con la aparición del propio Benedetti leyendo su poesía.

[3] Joan Manuel Serrat interpretó a Machado en 1969 y su primera gira mexicana se realizó un año después, en 1970.

[4] Para un estudio a fondo de la participación de mexicanos en las Brigadas Internacionales véase el estudio de Mario Ojeda Revah, *México y la Guerra Civil Española*, Madrid, Turner, 2004.

[5] Abdón Mateos brinda un interesante estudio sobre los pormenores del exilio español entre 1940-1943.

[6] Para forjarse un mejor panorama de estas rencillas ver el artículo de Guillermo Sheridan Refugachos: "Escenas del Exilio Español en México", *LetrasLibres*, julio del 2002, http://www.letraslibres.com/index.php?art=7549

[7] José Bergamín se había referido al dramaturgo mexicano como intruso en un artículo de 1933. La anécdota completa puede consultarse en el artículo de Guillermo Sheridan mencionado en la nota anterior.

[8] Ver el artículo de Aitor L. Larrabide publicado en el presente volumen "Cartografía americana de un recuerdo. Homenajes tempranos a Miguel Hernández, 1942-1960".

[9] Rubén Jaramillo había podido desempeñar su liderazgo durante la presidencia de Lázaro Cárdenas. El ex presidente intervino ante Ávila Camacho para proteger la lucha jaramillista. El nuevo presidente prometió hacerlo, rompiendo más tarde su promesa.

OBRAS CITADAS

De Hoyos Puente, Jorge, *La construcción del imaginario colectivo del exilio republicano en México: Los mitos fundacionales.*
http://www.ahistcon.org/docs/murcia/contenido/pdf/05/jorge_de_hoyos_puente_taller05.pdf

Mateos, Abdón, *Tiempos de guerra, tiempos de desesperanza. La política de Ávila Camacho hacia España y el exilio republicano en México, 1941-1943.*
http://historiamexicana.colmex.mx/pdf/13/art_13_2085_18171.pdf

Pérez Vejo, Tomás, *España en el imaginario mexicano: El choque del exilio.*
http://dieumsnh.qfb.umich.mx/madridmexico/espa%F1a_en_el_imaginario.htm

DE *PERITO EN LUNAS* A *LOS HIJOS DE LA PIEDRA*: INTUICIÓN DE UNA EXPRESIVIDAD POLÍTICO-PROFÉTICA

Rei Berroa

Al momento de publicar *El rayo que no cesa* (enero de 1936), Miguel Hernández se encontraba en medio de una difícil encrucijada ideológica. Su primer viaje a Madrid (2 de diciembre de 1931), que había terminado en un fracasado regreso a la patria chica seis meses después (15 de mayo de 1932), le había servido para tomar ligeramente el pulso a lo que estaba pasando en la capital. En cierta manera, Miguel recogió las migajas de las celebraciones del centenario de Góngora (1927), de forma que, al regresar a Orihuela, se dedica con ahínco febril a la octava real, y hasta tal punto se «gongoriza», que el 20 de enero de 1933, después de muchas diferentes tentativas y pruebas, publica *Perito en lunas*, un pequeño libro de versos en 42 octavas reales, las cuales le daban al libro un sello de distinción y una gran homogeneidad.

Ahora bien, ya con un libro en la mano, el poeta y los amigos del pueblo comienzan a vislumbrar de nuevo el intento definitivo del soñado viaje a la capital en busca de mejor fortuna literaria, con el cual el joven escritor cambiaría Orihuela por Madrid. Con este cambio, el poeta no sólo intentaba ampliar su radio de influencia, sino que modificaba su postura ante el mundo. Este hecho biográfico puso en conflicto consigo mismo toda la realidad vital de la que el poeta se había alimentado hasta ese momento. Orihuela significaba pueblo, religión, familiares, Ramón Sijé, Josefina (la novia que se había echado desde agosto de 1934); la realidad de Madrid, por el contrario, tenía otras equivalencias. Era la ciudad con su vida agitada y su agnosticismo, era el caldero de las nuevas ideologías en donde Hernández iba a entablar nuevas amistades (Neruda, Aleixandre, Altolaguirre) que le ayudarían a cuestionar la razón de ser de su escritura. Madrid era también el lugar de encuentro de los poetas y las tendencias más dispares, y esto, a pesar del fracaso primero, atraía enormemente al joven escritor. Si *Perito en lunas* había sido un eco tardío de las celebraciones del tercer centenario de Góngora llevadas a cabo a través de toda España, *El rayo que no cesa* venía a ser su contribución —de entre todas, la más alta (me atrevo a señalar)— a las celebraciones de Garcilaso, cuyo cuarto centenario se conmemoraría en octubre de 1936.

Tal como ha demostrado Cano Ballesta,[1] el Madrid de este tiempo es un hervidero de tendencias poéticas y políticas que, por su fuerte vinculación a la tierra, Hernández no pudo asimilar en su primer viaje y le costó trabajo absorber incluso durante el primer año de su segundo viaje a la capital (marzo de 1934). A esta dialéctica responde el vértigo de «El silbo de afirmación en la aldea»[2] en que el poeta trata de recuperar la poesía para la naturaleza al contrastar el aturdimiento que le produce la ciudad (Madrid) con el equilibrio de una arcadia feliz (Orihuela):

> Difíciles barrancos de escaleras,
> calladas cataratas de ascensores,
> ¡qué impresión de vacío!,
> ocupaban el puesto de mis flores,
> los aires de mis aires y mi río[3].

Esta misma conciencia problemática, pero con el fiel inclinado hacia el sosiego de la vida pueblerina, aparece en el lenguaje de algunas de las cartas de estas fechas. Así le escribe a Josefina Manresa el 12 de abril de 1935:

> Aquí no se da uno cuenta de nada: pasa sonámbulo, fuera del tiempo y de las cosas mejores de la tierra. ¡Si supieras qué odio le tengo a Madrid! Dormir en casa ajena, tratar gente que ni te interesa ni te quiere, comer, no lo que te apetece, sino lo que te dan. Tanto como me gustan a mí las naranjas y tengo que pasar sin comerlas casi nunca, porque cada día me cuesta, la peor, carísima. Y luego este continuo lío de autos, tranvías,

humo, gente que te tropieza en todas las esquinas, calles en las que no da el sol más que por puro compromiso. [*OC, II*, 2342]

Tal dialéctica no cesará ni en su biobibliografía ni en su concepción del arte y le obligará, al mismo tiempo, a indagar constantemente para encontrar nuevos medios de expresión con los cuales poner toda su persona al servicio de la expresión poética y de un arte preocupado por las necesidades de su gente.

Posiblemente hacia principios de 1933, Miguel había escrito un breve artículo titulado: «Mi concepto del poema», en el cual hace unas reflexiones en torno a la pregunta «¿qué es el poema?», propuesta por un lector ficticio. En este artículo, el joven poeta afirma que la poesía ha de ser hermética («una verdad tan preciosa y recóndita como la de la mina») y le pide a los poetas no olvidar la forma («guardaos, poetas, de dar frutos sin piel, mares sin sal»), menos en el caso de la «poesía profética», en la cual todo debe ser expresado con total claridad: «Todo ha de ser claridad —porque no se trata de ilustrar sensaciones, de solear cerebros con el relámpago de la imagen de la talla, sino de propagar emociones, de avivar vidas.» [*OC, II*, 2113] Es decir, nuestro escritor acepta deliberadamente el hermetismo como requisito poético, pero vislumbra la posibilidad de una poética política, que él llama «profética», cuya sombra le había tocado en Madrid durante su primer viaje y cuyos ecos puede distinguir a pesar del ruido a tradición que se percibe en Orihuela. Hacia esta «poética profética» debe tender, según la recomendación que le hace Federico García Lorca en la carta que le escribe en abril de 1933: «Yo quisiera que pudieras superarte [...] de esa obsesión de poeta incomprendido, por otra obsesión más generosa *política y poética.*»[4] [El subrayado es mío].

A tal propedéutica había respondido *Perito en luna*s, que buscaba expresamente el hermetismo y la imitación. Producto narcisista de su individualismo herido en la capital en su primer intento de probar fama y fortuna fue, a mi modo de ver, el mejor ejercicio de lenguaje que Miguel llegó a realizar; el primer serio conflicto de elaboración poética al que se enfrenta en su búsqueda estética. *Perito en lunas* fue la primera guerra en la que entró nuestro poeta luchando en tres frentes primordiales: el lenguaje, la forma y la cultura. Pero incluso en este libro, esencialmente culteranista, eco de sus lecturas y de la moda madrileña, la incorporación de su realidad tangible e inmediata en el gongorismo que pretende imitar se hace espontánea e inevitablemente. Los títulos de unas cuantas composiciones -eliminados al momento de publicar la obra, pero descubiertos en 1962 por Juan Cano Ballesta- además de revelar el entorno («Cohetes», «Gallo», «Serpiente», «Gitanas», «Retrete», «Ubres»), anuncian el germen de su postura ulterior, no sólo a favor, sino como miembro de la clase campesina («Mesa pobre», «Negros ahorcados por violación», «Labradores»). Lo mismo cabría afirmar de las prosas poéticas de esos días. Ahora bien, incluso los textos que anticipan una conciencia de clase tienen como tónica general una actitud pasiva, de juego o de resignación. El título de la octava XL de *Perito en lunas*, por ejemplo, no es solamente «Negros ahorcados», que hubiera ofrecido la posibilidad de tratar el tema de la opresión del negro en los Estados Unidos; a la referencia al ahorcamiento se añade aquí la causa del mismo, «por violación», con lo cual se dirige el punto de referencia de la escritura, no hacia el ahorcamiento (que implicaría el falso afán de justicia de una colectividad), sino hacia los violadores como tales (y no tanto por su color). Todo, además, visto muy desde lejos, tratado como tema poético curioso, no como una situación que hay que remediar.

Lo que acabamos de ver es más obvio aún en el artículo «MOMENTO —campesino» que publica en *La Verdad* de Murcia el 8 de febrero de 1934. Igual que el anterior, este texto maneja la frustrante vida del labrador como un curioso tema poético. El lenguaje no se utiliza como medio para transformar la situación miserable sufrida por los campesinos (el tema se debatía en las Cortes en aquellos momentos, al tratar la derecha de anular la ley de reforma agraria)[5,] sino para describir la situación de los hombres del campo, conminarlos a que se abracen a la tierra y no cambien su vida por la de la ciudad. Su retórica, llena de imágenes y metáforas del campo («escuchad otra vez el balido de los tractores; apacentad otra vez los arados»), trasluce una ideología claramente agraria, reaccionaria y cristianizante, sobre todo en una de las proposiciones centrales de su discurso en la que se celebra «la sabiduría del no querer saber, la alegría de ignorar»:

> Venid aquí, hijos del surco. Vuestra vida es de la tierra como vuestra muerte. Porfiad en la espiga, no en el gorgojo negro de la envidia. Os han estragado el paladar del gusto. Habéis perdido la fe en la semilla, en el cielo que la subleva de verdor. Os inclináis al crimen, no a la tierra. Laboráis en el aire, no en el surco. Los hombres urbanos, cultos, pero sin

cultura campesina, introdujeron en nuestras funciones las arañas que no pueden vivir si no es atadas a sus vicios brillantes, sus hilos, que impiden el desarrollo de las plantas. Os han destetado del campo. Os han expropiado la inocencia; os han desintegrado de vuestro cariño. Os han arrebatado la sabiduría del no querer saber, la alegría de ignorar, y no habéis protestado. [*OC, II*, 2139-41]

La misma tónica ofrecen los poemas que aparecen en *El Gallo Crisis*, sobre todo el titulado «PROFECÍA —sobre el campesino», situado retóricamente en torno a las discusiones de reforma agraria[6]. La postura ideológica que adopta Miguel en este poema, como en la mayorías de los escritos de la época[7], es que el campesino debe quedarse en el campo y trabajar la tierra con esmero «buscando la alianza / del cielo y no la guerra», pues sólo así «el encanto del campo está seguro» [*OC, I*, 366-68].

Todo esto nos indica que, hasta este momento, el lenguaje de Miguel Hernández, adquirido en un ambiente conservador, refleja, sin planteamientos clasistas de ningún orden, la ideología agraria y católica del medio en el que ha crecido y se ha educa- do. Esta ideología y el dominio formal del lenguaje, no obstante, serán necesarios para proveerse de una actitud mimética que le ayude a descubrir la verdad de su voz. El estudio de la poesía de estos años, realizado en su mayor parte por Sánchez Vidal[8], revela que el uso primordial de la décima, el auto y el soneto, que se lleva a cabo dentro de su proceso de busca y de exigencia de nuevos retos, es esencialmente un acto de mímesis y es producto de un ambiente y una actitud conservadores. Ideológicamente, por otro lado, la octava real le ofrece una visión cerrada, circular del mundo. No hay en ella estridencias formales, como no las hay en la elección del término «luna» para el título del primer libro, pues el signo luna connota algo redondo, armónico y apacible; a este conjunto retórico-ideológico le corresponde perfectamente la belleza formal de la octava real con su ausencia de espacios tipográficos (son ocho versos seguidos) y el redondeamiento del concepto ventilado en los primeros seis versos con la repetición de la rima en el pareado final. Había que dar al traste con tal idealización.

Será con el rigor matemático del soneto (dejo de lado la forma de los poemas «Un carnívoro cuchillo» [1], «Me llamo barro» [15] y la «Elegía» a Ramón Sijé, penúltimo poema del libro) con el que logre un extraordinario hito estético, al elegir un nuevo signo lingüístico: el rayo, no solamente para hacer obvia su situación biográfica, sino sobre todo para dar un paso adelante en la elaboración de su credo poético-profético. *El rayo que no cesa*, que aparece en pleno entusiasmo garcilasista, refleja la tensión de un hombre entre su yo y la otra persona, entre un vivir individualmente y un vivir compartido. La expresión, con todas las sutilezas que la acompañan, brota como un tartamudeo interior y se hace álgebra formal y lírica. El uso del endecasílabo es el único puente que queda entre los dos sujetos: el anterior e imperfectible que se gloriaba de ser «perito en lunas» y el presente o fragmentado que se reconoce en la estridencia y peligrosidad de «un rayo que no cesa» de herir. Mientras en la octava real de *Perito en lunas* la realidad se representa como armónica y redonda (la luz está «enarcada de alborozo» [II], el pozo —como el reloj— es una «interior torre redonda» [XVIII], las ubres del ganado son «plurales blancuras interiores» [XXXIII]), en el soneto de *El rayo que no cesa*, esa misma realidad, por virtud del léxico elegido para el caso, ha sufrido una transformación angustiosa y puntiaguda (la luz es «rayo que guía un tribunal de tiburones» [3], los cuernos reflejan «la región volcánica del toro» [14], el hombre —como el animal— está marcado «por un hierro infernal en el costado» [23]). Vale decir, pues, que al encontrar en la imagen del toro y del rayo el parangón exacto para manifestar la condición del sujeto, el poeta refleja su pena y su soledad en un tenso tono dramático. Este tono importa en la obra particularmente porque carga retóricamente a la palabra de tensión sanguínea y a su sensibilidad de tensión ideológica. En efecto, el sujeto que interpreta visceralmente los acontecimientos de la vida en *El rayo que no cesa*, está sufriendo los embates de la proyección, de la necesidad de salir de sí mismo y del entorno en el que ha crecido o vivido hasta entonces, para experimentar, lingüística e ideológicamente, otra realidad. Se estaba llevando a cabo en la vida de Hernández, como en la de toda España, la necesidad de elegir entre una ideología de derechas (de fundamentación católica y conservadora) y otra de izquierdas (con bases socialistas y revolucionarias). Dos años había durado la gestación de *El rayo que no cesa* y en este tiempo Miguel había logrado pasar de poeta de sesgo católico a poeta solidario con los males y dolores de su comunidad. Este libro, que es por encima de todo un libro de poesía erótica, es el mármol duro y eterno (como diría Machado) en el que queda grabada esa evolución, que había empezado a inclinar el fiel de la balanza desde la revolución de Asturias (octubre de 1934). La constante agitación política del tiempo, que él vivía ahora en otro ambiente, con otros amigos y con otra verdad fue consumiendo esa mencionada primera ideología, con la que mantiene un hilo muy débil en razón de su amistad con los de Orihuela y una cierta necesidad afectiva.

Es hacia fines de junio de 1935 cuando le escribe a Juan Guerrero Ruiz la carta que revela el final de un proceso de búsqueda ideológica. En ella Miguel rechaza la política católica de *Cruz y Raya* y *El Gallo Crisis*, abomina de todo lo que había publicado en ellas («ni pienso ni siento muchas cosas de las que digo allí») y termina diciendo:

> Me dedico única y exclusivamente a la canción y a la vida de sangre y tierra adentro: estaba mintiendo a mi voz y a mi naturaleza terrena hasta más no poder, estaba traicionándome y suicidándome tristemente. Sé de una vez que a la canción no se le puede poner trabas de ninguna clase. [*OC, II*, 2344-46]

A continuación, le anuncia un poema que estaba haciendo por entonces como ejemplo de su entrega «a la canción y a la vida de sangre y tierra adentro»[9]. Sijé le conmina a que no abandone sus ideales neocatólicos; pero la transformación está ya demasiado adelantada para hacer otro giro: Miguel ha abandonado su primera postura y se encamina a orientar su escritura hacia nuevos derroteros. En esta transformación tienen peso directo los amigos que frecuenta (Neruda, Aleixandre, González Tuñón, así como los componentes de la Escuela de Vallecas)[10], pero pesa tanto más la conciencia de clase que va tomando al ir poniéndose en contacto con la realidad campesina y obrera que conoce en su propia piel.

Nacida al calor de la revolución minera de Asturias (octubre 1934), la obra que indica esta transformación es *Los hijos de la piedra. Drama del monte y sus jornaleros*, en la cual el pastor —hombre pacífico más que nadie y que no es sino un trasunto hernandiano— incita a los mineros a acabar con el que los oprime y pisotea, arengando a todos a que vayan contra el que les quita el poco pan que poseen a causa del poco jornal que les paga:

> Ni hijos de la piedra siquiera sois [...] La piedra se revuelve contra quien la golpea rugiendo y bramando. La piedra cría lobos, precipicios, alacranes y culebras para defenderse de los que pretenden domarla y reducirla [...] La piedra tiene gestos bravos y vosotros tenéis lengua para lamer los pies de un hombre y espaldas para su garrote. [*OC, I*, 1597]

Queda con esto bien definida, pues, la frontera ideológica en la cual se moverá la nueva poética hernandiana: de una expresión lírica a una épica que no abandona del todo su primera manera lírica. Como le había sugerido Lorca, Miguel se había abocado hacia una poética político-profética de dimensiones aún insospechadas, incluso para él mismo.

NOTAS

[1] Juan Cano Ballesta, *La poesía española entre pureza y revolución* (Madrid, Gredos, 1972). Véase concretamente el capítulo IV.

[2] Publicado en el número 5-6 (primavera 1935) de *El Gallo Crisis*, la revista de Ramón Sijé.

[3] Miguel Hernández, *Obra completa. Tomo I.* Edición de Agustín Sánchez Vidal y José Carlos Rovira con la colaboración de Carmen Alemany (Madrid, Espasa-Calpe, 1992), p. 373. [Todas las referencias a esta edición aparecerán de ahora en adelante en el texto mismo como *OC* con la referencia al tomo y la página.]

[4] Federico García Lorca, *Obras completas. Tomo III.* Recopilación, cronología, bibliografía y notas de Arturo del Hoyo (Madrid, Aguilar, 1987), pp. 1010-11.

[5] Véanse al respecto las afirmaciones de Ignacio Villalonga y el Conde de Romanones en M. Tuñón de Lara, *La España del siglo XX.* Tomo II (Barcelona, Laia, 1974), p. 420. Véase también Fernando Díaz Plaja, *La España política del siglo XX en fotografías y documentos.* Tomo II (Barcelona, Plaza & Janés, 1970), p. 402.

[6] Nótese que el poema aparece en la revista con un diagrama en el que hay dibujados un ramo de uvas, tres espigas y dos tiras (una en forma de yugo). Arriba y abajo del dibujo se pueden leer los epígrafes: «Orden público» y «Reforma agraria» (Cfr. *El Gallo Crisis* 1 [1934]: 14). Las implicaciones semióticas de este arreglo icónico me parece que no requieren comentario.

[7] Véase sobre todo el texto en prosa «VÍA —de campesinos» [*OC, II,* 2136-38], en que hace afirmaciones tan retrógradas como «En el campo analfabeto es donde más se aprende.»

[8] Véase su edición de *Perito en lunas. Rayo que no cesa* (Madrid, Alhambra, 1976), pp. 5-77.

[9] Este poema tiene que ser, por necesidad, «Sonreídme», pues es el poema en que su visión de la realidad y la acción que el poeta va a ejercer sobre su mundo, van a dar un giro copernicano: «Me libré de los templos: sonreídme, / donde me consumía con tristeza de lámpara / encerrado en el poco aire de los sagrarios.» [*OC, I,* 519-21]

[10] Importantísimo grupo artístico que renueva el escenario de la pintura y la escultura de Madrid a fines de los años veinte. Fundado por el escultor Alberto Sánchez Pérez y el pintor Benjamín Palencia, se sumaron luego, entre varios otros artistas del color y la palabra, los pintores Juan Manuel Caneja, Luis Castellanos y Maruja Mallo (cuya relación amorosa con Miguel hace posible el nacimiento de la vehemencia angustiosa de *El rayo que no cesa*) y el poeta Luis Felipe

Vivanco, pero sabemos que también García Lorca y Rafael Alberti participaron en ella. Para
una relación pormenorizada de la relación de Miguel Hernández con el grupo, véase el artículo de Juan Cano Ballesta, «Miguel Hernández y el debate cultural de los años treinta (el poeta ante el 'Guernica')». http://www.miguelhernandezvirtual.com/biblioteca%20virtual/actas%20II%20congreso/Archivos%20en%20PDF/10juanca.pdf
[Consultado el 21 de marzo de 2010.]

TRAUMA Y SUPERACIÓN EN LOS ÚLTIMOS POEMAS DE MIGUEL HERNÁNDEZ

Irene Chico-Wyatt

A cien años del nacimiento de Miguel Hernández, los hispanistas de todo el mundo conmemoramos al completo la breve intensidad de una vida sesgada trágicamente por los excesos del franquismo, la integridad de un hombre fieramente comprometido por la libertad del pueblo español, y volvemos a celebrar el innegable impulso poético de una obra que, si bien fue acallada y relegada al olvido durante muchos años, es finalmente considerada como uno de los grandes ejemplos poéticos del siglo XX.

Desde los últimos cincuenta años, periodo en el que por fin se ha conseguido rescatar la obra de Miguel Hernández del ostracismo en el que había estado sumida, su poesía ha sido analizada desde amplias y diversas perspectivas. Destacan particularmente los estudios de carácter existencialista que enfatizan el estilo "humano" de una poesía marcada por "la proyección artística de las más hondas preocupaciones humanas[1]" (Cano Ballesta 9) y enfatizan la prevalencia de un sino trágico y funesto que puede observarse ya desde sus primeras composiciones. Se han señalado también las afinidades estilísticas de su poesía con la estética surrealista, especialmente tras su época de contacto con Pablo Neruda y Vicente Aleixandre, y se han estudiado sus composiciones escritas durante la guerra civil (tanto su teatro como su poesía) como manifestación de la absoluta identificación de Hernández con la voz más esencial del pueblo español y de su compromiso con el obrero oprimido. Pero especialmente se ha hecho énfasis en la hondura expresiva de su última obra, *Cancionero y romancero de ausencias*, como muestra indiscutible del proceso evolutivo de su voz poética y de su llegada a la consecución de un tono definitivamente personal en el que predominan los sentimientos de angustia y dolor provocados por su encarcelamiento y consiguiente separación de su esposa e hijo.

En contraste con lo que afirma Javier Pérez Bazo, quien conmina a la crítica en general por su falta de seriedad al analizar el quehacer literario del escritor oriolano y hacer excesivo énfasis en el biografismo y las circunstancias de su muerte, opino que la indagación e inclusión del momento histórico en el que vivió Miguel Hernández, así como de las vicisitudes por las que se vio obligado a pasar tras el término de la guerra civil española, es ciertamente obligada a la hora de analizar su poesía, y en ningún momento suponen un afán de quedarse "en lo irrelevante y anecdótico"[2] como él asevera, ni tampoco son un intento de hacer desmerecer su maestría y genialidad artísticas. Muy al contrario, considero que la exploración de la dimensión personal del sujeto de la enunciación es absolutamente necesaria para el estudio de cualquier producción poética. Toda poesía lírica supone una indagación de carácter personal por parte de su autor, supone la expresión de sus más íntimos sentimientos, la ratificación de su ética y de su ideología, y su posibilidad no sólo de trascender él mismo a las circunstancias que le rodean, sino también de comunicarse con un lector al que convierte en cómplice de sus ideas y sentimientos al hacer que éste se identifique con esas 'sus' circunstancias específicas. En suma, el acto de escribir poesía se convierte –tanto para autor como para 'su' lector— en un proceso de autoconocimiento, un proceso que Andrew Debicki denomina "poetry of discovery".[3] Pero además, y específicamente en el caso de Miguel Hernández y su *Cancionero y romancero de ausencias*, la referencia a los datos biográficos y, sobre todo, el estudio de la psique del autor en el momento de la producción poética, es especialmente importante para entender el proceso creativo seguido por el poeta en la composición de sus poemas escritos desde la cárcel y para entender cuáles y a qué se deben los cambios de estilo y estética que se observan en dicha colección en relación con sus obras anteriores y en relación con las diferentes secciones de las que este poemario se compone.[4]

Es por ello que el presente estudio se centra, concretamente, en algunos de los poemas pertenecientes a la serie tradicionalmente agrupada bajo el título de "Últimos poemas". En ellos Hernández se aparta de las dicotomías ausencia-presencia, amor-soledad, temática desarrollada en el resto del *Cancionero y romancero de ausencias*, para centrarse en un acto de auto-reflexión e indagación personal en el que es ahora la escritura, —frente al tema del amor y la unión carnal— la fuerza redentora que será capaz de reconciliar los dos mundos, interior y exterior, en los que se debate la voz poética. En estos últimos poemas, se marca además la ruptura con la poesía de signo tradicionalista y popular que predomina en el resto del *Cancionero*, apartándose del cultivo del verso de arte menor, breve, paralelístico y reiterativo, propio del romancero español, para concentrarse en formas mucho más depuradas y elaboradas en cuanto a su complejidad formal, tanto estrófica como estilística. Son poemas que se apartan de la condensación conceptual del *Cancionero* y vuelven a hacerse eco de las fórmulas de influencia clasicista con las que Hernández comenzara su andadura poética.

Incluso en su temática, aunque existen conexiones evidentes con el resto de los poemas incluidos en esta última composición, podemos notar una creciente negatividad y una mayor incidencia del tema de la muerte, que parece ahora abarcar todo el microcosmos poético, haciendo que la misma realidad circundante se convierta en un sueño de pesadilla, lo cual propicia el despliegue de recursos e imágenes muy afines a los del surrealismo[5]. De entre ellos se puede destacar la fragmentación e incluso la cosificación del sujeto hablante, su desdoblamiento en dos individuos dispares, así como la creación de una serie de símbolos irracionales e imágenes ilógicas que en algunas ocasiones llegan a convertirse en absurdas, llevando al lector a cuestionar la lógica del universo poemático.

Dentro de los estudios basados en el análisis psicológico del sujeto de la enunciación, ya Sigmund Freud enfatizaba el papel que la separación y la angustia ejercían en la psique del individuo. Estos sentimientos propician siempre un agravamiento de la tensión producida por una experiencia traumática, la cual, además, puede conducir al colapso psicológico del sujeto.[6] Y para contrarrestar el efecto negativo y paralizante de dicha experiencia, el individuo necesita buscar mecanismos de defensa que le ayuden a sobreponerse e impidan que caiga en un estado de depresión irreversible. En el caso de Hernández, estos mecanismos serán la indagación personal y el testimonio, es decir, la exploración exhaustiva de su experiencia traumática a través de la escritura. De este modo, el autor puede seguir haciendo uso de sus capacidades artísticas y éstas, a su vez, le ofrecen el camino perfecto para dejar de sentirse fragmentado, desgarrado, y le abren una vía para comunicarse con el exterior (su familia y amigos) y sentirse uno con ellos y consigo mismo.

En esta misma disciplina del estudio psicoanalítico, pero haciendo mayor énfasis en la antropológico, Erich Fromm aseveraba que el hombre es el único ser vivo para quien su propia existencia constituye un problema que necesita resolver y del cual no puede evadirse, siendo la recreación de un estado idílico la única forma de escapar a este problema existencial[7] (50). Éste es precisamente el espíritu que anima la mayoría de las composiciones del *Cancionero y romancero de ausencias*, en las que Hernández recrea su estado de desamparo ante su falta de libertad y la separación de su familia, así como el recuerdo del hijo perdido. En algunos de estos poemas el universo recreado aparece disociado de todo elemento autobiográfico y de toda circunstancialidad para ofrecernos un microcosmos universalizado y abierto a una interpretación más generalizada, más colectiva. En otros, sin embargo, Hernández no puede dejar de recrear la precariedad de su situación personal, y nos ofrece poemas como "Bocas de ira," "Hijo de la luz y de la sombra" o "Nanas de la cebolla," entre otros, en los que las referencias a la separación de la esposa o la muerte del primer hijo de ambos nos confrontan con imágenes desgarradoras en las que el hablante desarrolla su visión del mundo hostil en el que se ve sumido. Ante este estado de angustia vital, el poeta busca una forma de sobreponerse a sus experiencias traumáticas, y la forma en que lo consigue —como asegura también Fromm[8]— es la recreación de un universo simbólico en el que se invoca el amor como elemento salvífico capaz de redimir su trágica circunstancia y elevar su ánimo en los momentos más angustiosos de su reclusión. Expresar la hostilidad del mundo que le rodea y refugiarse en ese mundo simbólico —y hasta cierto punto idílico— se convierte así en la única forma que encuentra el autor de superar su soledad y de recuperar su equilibrio mental sin tener que capitular frente al opresor ni abandonar sus ideales éticos e ideológicos.

Es precisamente este contraste entre la realidad vital, exterior, que rodea al poeta, y el microcosmos que él mismo crea en cada uno de sus poemas, lo que encontramos en la mayoría de las composiciones del *Cancionero*, las cuales establecen una fuerte tensión entre lo negativo y lo positivo, entre realidad y deseo, aunque manteniendo siempre un leve tono de esperanza en un futuro más halagüeño. Es de notar, aunque sea muy brevemente, cómo en la correspondencia que Hernández mantiene con su familia y amigos durante las mismas fechas en que está creando sus últimos poemas, el escritor se muestra mucho más optimista y esperanzado que en su poesía. Sirva de ejemplo una de las muchas cartas que el autor le escribe a Josefina Manresa, su esposa, cuando es informado del hambre y la escasez que aflige a su familia:

> Estos días me los he pasado cavilando sobre tu situación, cada día más difícil. El olor de la cebolla que comes me llega hasta aquí y mi niño se sentirá indignado de mamar y sacar zumo de cebolla en vez de leche. Para que lo consueles, te mando estas coplillas que le he hecho ya que para mí no hay otro quehacer que escribiros o desesperarme. [...] ¡Pobre cuerpo! Entre sarna, piojos, chinches y toda clase de animales, sin libertad, sin ti, Josefina, y sin ti, Manolillo de mi alma, no sabe a ratos qué postura tomar, y al fin, <u>toma la de la esperanza, que no se pierde nunca</u> [9]. (Cano Ballesta 25)

En este ejemplo podemos observar cómo aquí Hernández desarrolla a la inversa la tensión ausencia-presencia que se establece en el *Cancionero*, ya que en estas cartas su meta fundamental es la de reconfortar y dar ánimo a sus seres queridos y hacerles ver que, a pesar de todo, él se encuentra bien y con ánimos. Es consciente de que ellos han quedado en una situación precaria y de desamparo, expuestos constantemente a la penuria económica de la posguerra e incluso a las posibles rencillas que sus enemigos pudieran tomar contra el resto de la familia, y por esto su propósito no es otro que el de minimizar ante ellos su propia angustiosa situación.

En la sección de "Últimos poemas", sin embargo, el tono esperanzado —y en cierto modo optimista— que se observa tanto en la correspondencia del poeta así como en buena parte de las composiciones del resto del *Cancionero*, deja paso ahora a un sentimiento de desgarro interior que preconiza la destrucción moral y física del sujeto hablante y le hace entrever, e incluso desear, su propia muerte. Estos sentimientos van a ser elaborados (como ya afirmé anteriormente) a través de formas estróficas de arte mayor e influencia clásica, con estrofas más complejas y depuradas que expresan la suma gravedad de su situación anímica, y una estética surrealista que enfatiza la fragmentación de la voz poética y comunican al lector el estado de decaimiento irreversible al que ha sido abocado. Estas características empiezan a observarse con más fuerza en el poema 132, titulado "El niño de la noche." En él, el hablante adopta una perspectiva absolutamente subjetiva para hacer una reflexión sobre su propia existencia, —e incluso sobre su misma obra poética— y para ello se remonta al estado idílico de su infancia. Es éste un tiempo dominado por símbolos positivos, como "risas" y "luz;" sin embargo, ya en el segundo verso, la voz poética rememora cómo ese optimismo infantil es engullido casi inmediatamente por las tinieblas y el silencio, haciendo que el niño aquel, alegre y risueño, quede inexorablemente hundido en la noche y renuncie para siempre a su ansia de luz, pues intuye que su consecución será un deseo imposible de alcanzar:

> No quise más la luz. ¿Para qué? No saldría
> más de aquellos silencios y aquellas lobregueces. (3-4)

A partir de este momento, las siguientes estrofas del poema, hasta un total de nueve, e incluso los mismos versos, van sucediéndose de forma paralela y en oposición, alternándose entre el anhelo esperanzado del pasado y la realización de la imposibilidad de ese deseo. Así, la segunda estrofa explica de forma retrospectiva cómo ese niño —quizás un esperanzado y joven poeta— "quis[o] llegar gozoso/ al centro de la esfera de todo lo que existe" (5-6), en un intento de descifrar la belleza y la alegría del universo e incorporarlas a su propia existencia. Sin embargo, la estrofa se cierra de nuevo con un fuerte sentimiento de frustración que lleva al hablante a aceptar con amargura la futilidad de sus intentos y a anunciar el acaecimiento de la muerte, ya sea física, ya espiritual.

En los planos léxico y gramatical, es importante notar cómo los versos de esta composición están estructurados de acuerdo a una sucesión de preguntas retóricas a las que suceden puntos suspensivos, oraciones asindéticas y en muchas ocasiones brevísimas, compuestas tan sólo de sintagmas nominales o adverbiales, y en las que se observa la falta de verbos de movimiento. Esta elección en la estructura del lenguaje trasmite una sensación similar al balbuceo incrédulo de un niño (ese niño que la voz poética quiso ser) que no puede comprender la razón de su inadecuación, y acentúa de forma perfecta el ambiente 'surrealista', un ambiente abrumador y de pesadilla que gravita sobre el sujeto lírico. Toda esta carga de negatividad llega a su clímax en la estrofa final del poema. Se trata de una estrofa enigmática y hasta cierto punto irracional en la que el hablante queda desterrado de la constante noche a la que ya estaba acostumbrado. Sin embargo, en lugar de sentirse completo y realizado por haber llegado a la consecución de sus aspiraciones, afirma sentirse perdido, y la luz, antes símbolo de vida, alegría y esperanza, se convierte ahora en "una luz hiriente" que, paradójicamente, sume a la voz poética en un llanto desesperado.

Los contrastes luz-sombra, día-noche, vida-muerte, siguen repitiéndose en el poema 134, un soneto de versos alejandrinos titulado "Sigo en la sombra, lleno de luz. ¿Existe el día?". En éste se establece un diálogo no sólo con el poema analizado anteriormente, sino además con el famoso "Hijo de la luz y de la sombra," tríptico compuesto por Hernández tan sólo unos años antes y en honor de su primer hijo. Sin embargo, si en aquella composición la imagen central era la del hijo como producto de la unión pasional, irrefrenable e instintiva, de hombre y mujer, en este nuevo poema el único foco es el propio hablante. Éste —al igual que ocurriera en el poema 132— vuelve a equiparar términos que, racionalmente, deberían aparecer en yuxtaposición, pues la simbología que tradicionalmente se les asigna les hace contrarios. Sorprendentemente, sin embargo, el sujeto de la enunciación asocia de forma paradójica luz a sombra y vida a muerte, de tal modo que ahora la vida es al mismo tiempo "una fría losa" que, irónicamente, "germin[a] caliente, roja, tierna" (4). Se trata entonces de una vida que se siente pesada como una losa, una vida que es fría y no ofrece posibilidad de sosiego, de tregua. Es una vida insana que, además, crece implacablemente y sin tregua, y que, por tanto, conlleva todas las características que tradicionalmente se le atribuyen a la muerte.

El segundo cuarteto de este poema continúa haciendo énfasis en el concepto barroco de la existencia, aunando vida y muerte en versos consecutivos. Esta equiparación deja patente el estado de confusión que atenaza la psique del hablante, quien afirma estar irrevocablemente gobernado por las sombras a pesar de su búsqueda incansable por liberarse de ellas. Pero lo más irracional de este poema es, sin duda, la no identificación de dos términos que sí deberían aparecer como sinónimos, como lo son muerte y sombra. Si volvemos a comparar esta composición con "Hijo de la luz y de la sombra" y, si como afirma Javier Herrero en su análisis de este poema, la sombra "es [una] fuerza impersonal, eterna, de la sangre, en cuanto absorbe las parejas, [...] y las convierte en instrumento de la marcha del *Hombre*"[10], vemos que el poema 134 se aparta completamente de esta significación cósmica y rompe con toda lógica racional al disociar ambos términos. Aquí, la sombra no podría significar otra cosa que el sentimiento constante de inadecuación del hablante, su falta de libertad (su encarcelamiento) y el peso insoportable de esta experiencia traumática contra la cual ya no puede revelarse. De este modo, para la voz lírica, la muerte se ha convertido —igual que ocurriera en el poema anterior— en una "desnuda vida creciente" (14), pues imagina que lo que le espera tras su muerte física deberá ser algo mucho más placentero que la vida real que le ha tocado vivir, deberá ser un lugar en el que poder descansar de la angustia (o sombra) que se cierne sobre él y, por consiguiente, estima que la muerte es algo positivo, algo deseable en cuanto sólo ella puede anunciar el término de sus incesantes anhelos incumplidos y el fin de su agónica existencia.

Otra de las imágenes contrastivas que se repiten, tanto en ésta como en otras composiciones de esta serie de últimos poemas, es la del traje, que aparece en oposición a la desnudez o falta de ropaje. El sujeto poético afirma que se encuentra encadenado a un traje, cuando lo único que desea es sentirse liberado:

> Encadenado a un traje, parece que persigo
> desnudarme, librarme de aquello que no puede
> ser yo y hace turbia y ausente la mirada.
> Pero la tela negra, distante, va conmigo
> sombra con sombra, contra la sombra hasta que ruede
> a la desnuda vida creciente de la nada. (9-14)

En estos versos el traje, al contrario de lo que cabría esperar, no simboliza su cuerpo, ese otro yo en el que el hablante ya no reconoce ninguna huella de su ser primigenio, sino que metafóricamente representa a esa sombra que constantemente está cerniéndose sobre él y que ha conseguido finalmente abarcar toda su realidad. Es obvio, entonces, que esta sombra, a la que más tarde equipara con una "tela negra y distante," se convierte en la metáfora elegida por Hernández para describir el impacto de su experiencia carcelaria y hacer énfasis en la profunda mella que ésta ha dejado en su ánimo. Y su tono angustiado y de desesperación queda de manifiesto a través de la repetición de la misma palabra 'sombra', que se sucede tres veces en el mismo verso. Por ello, la muerte es ya la única fuerza capaz de apartarle de esa sombra incesante y abrumadora.

Esta misma imagen del traje es desarrollada de forma más exhaustiva en el poema 133, "El hombre no reposa...", otro soneto de versos alejandrinos que van elaborándose a partir de una estética totalmente afín a la del surrealismo. En esta composición, Hernández abandona toda referencia al yo y se aparta del subjetivismo de los poemas anteriores para volver a la concepción más universal y colectiva, típica de los primeros poemas del *Cancionero*, y con ella enfatizará cuál es para él el significado de la condición humana. Así, el poema comienza con una máxima de corte filosófico que expresa cómo el ser humano se encuentra siempre abocado a un movimiento y mudanza constantes de los cuales nunca conseguirá evadirse. "El hombre no reposa: quien reposa es su traje" (1), afirma el poeta, haciendo que el hombre universal —en el que se incluye él mismo— aparezca como un ser solitario, fragmentado y cosificado, ya que ahora se encuentra desgajado en dos entidades disímiles. Sin embargo, este traje no es un simple objeto inanimado, pues, de repente, parece cobrar vida, y aunque se encuentre abandonado y olvidado en un rincón, existe dentro de este traje una vida leve y secreta, sujeta también a un movimiento permanente, aun cuando éste haya quedado reducido a un tenue aliento.

Al contrario de lo que veíamos en el poema anterior, en esta estrofa nos encontramos con lo que parece ser un reflejo tradicional, muy machadiano, de la simbología asociada con el traje. Éste representaría lo exterior, lo que está sujeto a cambio, y así podríamos identificarlo con la dimensión corporal del hombre, en contraposición con su alma, único componente que es inseparable del ser humano. Este cuerpo semi-muerto sigue, a pesar de todo, "trabajando" por hallar la quietud, es decir, la paz interior y ese último reposo que, sin duda, simboliza la muerte. Pero paradójicamente, la voz poética asevera que no existe la muerte: "No hay muertos. Todo vive: todo late y avanza./ Todo es un movimiento extático de actividad moviente." (9-10), dejando así la vida nuevamente reducida a una eterna antítesis, un movimiento frenético que conlleva al delirio e incluso a la exaltación. Si confrontamos estos conceptos antitéticos con las diferentes definiciones que el *Diccionario de la Real Academia Española* ofrece sobre el término "extático," observaremos que la primera alude a la palabra en su utilización dentro de la terminología médica. En este contexto, algo extático indica aquello que produce una "parálisis de la sangre", es decir, la cesación de la vida. Si adoptamos esta definición, se corroboraría el uso antitético y paradójico de estos versos y el entronque del poema con el surrealismo, especialmente por su estructuración de imágenes usadas de forma ilógica y la utilización de referentes múltiples.

El último verso del primer terceto vuelve a confrontar al lector con la inversión ilógica de la simbología tradicional, cuando la voz lírica afirma identifica ese traje con la "piel inferior del hombre," la cual sin duda simboliza el alma. Y es que el hablante está ahora aunando las partes disímiles de las que se componía el ser humano al principio del poema, fusionando en un todo cuerpo y alma, vida y muerte, como elementos intrínseca e indefectiblemente unidos. Ambos —cuerpo y alma, vida y muerte— son partes esenciales y experiencias ineludibles de lo que significa ser hombre y, así, ambos polos necesitarán trabajar unidos, necesitarán seguir luchando y avanzando para conseguir vislumbrar cuál es el propósito ulterior de la existencia. Es obvio que en estos versos Hernández está haciendo una defensa a ultranza de sus ideales éticos e ideológicos, e incluso una reflexión de su estética literaria, pues en el verso decimosegundo, el hablante afirma que dicho propósito no es otro que el de "conmover al mundo," es decir, el de influir en la sociedad a través de la concienciación de ésta con respecto a sus problemas sociales y morales, lo cual sólo se conseguirá a partir de la creación de una literatura comprometida encaminada a denunciar dichos problemas y a enaltecer los valores de una ideología determinada, la republicana en este caso. De este modo, un poema que comenzara con un tono universal de referencia colectiva al género humano, culmina con la expresión subjetivizada de lo que significa para el propio Hernández no sólo su existencia misma, sino también el papel de su voz (o testimonio poético) en ese mundo de tinieblas, de sombra, en el que se encuentra sumido a raíz de su reclusión en la cárcel.

Otro poema que adopta un tono impersonal y que, sin embargo, alude explícitamente a las experiencias particulares y personales del propio poeta, es el titulado "Sepultura de la imaginación," poema compuesto por Hernández en 1940[11]. En esta composición, el sujeto hablante describe las vicisitudes de un hombre cuya profesión es la de albañil, pero se trata de un albañil bastante peculiar, ya que pretende construir con piedra un edificio que sea perdurable y que pueda enfrentarse a los elementos externos sin perder su monumentalidad y su poder, pero que, al mismo tiempo, sea una obra "leve" y etérea. Su afán creador le hace sentirse dichoso y esperanzado y, en su frenesí, no se da cuenta de que lo que quiere lograr es algo utópico e imposible de alcanzar hasta que el propio peso de la piedra que utiliza en su construcción hace que su edificio caiga destruido, aniquilando así su deseo, su esperanza de futuro e incluso su propia vida.

Con este poema, que es casi un romance, un poema épico dedicado a la figura del albañil, ya no existe duda alguna de que nos encontramos ante una composición de carácter autobiográfico, a pesar de que en ningún momento Hernández incluya datos personales ni referencias específicas a su situación particular. La única mención a vivencias íntimamente relacionadas con las circunstancias extremas vividas por el poeta durante los últimos años de su vida se encuentra en los dos últimos versos:

> Aquel hombre labraba su cárcel. Y en su obra
> fueron precipitados él y el viento. (19-20)

Es obvio —con la referencia explícita a la cárcel— que Hernández está convirtiendo a este albañil en metáfora y trasunto de sí mismo, explicando cómo el afán de su vida fue su intención de crear una literatura que dejara patente la hondura de su vena poética y fuera reconocida como expresión genuina de su compenetración con el pueblo. Pero, sobre todo, el poema es una confesión ideológica en la que Hernández manifiesta su profunda solidaridad con la defensa del obrero —personificado en la figura del albañil— y ratifica su compromiso con los ideales republicanos. Sin embargo, estos dos últimos versos revelan también la decepción del hablante y del propio poeta, al afirmar que esa sincera y quimérica lucha del albañil por crear un edificio sublime e imperecedero fue totalmente en vano, ya que tan sólo sirvió para causar su propia destrucción, que en el caso de Hernández fue una destrucción tanto física como moral.

A pesar de que es difícil determinar cuál debiera haber sido el orden del corpúsculo tradicionalmente denominado "Últimos poemas", es evidente que todas estas composiciones responden a un cambio de estilo y de tono en relación con la mayor parte de los poemas incluidos en el poemario que hoy conocemos con el nombre de *Cancionero y romancero de ausencias*. En las composiciones analizadas en este breve estudio se puede observar el progresivo abandono por parte de Hernández de la tradición cancioneril del romancero, y la adopción de una estructuración mucho más compleja en la que predominan las formas estróficas de arte mayor, así como el despliegue de un estilo hermético y a veces irracional, que puede entroncarse con la poesía más decididamente surrealista. En muchas ocasiones, los poemas utilizan una imaginería conflictiva que se desarrolla a través de contrastes extremos, antítesis y paradojas inusitadas, cuyo fin es el de expresar la intensidad que el trauma del encarcelamiento y la pérdida de su libertad provocaron tanto en el ánimo como en el quehacer literario del poeta oriolano.

Aunque deliberadamente he intentado mantener las referencias existenciales y psicoanalíticas al mínimo, haciendo tan sólo hincapié en la experiencia carcelaria del poeta, propongo —aunque sea brevemente y de forma muy general— que volvamos a revisar el discurso establecido en los poemas anteriores a la luz del análisis del trauma personal vivido por Hernández en los últimos años de su vida. En su polémico y revolucionario estudio sobre las literaturas del trauma, Kali Tal enfatiza la idea de agresión que significa escribir sobre cualquier experiencia traumática[12], pues el mero acto de trasvasar esta experiencia a documento escrito supone un acto de rebeldía y agresión contra el status quo del poder reinante. "Rehusar a conformarse con la presión del opresor," afirma la crítica norteamericana, constituye una decisión consciente por parte del sujeto del enunciado de posicionarse dentro del conflicto en lugar de dejarse dominar por las ideas promovidas por el discurso dominante. Con esta postura, la víctima (el oprimido) "retiene el control sobre la interpretación de ese trauma y puede forzar un cambio en las estructuras políticas y sociales del momento" (7).

Esto es, sin duda, lo que consigue Miguel Hernández en la composición de sus últimos poemas escritos desde la cárcel. Dichas composiciones se convierten, por un lado, en un ejercicio catártico para el poeta, una forma de validación personal que se efectúa gracias a la autoexploración de su propia psique. Por otro lado, se erigen también en testimonio fidedigno no sólo de la extrema y angustiosa circunstancia vital que experimentara Hernández durante los últimos años vividos en prisión, sino también del genuino y siempre vivo compromiso del autor con sus ideales a favor del pueblo oprimido, tanto antes como después del conflicto civil. Lamentablemente, Miguel Hernández murió víctima del franquismo y su voz —personal y literaria— quedó eclipsada. Muchos años han debido pasar para que esa voz fuera reconocida por su valor excepcional y su calibre poético, pero no hay duda, como afirma Tal, que finalmente el testimonio auténtico e incansable del poeta sobre su trauma ha conseguido alzarse contra ese largo ostracismo y convertirse en uno de los ejemplos más sobresalientes de la poesía española del siglo XX.

NOTAS

[1] Véanse los estudios realizados por Juan Cano Ballesta, *Miguel Hernández. El hombre y su poesía* (Madrid, Cátedra, 1974), pp. 9-34, y *En torno a Miguel Hernández* (Madrid, Castalia, 1978). José María Balcells, *Miguel Hernández* (Barcelona, Teide, 1990).
[2] Confróntese la introducción del análisis que Pérez bazo dedica al *Cancionero y romancero de ausencias*. En *Miguel Hernández: tradiciones y vanguardias* (Alicante, Instituto Juan Gil-Albert, 1996), pp. 243-258.
[3] Véase el amplio estudio que Andrew Debicki dedica a la poesía española del siglo veinte y que precisamente titula *Poetry of Discovery* (Lexington, The University of Kentucky Press, 1996).
[4] Para entender el proceso de recuperación y redistribución de los diferentes poemas compuestos por Hernández desde las cárceles españolas, véase el amplio estudio de José Carlos Rovira publicado en la edición de *Obra completa* de Miguel Hernández, preparada por Agustín Sánchez Vidal (Madrid, Espasa Calpe, 1992), pp. 1068-1154.
[5] Para el estudio de la filiación de Miguel Hernández con el surrealismo y las influencias que este movimiento ejerciera en su obra poética, véanse el libro de Morris C. Brian, *Surrealism and Spain*. (Cambridge, Cambridge UP, 1972), así como el ensayo de Andre Debicki, "Miguel Hernández y el surrealismo." *Hispanic Review* 58.4 (1990), pp. 487-501.
[6] En Jean Laplanche, *Diccionario de psicoanálisis* (Barcelona, Labor, 1983), p. 95.
[7] Erich Fromm, *Ética y psicoanálisis* (México, Fondo de Cultura Económica, 1957).
[8] Fromm afirma que "la actividad espontánea es el único camino por el cual el hombre es capaz de superar el terror de la soledad sin sacrificar la integridad del yo [...]" para poder volver a sentirse unido con el mundo. Para Fromm, el amor es, precisamente, el vehículo fundamental de tal espontaneidad. En *El miedo a la libertad* (Buenos Aires, Abril, 1947), p. 227.
[9] El subrayado es mío.
[10] Javier Herrero, "Eros y cosmos: su expresión mítica en la poesía de Miguel Hernández" reunido en *En torno a Miguel Hernández* (Madrid, Castalia, 1978).
[11] Véase Concha Zardoya, *Miguel Hernández: vida y obra* (New York, Hispanic Institute, 1955), p. 42.
[12] Kali Tal, *Worlds of Hurt: Reading the Literatures of Trauma* (New York, Cambridge UP, 1996). La traducción es mía.

MEDITACIONES SOBRE MIGUEL HERNÁNDEZ: LOS HALAGOS SONOROS Y EL CEREBRO POLIÉDRICO

Arturo Dávila

La estela que va dejando la figura de Miguel Hernández es cada día más extensa: recuerdos personales, su primera visión religiosa, la etapa neogongorina, su experiencia con el verso libre y el surrealismo, el compromiso social y sus poemas de guerra, el intimismo del final. Visitar las miles de páginas críticas que lo estudian constituye una tarea casi imposible. El centenario de su nacimiento será, de nuevo, ocasión para que las más insignes plumas levanten el vuelo de tinta, celebren al poeta oriolano, y alaben el rayo de su poesía que no cesa. Quisiera, sin embargo, esbozar algunas reflexiones que han surgido al releer su obra.

1
un día fue arquitectura,
fue voz métrica de piedra
João Cabral de Melo Neto (75)[1]

En el prólogo a *Perito en lunas*, Ramón Sijé adjetivó la poesía de Miguel Hernández de "terruñera", porque aunque se movió en muchas direcciones, nunca abandonó su Orihuela, sus cabras, ni su alta relación con la tierra; de "provincial", porque le dolía la ciudad, sus tranvías, sus asfaltos; y de "querencioso de pastoreo de sueños" porque como toro, se enredó con la luna, y fue pastor de sueños lingüísticos y sociales. En una de las primeras composiciones que conocemos del joven oriolano, reunido por Agustín Sánchez Vidal y José Carlos Rovira, notamos ya esta presencia mestiza de cabras y de sueños:

> En cuclillas, ordeño
> una cabrita y un sueño.
>
> Glú, glú, glú
> hace la leche al caer
> en el cubo. En el tisú
> celeste va a amanecer.
> Glú, glú, glú. Se infla la espuma,
> que exhala
> una finísima bruma.
>
> (Me lame otra cabra, y bala.)
>
> En cuclillas, ordeño
> una cabrita y un sueño. (OC, I, 118)

Este texto muestra al joven poeta en proceso de aprendizaje. Destacan elementos modernistas y creacionistas como la onomatopeya láctea —glú, glú, glú— o la semejanza del cielo con una tela de seda entretejida con hilos de oro. Asimismo, una feliz imagen donde la espuma levanta una finísima bruma. Aparece ya una imaginación refinada que mezcla la experiencia real de la ordeña de cabras y los sueños de un joven que aspira a otros espacios oníricos. Asimismo, un trabajo consciente con la métrica y la rima que se irá depurando hasta llegar a la maestría.

Sin embargo, lo que marca en definitiva su formación poética fue *el gran encontronazo* que tuvo con la obra de Góngora. Ese deslumbramiento produjo inusitadas imágenes. Sorprende la rapidez con que absorbe la poesía del Siglo de Oro. Su capacidad para personificar la lectura y aplicarla a su propia obra es contundente. Durante su primera estancia en Madrid, estableció una relación de amor-odio con la ciudad, que después dejará confirmada —como veremos— en el "El silbo de afirmación en la aldea". También se empapó de las influencias de la Generación del 27 y se convirtió en un *perito en Góngora*. Estudió las delicadezas verbales del cordobés, su esgrima retórico, y los incorporó con magisterio. Su conocimiento, sin embargo, no fue mecánico sino puntual y calculado. Ricardo Gullón aclara esta apropiación del método barroco:

El gongorismo prevaleciente en la expresión del fragmento citado no debe engañarnos; la poesía va por dentro, y a pesar de los floreos. El gongorismo y la retórica de clave amenazan convertir el poema en pura lentejuela, pero lo salva la capacidad integradora manifiesta por el creador al encontrar espontáneamente imágenes gracias a las cuales el minúsculo espectáculo contemplado suscita la visión de algo grande y permanente. (30)

En las enigmáticas octavas de su primer poemario, *Perito en lunas* (1933), ya mencionado, alcanza elevaciones y destellos que imitan el verso barroco en su más intrincada textura. Cano Ballesta apunta que, en este libro, Hernández "describe con virtuosismo neogongorista exquisito una serie de cuadritos, objetos y escenas de la vida real" (1962, 57). Vicente Aleixandre resumió esa etapa con claridad: "En esa obra se veía más que nada al prodigioso artífice temprano, cuajadas sus octavas en los últimos efluvios del centenario de Góngora, que todavía había alcanzado a su sanísima juventud" (20). Un ejemplo de los artificios de Miguel Hernández es paradigmático de su filigrana poética. En las *Soledades*, Góngora viste al gallo como un sultán celoso, con su turbante púrpura, vigilando a las gallinas de su harén:

> Cuál dellos las pendientes sumas graves
> de negra baja, de crestadas aves,
> cuyo lascivo esposo vigilante
> doméstico es del Sol nuncio canoro
> y, de coral barbado, no de oro
> ciñe, sino de púrpura, turbante. (v.v. 291-296)

El joven oriolano recupera esa imagen y escribe la octava xiii, donde recrea al gallo galán, entonando su canto para anunciar la llegada del día —ahora teñida de un aire religioso— y dispuesto a la lucha sensual con las gallinas:

> La rosada, por fin Virgen María.
> Arcángel tornasol, y de bonete
> dentado de amaranto, anuncia el día,
> en una pata alzado un clarinete.
> La pura nata de la galanía
> es ese Barba Roja a lo roquete,
> que picando coral, y hollando, suma,
> "a batallas de amor, campos de pluma". (OC, I, 258)

La octava denota una diligente lectura de la obra de Góngora y un juego poético que se apropia de la perífrasis gongorina y utiliza con exactitud intertextual el verso final de la primera Soledad del cordobés. En otro ejemplo de estos "acertijos poéticos", como los denominó Gerardo Diego (182), se teje la octava xiv con alusiones y elusiones antianecdóticas y se invita al lector al "descifre" de la composición:

> Blanco narciso por obligación.
> Frente a su imagen siempre, espumas pinta,
> y en el mineral lado de salón
> una idea de mar fulge distinta.
> Si no esquileo en campo de jabón,
> hace rayas, con gracia, mas sin tinta;
> y al fin, con el pulgar en ejercicio,
> lo que le sobra anula del oficio. (I, 259)

Poema de difícil esclarecimiento que solicita un conocimiento de la estética de don Luis que, en esos días, Dámaso Alonso desentrañaba en gruesos volúmenes académicos: hipérbaton, arcaísmos, metáforas dobles, metonimias, sinécdoques, y una carga de recursos y destrezas retóricas que tienden a evadir el significado del texto. Una evaporación, en fin, del objeto poetizado, una abstracción hermética de la realidad. Gerardo Diego señala: "No creo que haya un solo lector, que lo hubiera en 1933 tampoco, capaz de dar solución a todos los acertijos poéticos que propone" (182). Concha Zardoya, por ejemplo, pensaba que "[e]l tema central se relaciona con la luna, aunque muchas veces se enlaza tangencial o internamente con otras realidades" (53).[2] Sin embargo, en 1962, Juan Cano Ballesta refirió la existencia de un ejemplar de Federico Andréu Riera, de Orihuela, con los títulos de los octavas dictados por el mismo Miguel Hernández. Prodigioso regalo para la crítica, "por ser de un valor precioso para descifrar su contenido y captar la ingeniosidad y audacia de las metáforas" (*La poesía*, 57n70)[3] Así, la citada octava xiv llevaba por título —removido por Hernández antes de la publicación del libro— de "Barbero".

En efecto, el personaje aparece erguido como un blanco narciso, pinta espumas que son como un mar distinto y fulgurante, corta —esquila— lana o vellones en un campo de jabón —espléndida imagen gongorina—, hace rayas mas no usa tinta y, al final, con oficio y galanura, desecha y anula la blancura que sobra en las mejillas del cliente, satisfecho. Un juego verbal afortunado, un "acertijo poético" que se despeja al saber el título que Hernández, neogongorino al fin en ese primer libro, decidió eliminar para (d)esclarecer el poema. La lírica se vuelve pura y "el mínimo de realidad" que exigía Alfonso Reyes (XV, 198) para que el poema se sostuviera en vilo, se adelgaza al máximo y casi se evapora. Es muy probable que el mismo Góngora, Mallarmé y Paul Valéry hubieran apoyado los delicados ejercicios de de este joven que, a sus escasos veintidós años, entre rebaños de cabras y textos del Siglo de Oro español —leídos en la tahona de la familia Fenoll o a la sombra de la higuera o del limonero de su huerto—, se adscribía con plenitud y elegancia a las sutilezas estéticas de los maestros de la evasión verbal.

2
Olvidemos la leyenda de la rusticidad.
Leopoldo de Luis y Jorge Urrutia (OPC, 11)

Hay algo esencial del poeta de la provincia de Alicante que lo distingue del cordobés reivindicado por la Generación del 27. Góngora fue cortesano, retórico, clerical. Si sensualismo naturista es un ejercicio poético, una actitud estética. Estudió en la Universidad de Salamanca y fue racionero de la Catedral de Córdoba. Don Luis ambuló por las cortes de España y sólo pastoreó a sus enemigos literarios. Conoció el campo a través de Virgilio. Angélica y Medoro surgieron del *Orlando Furioso* de Ariosto. *Polifemo* fue una elaboración barroca y resurrección de la Antigüedad grecolatina. Era un ser literario, grave, intelectual: un letrado entendido y cabal. Por el contrario, Miguel Hernández sí fue pastor. A los quince años, tuvo que abandonar la escuela de los jesuitas para cuidar el ganado de la familia. Su padre se enfurecía y lo golpeaba cuando, perdido entre sueños y nubes, descuidaba a las cabras. No quería que leyera ni estudiara. Y sus zapatos nunca se desprendieron de ese (d)olor campesino. Mas lo pastor no quita lo poeta: al contrario, lo acendra, lo intensifica. Así, encontramos entre sus primeros poemas sueltos, "A mi alma":

> Murmuran que hablo muy poco
> alma los que nada saben
> de nuestros largos coloquios. (OC, I, 119)

No se trata del ensalzar al poeta-pastor, lego e inspirado, sino al lector profundo y estudioso, de amplia inteligencia e intuición certera, instalado en medio de la naturaleza. Es un prejuicio nuestro —citadino— pensar que hay una desventaja en ello. "No hay ingenios legos y Miguel no lo fue", afirman con certeza Leopoldo de Luis y Jorge Urrutia (10). Aunque de condición pastoril y pobre, Miguel Hernández tuvo la suerte de recibir la educación más elitista de España, a manos de los jesuitas en el colegio de Santo Domingo. Acaso también tuvo la gracia de dejarlos a los quince años, para no volverse un señorito demasiado educado y mojigato. Un talento natural y el menester pastoril ahondan su mirada. Lo rústico, lo aldeano, lo campesino lo salvan, lo acompañan en sus largos coloquios y meditaciones, y en *su soledad* con la naturaleza, que también educa y refina irradiando paz y armonía. Esa azarosa combinación resulta asombrosa: educación jesuita y antigua sabiduría campesina. Gerardo Diego lo notó: "El nuevo poeta venía del agro, y al campo le debe lo fundamental de su inspiración y la razón de ser de su arriscada personalidad artística" (181). Además, una tenaz disciplina y un rigor creativo envidiable. Debemos a Efrén Fenoll una anécdota de esa temprana imaginación poética:

> —¡Mira Efrén!... hoy he visto echada majestuosamente una vaca con su lengua roja, grande, colgando como una corbata. Otro día llamaba "cohete vegetal" a la palmera. Todas las imágenes las iba anotando con un simple lápiz de escuela en un papel cualquiera, que luego metía en su bolsillo. (En Miravalles I, 290)

Equiparar la lengua de una vaca a una corbata larga y roja es un ejercicio poético dirigido y moderno. También, cuenta Efrén Fenoll, disparaba con tremenda puntería piedras a las palmeras y bajaba cordones de dátiles, "corazones de azúcar" (290). "En el joven Miguel —anotan de Luis y Urrutia— existía una predisposición barroca, y el astro del *Polifemo* sería una revelación deslumbrante" (34). Ramón Sijé, su compañero del alma, anotó las tres cualidades centrales de ese primer libro: "*transmutación, milagro y virtud*" (OC, I, 253).

3
¡Asfalto¡: ¡qué impiedad para mi planta!
¡Ay!, qué de menos echa
el tacto de mi pie mundos de arcilla
M. H. (OC, I, 376)

En su sueño, Miguel Hernández quiso conocer la ciudad. Se instaló en Madrid desde diciembre de 1931 hasta mayo de 1932, en una estancia difícil, un semestre cargado de penas. Regresó a su pueblo natal, hambreado y triste. La segunda residencia madrileña, entre 1934 y 1936, trascurre con mejor suerte aunque siempre desubicado. Juan Cano Ballesta señala que, aunque el poeta-pastor se encontraba "no-sincronizado con la metrópoli" (1975, 130), aportaba algo nuevo que la urbe necesitaba: "pasión telúrica, aires puros de campo, ingenuidad, un clima de autenticidad. Su presencia fue muy pronto advertida" (130). No obstante, Madrid le duele, lo lástima el tráfago citadino y la modernidad. En carta a su novia, Josefina Manresa, con matasellos del 5 de abril de 1935, le refiere su extrañeza; "Voy sonámbulo y triste por aquí, por estas calles llenas de humo y tranvías, tan diferentes de esas calles calladas y alegres de nuestra tierra. ¡Lo que voy a sentir no ver las procesiones contigo, darte caramelos con mis labios y besos con la imaginación! (OC, III, 2340).[4]

Su relación con la capital española será de amor-odio. La necesita para establecer su nombradía. Establece profundas amistades —con Aleixandre, Neruda, Altolaguirre—, pero no se ajusta al asfalto. De esos avatares urbanos, dejó un "silbo" —creaciones hernandianas que llevan un eco de San Juan de la Cruz a la par que su afición a "silbar"—, donde expresa su inadaptabilidad y su angustia. No obstante, su queja es un lamento que cifra imágenes de un creacionismo envidiable. En "El silbo de afirmación en la aldea", un típico *Beatus ille* de menosprecio a la ciudad madrileña —esa corte moderna—, inicia con audaces líneas vanguardistas:

> Alto soy de mirar a las palmeras,
> rudo de convivir con las montañas...
> Yo me vi bajo y blando en las aceras
> de una ciudad espléndida de arañas.
> Difíciles barrancos de escaleras,
> calladas cataratas de ascensores,
> ¡qué impresión de vacío!,
> ocupaban el puesto de mis flores,
> los aires de mis aires y mi río. (OC, I, 373)

Al poeta le incomoda la modernidad y expresa su dolor en heptasílabos y endecasílabos rimados. Sorprenden los "barrancos de escaleras" y las "cataratas de elevadores", presencias ubicuas que hoy nos dominan. Incluso se hallan destellos futuristas que, aunque negativos, deslumbran:

> Y miro, y sólo veo
> velocidad de vicio y de locura.
> Todo eléctrico: todo de momento.
>
> Nada serenidad, paz recogida.
> Eléctrica la luz, la voz, el viento,
> y eléctrica la vida.
> Todo electricidad: todo presteza
> eléctrica: la flor y la sonrisa,
> el orden, la belleza,
> la canción y la prisa. (OC, I, 375)

Su rechazo a la ciudad es manifiesto, casi epidérmico. Lo hiere "el mundo asfáltico" como bien apunta Ricardo Gullón, donde "las cosas ya no son por necesidad, "por voluntad de ser", sino conveniencias, caprichos y hasta instrumentos de perversión por eso no logran su plenitud. Al mundo de deleitable seguridad en que creció le ha sustituido el temeroso y oscuro ámbito de frenesí donde se siente bajo perpetua amenaza. Electricidad y fugacidad frente a serenidad y eternidad" (31). El oriolano encarna a un exiliado entre la multitud, nostálgico extraviado, un "dichoso aquel" perplejo, ya que se encuentra alejado de su naturaleza más intrínseca, la que lo hace exclamar "¡Ay, no encuentro, no encuentro / la plenitud del mundo en este centro" (OC, I, 376). Y en este desencuentro con la capital madrileña, incluso la llega a insultar:

> ¡Qué confusión! ¡Babel de las babeles!
> ¡Gran ciudad!: ¡gran demontre!: ¡gran puñeta!
> ¡el mundo sobre rieles
> y su desequilibrio en bicicleta! (I, 374)

Esas irreverencias poéticas no dejan de guardar la métrica y la rima, y de tener un tono futurista. No obedecían al llamado a la "poesía impura" que pregonaba Neruda, sino a un sentimiento de verdadero choque con un mundo que el poeta repele. Eran casi un sacrilegio para los intelectuales del momento, urbanos y cosmopolitas. No obstante, el 25 de noviembre de 1935, en *La Voz* de Madrid, Juan José Domenchina las recibió con una explicación elogiosa: "¿Hay algo ilícito en las expresiones de la hermosura? Miguel Hernández nos hace sentir como realidad legítima el triste hecho de que la belleza regüelde" (144). Al joven oriolano le falta la verdura de las eras, la "terruñera" vida campesina. Su limonero, su higuera y su ganado. Sus baños en el río Segura, seguidos de un sol robusto sobre la piel curtida. La ciudad es un espejismo banal: "¡Cuánto labio de púrpuras teatrales, / exageradamente pecadores! / ¡Cuánto vocabulario de cristales, / al frenesí llevando los colores /en una pugna, en una competencia / de originalidad y de excelencia!" (I, 374). Se siente enfermo en el gran teatro del mundo madrileño, en la feria de las vanidades. No se halla en sincronía con el tiempo que le ha tocado vivir:

> No concuerdo con todas estas cosas
> de escaparate y de bisutería:
> entre sus variedades procelosas,
> es la persona mía,
> como el árbol, un triste anacronismo. (OC, I, 376)

Con esta fina imagen, Hernández define su estancia en Madrid, cuyas vitrinas y joyas de fantasía lo distraen: su persona es "como el árbol, un triste anacronismo", antiguo y lejano, anhelando, en fin, "la soledad cerrada de mi huerto" (I, 376).

A pesar de la falta de acoplamiento con la ciudad, el cerebro encendido y creador del joven se mueve en múltiples direcciones. *Poetiza* la realidad que lo circunda y sus circunstancias mecanizadas, por más que le desagraden. Es receptivo a la modernidad. No la puede eludir. ¿Quién pudiera hablar del Miguel Hernández creacionista? Sin embargo, citemos la primera composición del primitivo *El silbo vulnerado* —vuelo vulnerado— y siete versos que le dedicó a "El aeroplano":

> Redención del acero:
> cisne de geometría que en la gloria
> canta y muere: cigarra del enero
> y el agosto giganta y transitoria.
> En el pico una estrella giratoria,
> por el viento camina,
> barítono pastor de gasolina (OC, I, 392)

El poeta escucha el estruendo de las vanguardias, el clamor de sus contemporáneos y, aunque "árbol anacrónico" en la ciudad, el prisma encendido de su mente imagina que el aeroplano redime al acero. Lo compara con un cisne geométrico que surca la gloria del cielo, con una cigarra transitoria y, en fin, lo personifica, caminando por el viento como —genial imagen— un "barítono pastor de gasolina". No se puede pedir una figura más creacionista que este endecasílabo. Demuestra, de nuevo, la maestría del joven que, en medio de la urbe que malquiere, *transfigura* sus experiencias diarias en sutiles y mágicas imágenes y en belleza. Como bien notó Juan José Domenchina: "Sin propósito de aconsonantar los dones característicos de este poeta, no es inútil decir que "puericia" y "pericia" se acomodan en él como pasmo y conciliación de virtudes incompatibles" (143). Desde la ciudad, sin abandonar su huerto en Orihuela y sus lecturas del Siglo de Oro, el poeta sintetiza sus contrarios, convierte en virtud sus contradicciones, modela su imaginario y lo ilumina.

4

Este aprendiz perpetuo de las formas,
Pretéritas, actuales, ya futuras
Jorge Guillén (127)

Así pues, comprobamos que el joven Miguel Hernández, además de neogongorino, podía ser un excelente poeta creacionista y hasta futurista o, más tarde, bajo la influencia de Neruda y Aleixandre, un experimentador del verso libre y surrealista. Ahora bien, sabemos que son innumerables los poemas que no incluyo en sus libros. Debido a su finura no se pueden tildar de borradores. Algunos son excelentes, dignos de cualquiera de sus colecciones recogidas en prensa. Prueban, sin embargo, que el poeta practicaba con tenacidad y su mirada transmutaba el entorno, experimentaba, imitaba y adaptaba a los escritores que encontraba en su camino. Lo hacía con destreza y elegancia admirables. ¿Qué decir del primer poema que le dedicó en 1934 a Josefina Manresa Marhuenda cuando la conoció? La muchacha lo impresionó cuando la vio entrar en un taller de costura. Se prendió de su palidez y su cabellera negra. Con timidez, la ronda y la quiere conocer. Un día, decidido, le entrega un soneto cargado de tinta gongorina:

Ser onda, oficio, niña, es de tu pelo,
nacida ya para el marero oficio[5];
ser graciosa y morena tu ejercicio
y tu virtud más ejemplar ser cielo.

¡Niña!, cuando tu pelo va de vuelo
dando del viento claro un negro indicio,
enmienda de marfil y de artificio
ser de tu capilar borrasca anhelo.

No tienes más quehacer que ser hermosa,
ni tengo más festejo que mirarte,
alrededor girando de tu esfera.

Satélite de ti, no hago otra cosa,
si no es una labor de recordarte.
—¡Date presa de amor, mi carcelera! (OC, I, 479-80)

Basta esta muestra de amor y de poesía para señalar el magisterio de Miguel Hernández en el soneto. El pelo oscuro y ondulado. La piel morena y la gracia celeste de la amada. El anhelo de su cabellera abundante —"capilar borrasca"—. El amante como un satélite, girando ante la esfera plena de su prometida. Y en hermosa antítesis, le pide a Josefina-carcelera que se dé por presa, que le otorgue señas de reciprocidad, a él, Miguel Hernández, prisionero de su amor. No debemos olvidar que ella fue el gran catalizador de la poesía hernandiana. Apunta Concha Zardoya: "Ha encontrado el amor único y la mujer única. Ha ido a ella sin vacilaciones, con impulso a la vez ciego y clarividente, con firme determinación del alma y del cuerpo. Ni la guerra ni las cárceles —tristes separaciones— atenuarán la fogosa llama de este amor purísimo, enraizado en la carne y en el espíritu [. . .] Agónico amor que nada será capaz de atenuar o separar" (18). También añade una nota singular y graciosa:

> El padre de Josefina es guardia civil. Miguel va a buscarla al cuartel y la llama con un silbido. Pero un loro aprendió el silbo y, a veces, engaña a Josefina. Al poeta le nacen los "Silbos" y *El silbo vulnerado* (18).

Las grupos de poemas que Miguel Hernández nombró *Imagen de tu huella* y *El silbo vulnerado* desembocan en un libro magistral, *El rayo que no cesa* (1936), obra culminante de su ejercicio poético. Rafael Alberti recuerda: "Verdadero rayo deslumbrador, revelador, de poeta nativo, sabio. Un rayo milagroso, pues lo pensaba uno del revés, surtiendo de la piedra hacia lo alto, escapando, lumínico, de aquel ser tan terreno, desmanotado y hosco" (18). Cifraba la imagen neogongorina —ya sin el preciosismo anterior—, atemperada por la luz clásica y amorosa de Garcilaso, y agudizada por la fragilidad existencial de Quevedo. Dice Juan Cano Ballesta: "El empaque quevedesco y la perfecta forma clásica del soneto sirven de cáscara que aprisiona una pasión de enamorado trágica y llena de patetismo" (1962, 32). Hernández ya ha absorbido y destilado lo mejor del Siglo de Oro y lo incorpora en versos memorables. Si bien esta colección cuenta con "un espejo garcilasiano de quejas y lamentos", según De Luis y Urrutia (210), las composiciones se alejan de "las melancolías eglógicas y de los vuelos místicos" (210), y se impregnan de un tono fatídico y personal. Un aire trágico y quevedesco vincula la experiencia amorosa, la sucesión de instantes que se abisman, y el ser-para-la-muerte que tanto aquejó a ambos poetas con su ominosa sombra. Desde la primera octava del conjunto surge esa fractura, *la pena* que marcó el destino del oriolano:

> Un carnívoro cuchillo
> de ala dulce y homicida
> sostiene un vuelo y un brillo
> alrededor de mi vida. (OC, I, 493)

La sensación de una gran herida y el diente corrosivo de la muerte rondan este poemario de amor dolido. La ausencia es tan presente que lastima. La imagen de un cuchillo que abre, que cercena el interior del poeta, es dulce y homicida a la vez, vuela y brilla, mata y da vida. Lo mismo sucede con el corazón enamorado de Miguel Hernández que, aunque jubiloso y robusto, se sabe perecedero y antiguo:

> Mi sien, florido balcón
> de mis edades tempranas,
> negro está, y mi corazón,
> y mi corazón con canas. (I, 493)

El deterioro es palpitante y luminoso. La mente juvenil, como un balcón de ideas claras y floridas, se sabe mortal. Y su corazón "con canas" —tremenda imagen— se viste de luto. Difícil creer que le poeta cuenta con escasos veinticinco años. No podemos sino sentir estupor ante esta conciencia mortuoria de Miguel Hernández, ante el *Weltschmerz* que lo acompaña. Acaso tenía la premonición del hachazo homicida que lo derribó —tan temprano—, algunos años más tarde. Lo rondan las tres heridas, amor, vida y muerte, en turbulenta conjunción. Francisco Lobera Serrano nos regala una anécdota ejemplar sobre la condición quevedesca del poeta:

Deseo recordar aquí al gran maestro y gran hispanista Carmelo Samonà, que pocos meses antes de su temprana muerte, durante unos exámenes orales en la Universidad de Roma, y tras haber leído el soneto de *El rayo que no cesa*, que dice:

> Ya de su creación, tal vez, alhaja
> algún sereno aparte campesino
> el algarrobo, el haya, el roble, el pino
> que ha de dar la materia de mi caja.
>
> Ya, tal vez, la combate y la trabaja
> el talador con ímpetu asesino
> y, tal vez, por la cuesta del camino
> sangrando sube y resonando baja.
>
> Ya, tal vez, la reduce a geometría,
> a pliegos aplanados quien apresta
> el último refugio a todo vivo.
>
> Y cierta y sin tal vez, la tierra umbría
> desde la eternidad está dispuesta
> a recibir mi adiós definitivo.

Riéndose decía: "Este soneto es de Quevedo. Increíble. Aquí hay un error, dice que es de Hernández". Y concluyó: "Pero Quevedo habría deseado que fuera suyo" (II, 533-534).

El tema del "adiós definitivo" no fue propio de este poemario, pues ya había aparecido en *Perito en lunas*. La octava XXXVI, "Funerario y cementerio", antecede al soneto mencionado:

> Final modisto de cristal y pino;
> a la medida de una rosa misma
> hazme de aquél un traje, que en un prisma,
> ¿no? se ahogue, no, en un diamante fino.
> Patio de vecindad menos vecino,
> del que al fin pesa más y más se abisma;
> abre otro túnel más bajo tus flores
> para hacer subterráneos mis amores. (OC, I, 267)

Leopoldo de Luis y Jorge Urrutia han insistido en la importancia de esta octava, *leitmotiv* hernandiano, que volverá a aparecer en "Vecino de la muerte", composición posterior que inicia con una imagen similar: "Patio de vecindad que nadie alquila / igual que un pueblo de panales secos" (I, 528). Vale la pena insertar la interpretación que dan a la octava referida y que descifraron antes de la aparición del ejemplar del Sr. Andreu Riera:

> El tema de tales ocho versos es una visión de la muerte, a través de cuatro elementos de relación mortuoria: ataúd, cementerio, cadáver, fosa. La muerte es llamada con un punto de humor —humor que ya se ha señalado como ingrediente de esta poesía— "final modisto", que hará un traje de madera: el ataúd: "hazme de aquél (pino) un traje". En el campo santo: "patio de vecindad menos vecino", reposa "el que al fin pesa más y más se abisma", y aquí *abismar* vale tanto por hundirse en la tierra cuanto por caer en el abismo desconocido de la muerte. A este patio de vecindad se le pide: "abre otro túnel más bajo las flores —la fosa— para el poeta, que se hará subterráneo con su amor. (OPC, 36)[6]

Debido a su profundidad existencial, de Luis y Urrutia coinciden en afirmar que, la octava XXXVI, "no sólo es una de las más bellas, sino también la más trascendente y honda. Establece una relación visible con la obra posterior y supone un anticipo de los poemas más graves y dramáticos" (36). La raíz quevediana estaba viva desde el primer libro del poeta. La conciencia de la muerte y el dolor del mundo lo acompañaron toda la vida.

Lo cierto y sin tal vez es que podríamos hacer eco de Carmelo Samonà y adjudicar sonetos, octavas, liras, décimas de Miguel Hernández a Garcilaso, Góngora, Fray Luis, Calderón o Quevedo, sin riesgo a deshonrarlos. Bebió como pocos de las fuentes del Siglo de Oro y en su destreza formal alcanzó cumbres admirables.

5

Y alguna fuerza oscura, algún pájaro de noche habita el verso de Miguel. Para cautivarlos casi convirtió el artificio reiterativo en método; los matices revelados en la variación dentro de la repetición destellan, y las diversas facetas del evasivo misterio cristalizan en la radiante plenitud del poema. Por un lado, la explotación del valor fónico de las palabras, la seducción del oído facilitada por los halagos sonoros y, a menudo, por las rimas interiores; por otro, la

corriente de intuiciones deslizándose como río fecundante, justificando el poema y cuajando en la formulación densa y el rigor de la forma tradicional: soneto, décima, octava real..., o cantando en los más fluidos si no menos tradicionales romances y canciones, o apuntando en el verso libre.
Ricardo Gullón, 34

No hay poema de Miguel Hernández que no esconda una sorpresa verbal, que no seduzca el oído y procure "halagos sonoros", como bien indica Gullón, deslizándose en el río fecundante de su obra. Me gustaría recordar tres:

1.- Alfonso Reyes, quien se encontraba por España en aquella década de celebración gongorina (1920-1930), narra una alegre escena:
Cierto poeta que yo conozco, se entretenía en "no entender" a Góngora para mejor recrearse en las imágenes. Y en donde éste hace decir a Polifemo —"me vi en el mar, me asomé y me reflejé en esa playa azul que es el mar"—.

... Espejo de zafiro, fue luciente,
la playa azul, de la persona mía,

se conformaba aquel con repetirse a sí mismo como si hiciera sentido el verso destacado, "la playa azul de la persona mía". (OC, XIV, 97)

Reyes se refería a Gerardo Diego, poeta andaluz, uno de los más tenaces reivindicadores de Góngora. En ejercicio similar, se pueden repetir los versos neogongorinos de la octava XXVI del joven Miguel Hernández, "Oveja", para afinar el oído y aquilatarse en el puro deleite verbal:

Esta blanca y cornuda soñolencia
con la cabeza de otra en lo postrero,
dócil, más que a la honda, a la paciencia,
tornaluna de música y sendero...
Ya valle de almidón en la eminencia
de un árbol en cuclillas, un madero
lunar, de amor salicio, galatea
ordeña porcelana cuando albea. (OC, I, 263)

Más que descifrar este "acertijo poético", podríamos repetir sin fin, disparatadamente, ese "halago verbal" y decir: "galatea / ordeña porcelana cuando albea", hasta quedarnos suspendidos en las gotas de las consonantes líquidas y el eco de las vocales fuertes "e", "a", que nos transportan hacia algún ensueño aldeano.

2.- Concha Zardoya, quien ha estudiado en detalle los recursos estilísticos en la poesía de Henández, revela que el soneto 9 de *El rayo que no cesa* es "un caso perfecto de epanalepsis en todas sus estrofas" (62). La epanalepsis también recibe el nombre de epanadiplosis. Procede del latín *epanadiplōsis*, y éste del griego ἐπαναδίπλωσις, cuyo significado es duplicación, reiteración. Al poeta de Orihuela le debemos uno de los más hermosos y dolidos ejemplos de epanadiplosis en la lírica española del siglo XX. Vale la pena recordar ese "artificio reiterativo" convertido en método, el "valor fónico" de estos endecasílabos:, las rimas interiores que seducen y halagan:

> Fuera menos penado si no fuera
> nardo tu tez para mi vista, nardo,
> cardo tu piel para mi tacto, cardo,
> tuera tu voz para mi oído, tuera,[7]
>
> Tuera es tu voz para mi oído, tuera,
> y ardo en tu voz y en tu alrededor ardo,
> y tardo a arder lo que a ofrecerte tardo,
> miera mi voz para la tuya miera.[8]
>
> Zarza es tu mano si la tiento, zarza,
> ola tu cuerpo si lo alcanzo, ola,
> cerca una vez, pero un millar no cerca.
>
> Garza es mi pena, esbelta y triste garza,
> sola como un suspiro y un ay, sola,
> terca en su error y en su desgracia terca. (OC, I, 498)

El amor es el único dolor que elegimos por voluntad propia. Los demás sufrimientos llegan sin que los pidamos. El poema insiste en la ceguera amorosa, dulce cárcel a la que se entrega el amante no correspondido. Mediante antítesis y repeticiones, lamenta la ausencia de la amada. La piel es cardo, la voz es áspera como tuera, la mano es zarza. El cuerpo se acerca como una ola, luego se aleja un millar de veces. El final es entrañable: llamar a la pena "garza" es enaltecerla y darle un lugar inusitado, exquisito, ubicarla en un solo pie, "sola como un suspiro y un ay, sola", terca y desgraciada. La pena lastima y hiere por su repetición, por su martilleo, su eco y su insistencia. Es doblemente triste. Es uno más de los "halagos sonoros" que nos heredó la poesía de Miguel Hernández.

3.- Luis Miravalles se dirigió a Valladolid para entrevistar a uno de los Fenoll, Efrén, "el chico negro que rima con tren" (I, 303), amigo muy querido del poeta. Junto con su hermano Carlos y su hermana Josefina, Pepito Marín "Ramón Sijé", y otros muchachos, se reunían en la tahona de los Fenoll, en el número 5 de la calle Arriba, para leer poesía y representar obras de teatro[9]. Miguel decía de aquel recinto juvenil: "En este horno se hacen versos como panes y panes como lunas" (I, 303). Ellos fueron los primeros en escuchar sus versos. Efrén lo acompañaba a cuidar las cabras a su huerto y en ocasiones a bañarse al río. Recuerda los viajes de Miguel a Madrid y sus alegres regresos al pueblo. Nos interesa uno en especial:

> —Un atardecer oscuro de invierno, en una de sus visitas aisladas desde Madrid, nos cuenta Efrén, yendo al cine los dos, durante el camino me leyó la égloga de Garcilaso y me explicó que el cerebro del poeta es como un prisma encendido, un cerebro poliédrico, capaz de transfigurar lo cotidiano en imágenes, en belleza. (En Miravalles, I, 301)

Si bien se maravilló con la obra de Góngora, cuando se acerca el cuarto centenario de la muerte de Garcilaso de la Vega, en 1936, "Miguel sustituye el culto a Góngora por el de Garcilaso" (I, 301)[10]. De familia noble y acaudalada, Garcilaso fue un humanista cabal de educación cortesana. Trajo el Renacimiento italiano a la poesía española. Guarda imperial de Carlos V, murió en Niza en 1536. Garcilaso se *disfrazó* de pastor y dejó las más célebres églogas del Siglo de Oro. Por el contrario, Miguel Hernández, pastor, lee su obra cuatro siglos más tarde y escribe una égloga en que lo retrata de una manera memorable:

> Un claro caballero de rocío
> un pastor, un guerrero de relente
> eterno es bajo el Tajo, bajo el río
> de bronce decidido y transparente. (OC, I, 540)

Qué bien captura este cuarteto la delicadeza del hombre Garcilaso y de su suelo natal. Si atendemos a la idea de Paul Valéry de que el primer verso es un regalo de los dioses, este endecasílabo inicial lo confirma. Miguel Hernández absorbió con maestría la lección del toledano, una de las plumas más finas de la lengua. Con agradecimiento y elegancia, dejó plasmada su eternidad, su ilustre posición en la lírica española:

> El tiempo ni lo ofende ni lo ultraja,
> el agua lo preserva del gusano,
> lo defiende del polvo, y lo amortaja
> y lo alhaja de arena grano a grano.
>
> Un silencio de aliento toledano
> lo cubre y lo corteja,
> y sólo va un silencio a su persona
> y en el silencio sólo hay una abeja. (I, 540)

La égloga, publicada por la *Revista de Occidente* en junio de 1936, deslumbró de nuevo a la comunidad artística. Es una de las composiciones más bellas del oriolano, con líneas suaves y cristalinas, un verdadero "halago sonoro", brillante homenaje al "caballero de rocío" que reposa a orillas del Tajo, en la Iglesia de San Pedro Mártir, en Toledo.

6
Elegías gemelas

Siempre me ha parecido que la "Elegía" dedicada Josefina Fenoll, novia de Ramón Sijé, debería ser parte de *El rayo que no cesa*. Es un poema admirable. No demerita al dedicado a su a "compañero del alma". Algún día, alguien se atreverá a ponerlo en ese lugar. Según Concha Zardoya, el mismo Miguel Hernández lo hubiera querido así, pero *El rayo que no cesa* vio luz en enero de 1936, cuando aún estaba en composición. En carta dirigida a Carlos Fenoll, en febrero del mismo año, le escribe:

> Recién editado mi libro *El rayo que no cesa,* en cuanto me den ejemplares estará entre vosotros. Incluyo en él la elegía a nuestro compañero, que es lo más hondo y mejor que he hecho. Es una edición preciosa [. . .]
> Estoy a punto de acabar una segunda elegía sobre la muerte de Sijé y en ella la persona a la que me dirijo es tu hermana.

> Tengo ya el alma ronca y tengo ronco
> el gemido de música traidora...
> Arrímate a llorar conmigo a un tronco:
>
> retírate conmigo al campo y llora
> a la sangrienta sombra de un granado
> desgarrado de amor, como tú ahora.
>
> Caen, desde un cielo gris desconsolado,
> caen ángeles cernidos para el trigo
> sobre el invierno gris desocupado.
>
> Arrímate, retírate conmigo:
> vamos a celebrar nuestros dolores
> junto al árbol del campo que te digo.
>
> Panadera de espigas y de flores,
> panadera lilial de piel de era,
> panadera de panes y de amores...

Siento mucho haberla hecho después de haber publicado mi libro: *me hubiera gustado incluirla en él también.* (OC, III, 2367-68. Énfasis nuestro.)[11]

Miguel Hernández sabía de la estatura de ambos poemas y los quería juntos, porque se pertenecen. De Luis y Urrutia asienten en este sentido al señalar: "La *Elegía* es, en realidad, pareja de la dedicada a Ramón Sijé. Gemela hasta en su forma" (OCP 251). Pero se adelantó la edición de Manuel Altolaguirre. Hernández plasmó el dolor que albergaba el corazón de Josefina Fenoll, novia del compañero fallecido y hermana de sus amigos panaderos, Efrén y Carlos, con quienes realizaba su tertulia literaria en Orihuela. Ahora, la llama Miguel con inmensa compasión: "Novia sin novio, novia sin consuelo, /te advierto entre barrancos y huracanes / tan extensa y tan sola como el cielo" (OC, I, 516). El inminente desposorio de los enamorados fue quebrado por la muerte:

> Ibas a ser la flor de las esposas,
> y a pasos de relámpago tu esposo
> se te va de las manos harinosas. (I, 516)

Con qué elegancia y sutileza teje Miguel Hernández la idea del pan, la harina, el trigo y la novia panadera: "A echar copos de harina yo te ayudo / y a sufrir por lo bajo, compañera, / viuda de cuerpo y de alma yo vïudo" (I, 517). La "Elegía", compuesta de 21 tercetos encadenados y un cuarteto final, recuerda el soneto xi de Garcilaso, "caballero de rocío", en el que incita a las ninfas del río a dejar un rato su labor y a escuchar su lamento: "que o no podréis de lástima escucharme, / o convertido en agua aquí llorando, / podréis allá de espacio consolarme" (en Rivers, 36). Miguel Hernández se duele junto con su amiga: "¡Cuántos amargos tragos es la vida! / Bebió él la muerte y tú la saboreas /y yo no saboreo otra bebida" (OC, I, 517). Asombra la antítesis que une, formalmente, vida y muerte, bebida, sabor y amargura. El poeta le pide a Josefina que deje su labor en la tahona y que, llorando juntos, hagan que nazca hierba de las rocas:

> Retírate conmigo hasta que veas
> con nuestro llanto dar las piedras grama,
> abandonando el pan que pastoreas. (I, 517)

Finalmente, le aconseja que se disponga para velar a su enamorado:

> Levántate: te esperan tus zapatos
> junto a los suyos muertos en tu cama,
> y la lluviosa pena en sus retratos
> desde cuyos presidios te reclama. (I, 517)

El poema cierra con la dolorosa imagen de los zapatos enlutados en la cama nupcial. Calzados, juntos, en la íntima alcoba, los novios han sido estrellados por la muerte. Sobreviven retratos que encarcelan la memoria de su amor, y una "lluviosa pena" que inunda de lágrimas la escena.

Tal vez algún día veremos las elegías unidas en alguna edición de *El rayo que no cesa* y escucharemos la dedicada a Josefina Fenoll, con la espléndida voz y la música de Joan Manuel Serrat, como ya lo hizo, magistralmente, con la de José Marín Gutiérrez, "Ramón Sijé", fallecido en la Nochebuena de 1935. Ojalá.

7
el limonero de mi huerto influye más en mi obra
que todos los poetas juntos
M. H. (En Lobera Serrano, II, 534)

La estancia surrealista de Miguel Hernández así como su amistad reveladora con Vicente Aleixandre y Pablo Neruda han sido temas de discusión y estudio. Los críticos coinciden en la trascendencia luminosa de esas amistades, en su agua renovadora. Sin embargo, hay un cierto halo novelesco en la historia. Pareciera que muchos personajes de la época peleaban por establecer su influencia en el joven oriolano. A su segunda llegada a Madrid, en 1934, José Bergamín publica en *Cruz y Raya*, revista católica, su auto sacramental *Quién te ha visto y quién te ve y sombra de lo que eras*. Ramón Sijé, también católico, aconsejaba a su amigo que no perdiera su orientación religiosa y publicaba sus poemas en *El Gallo Crisis*, de cuya aparición apunta Carmen Zardoya: "Esta revista —que abogaba por un nuevo catolicismo, por una "Católica Reforma", por un Re-catolicismo— sólo sacó a luz 6 números, todos de 1934" (19n57). A los miembros de la Generación del 27 y a Pablo Neruda, recién llegado a España, no les agradó la publicación de los tertulios orcelitanos. Neruda lo expresa abiertamente en enero de 1935: "Querido Miguel, siento decirle que no me gusta *El Gallo Crisis*. Le hallo demasiado olor a iglesia, ahogado en incienso. . . Ya haremos revista aquí, querido pastor, y grandes cosas" (Zardoya, 20n61). Así las cosas, Neruda publica el poema "Vecino de la muerte" de Hernández, en la revista *Caballo Verde para la Poesía*, aparecida en octubre de 1935 y donde defiende la primacía de "la poesía impura". Ramón Sijé contraataca y, en una carta enviada el 29 de noviembre de 1935, un mes antes de su muerte, acusa a su amigo:

> Transformación terrible y cruel. Me dice todo esto la lectura de tu poema "Mi sangre es un camino". Efectivamente, camino de caballos melancólicos. Mas no camino de hombre, camino de dignidad de persona humana. Nerudismo (¡qué horror, Pablo y selva, ritual narcisista e infrahumano de entrepiernas, de vello de partes prohibidas y de prohibidos caballos!); aleixandrismo; albertismo. Una sola imagen verdadera: la prolongación eterna de los padres. Lo demás, lo menos tuyo. ¿Dónde está Miguel, el de las batallas? . . . (Zardoya, 24)

Un mes después de esta reprimenda, muere Ramón Sijé, el 25 de diciembre de 1935, fecha, por lo demás, profundamente cristiana. Miguel Hernández le dedica la famosa elegía de la que declara, según vimos, "que es lo más hondo y mejor que he hecho". *El rayo que no cesa*, aparecido el 24 de enero de 1936 en los talleres de Manuel

Altolaguirre, señala su consagración poética. A su vez, la *Revista de Occidente* publica la elegía y seis sonetos. Allí lo leyó Juan Ramón Jiménez, el más ilustre representante de la "poesía pura", quien lo saluda con alegría en *El Sol* de Madrid, el 23 de febrero de 1936: "Esto es lo excepcional poético, y ¡quién pudiera exaltarlo con tanta claridad todos los días! Que no se pierda en lo rolaco, lo "católico" y lo palúdico (las tres modas más convenientes de "la hora de ahora", ¿no se dice así?) esta voz, este acento, este aliento joven de España" (17). Tal fue la emoción que le produjo la lectura de estos poemas.

Ahora bien, después de esta publicación triunfal y del dolor catártico expresado en las dos elegías gemelas, a Ramón Sijé y a Josefina Fenoll, Miguel Hernández parece sumarse al torrente del verso libre, de la impureza poética que proclama su amigo Neruda, el cónsul chileno establecido en Madrid. Se adhiere a la corriente surrealista de los dos primeros libros de *Residencia en la tierra* (1933-1935), así como a la de *La destrucción o el amor* (1935), la colección de Aleixandre que también lo impresionó profundamente. De allí nacen poemas en verso libre como "Alba de hachas", "Oda entre sangre y vino a Pablo Neruda", "Oda entre arena y piedra a Vicente Aleixandre", o "Vecino de la muerte" –cuya primera línea ya hemos mencionado. La apoteosis y el sello de estas amistades se da en el prólogo a *Viento del pueblo* (1937), dedicado a Vicente Aleixandre, donde menciona que, junto a Pablo Neruda: "me habéis dado imborrables pruebas de poesía" (OC, I, 550). Asimismo, *El hombre acecha* (1937-1939) está inscrito al poeta chileno y lleva unas palabras introductorias de gran lirismo:

> Pablo: Te oigo, te recuerdo en esa tierra tuya, luchando con tu voz frente a los aluviones que arrebatan la vaca y la niña para proyectarlas en tu pecho. Oigo tus pasos hechos a cruzar la noche, que vuelven a sonar sobre las losas de Madrid, junto a Federico, a Vicente, a Delia, a mí mismo. Y recuerdo a nuestro alrededor aquellas madrugadas, cuando amanecíamos dentro del azul de un topacio de carne universal, en el umbral de la taberna confuso de llanto y escarcha, como viudos y heridos de la luna. (I, 647)

Estas líneas prueban hasta que punto Miguel Hernández podía utilizar a su gusto el método nerudiano de *Residencia en la tierra,* ese "clamor oceánico", ese "lamento demasiado primitivo y grande" (OC, III, 2152), como él mismo lo denominó en su reseña del libro de

Neruda (III, 2152-59). Muestra la habilidad y la pericia del oriolano para imitar y adoptar diferentes estilos. Casi podemos seguir, en esta dedicatoria, la respiración y el ritmo de "Walking Around" o del "Tango del viudo", entre muchos otros ejemplos, composiciones maestras del poeta chileno. Qué tremenda imagen la de los amigos de la Casa de las Flores, "viudos y heridos de la luna". La dedicatoria reafirma, también, que se trató de un "encuentro fecundante", como lo llamó Cano Ballesta, según nos recuerda Francisca Noguerol (II, 805) y que, tanto Aleixandre como Neruda, empujaron a Hernández, "a liberarse de los moldes clásicos para dar rienda suelta a su instinto poético" (808). Entre ellos, en verdad, hubo una "afinidad estética y espiritual" (808).

Stephen Hart insiste sobre esta doble influencia: "cuando Serge Salaün arguye que Hernández captó el sistema lingüístico de *Residencia en la tierra*, y lo transpuso a su propia escritura, hay que añadir *La destrucción o el amor* como fuente paralela de inspiración" (118). Los dos amigos habían calado fuerte en la pluma del oriolano. Sin embargo, Hart también defiende que los rasgos surrealistas existían en la obra de Hernández *avant et aprés* Neruda y Aleixandre. ¿Qué decir de aquel soneto 3 de *El rayo que no cesa*, que no cesa de asombrarnos con su dictado?:

>Guiando un tribunal de tiburones,
>como con dos guadañas eclipsadas,
>con dos cejas tiznadas y cortadas
>de tiznar y cortar los corazones,
>
>en el mío has entrado, y en él pones
>una red de raíces irritadas,
>que avariciosamente acaparadas
>tiene en su territorio sus pasiones.
>
>Sal de mi corazón del que me has hecho
>un girasol sumiso y amarillo
>al dictamen solar que tu ojo envía:
>
>un terrón para siempre insatisfecho,
>un pez embotellado y un martillo,
>harto de golpear en la herrería. (OC, I, 495)

Ahí están Garcilaso y Quevedo como también están Neruda y Aleixandre. Los ojos que deslumbran como el sol es una imagen clásica. "Un tribunal de tiburones", "dos guadañas eclipsadas", "dos cejas tiznadas y cortadas", "una red de raíces irritadas", "un girasol sumiso y amarillo", "un terrón insatisfecho", "un pez embotellado" y "un martillo" constituyen una brillante "enumeración caótica", para usar la célebre frase de Leo Spitzer, y contienen el más alto germen del surrealismo, con toda su máquina de coser y su paraguas en cualquier mesa de disección. Pero se trata de Miguel Hernández, único e irrepetible. Si algo podemos decir de su poesía, es que el oriolano podía ejercer un estilo u otro, ponerse una máscara poética o quitársela, a su voluntad. Su obra confirma que la métrica y la rima no impiden los aciertos de la vanguardia.

Sin embargo, Stephen Hart tiene razón al afirmar: "Existe en la crítica contemporánea sobre estas dos figuras centrales de la lírica moderna una tendencia a exagerar el influjo que Neruda ejerció sobre la obra miguelhernandiana" (115). De igual modo, la idea de una relación de "maestro y discípulo" (Jacinto-Luis Guereña), o que lo veía como "a un hermano mayor" (María de Gracia Ifach), e incluso de "padre a hijo" (Rodríguez Monegal), son parte de un mito discutible que el mismo Neruda se encargó de difundir (115-116).[12] Sin duda, Miguel Hernández estimaba y admiraba a Neruda y a Aleixandre, pero ya era un gran poeta cuando los conoció. *Perito en lunas* y *El rayo que no cesa* dan testimonio de su individualidad. Contienen múltiples influencias, pero la voz es clara y contundente. Pertenece a Miguel Hernández y a nadie más; es inconfundible. Por eso lo seguimos estudiando.

El epígrafe que utilizamos sobre el limonero de su huerto en Orihuela, en fin, puede contribuir a esta discusión.

8

Más allá de la confusa red de amistades y rivalidades, de originalidad o influencias definitivas, me interesa destacar un poema que sobresale por encima de esta contienda varonil y que apunta a uno de los temas que inspiraron más hondamente la poesía del oriolano: el canto a la mujer. Me refiero a "Relación que dedico a mi amiga Delia", un poema finísimo, de escasos 24 versos y en el que se dan, a mi parecer, algunas de las imágenes más preciosas del surrealismo hernandiano.

María de Gracia Ifach añade anécdotas a la novela de los dos poetas protagonistas. Cuenta que *érase una vez*. . . en la Casa de la Flores, ubicada en la calle de la Princesa, en el barrio de Argüelles de Madrid, vivía el cónsul de Chile, Pablo Neruda, con su primera mujer, María Antonieta Haagenar —"Maruca"—, casados desde 1930, y con su pequeña hija, Malva Marina, nacida el 4 de octubre de 1934, con hidrocefalia, triste y enferma. Fue cuando los conoció el joven oriolano, Miguel Hernández, quien llegó a sentir gran afecto por la niña. Ifach narra: "Miguel, tan vinculado a Neruda y a su casa, se encariña con Malva Marina, la toma en sus brazos, le hace fiestas, sin importarle si lo entenderá ni si lo agradecerá. Un día llevará a su sobrinita Elvira para que juegue con la pequeña. Pablo agradece la dedicación de Miguel a su hija, que pone de relieve su fina sensibilidad y su ternura" (65). Sin embargo, la pareja del chileno y la holandesa se desmoronó hasta terminar en el divorcio. Maruca y la niña partieron hacia el país del norte. [13]

Pronto apareció otro amor en la vida de Neruda: Delia del Carril, grabadora y pintora argentina, a quien conoció —según algunos— en la casa de Carlos Morla Lynch; según otros, en el Café Cerro. Quince años mayor que él, incendió con su luz y su carisma la Casa de las Flores. "Sus cuarenta y cinco años, su cultura y don de gentes llenan de alegría el patriarcal cenáculo que, merced a ella, tiene también atractivo matriarcal" (66). El joven Miguel, de veintitantos años, queda prendado de su inteligencia y bondad "y se siente amparado por esta mujer de suave sonrisa y acariciante mirada, que podría ser su madre" (66). De allí el nacimiento de la "Relación", poema que le dedica y que posee un elevado tono lírico:

> ¡Qué suavidad de lirio acariciado
> en tu delicadeza de lavandera de objetos de cristal,
> Delia, con tu cintura hecha para el anillo
> con los tallos de hinojo más apuestos,
> Delia, la de la pierna edificada con liebres
>   [perseguidas,
> Delia, la de los ojos boquiabiertos
> del mismo gesto y garbo de las erales cabras!
>   (OC, I, 525)

Hay en este poema un reconocimiento a la ternura de Delia del Carril, a amabilidad como anfitriona y compañera de Neruda. Ella posee el toque femenino que falta en toda la secuela de amistades entre poetas hombres. Miguel Hernández la retrata con belleza, le habla de "tú", y le confiesa:

> En tu ternura hallan su origen los cogollos
> tu ternura es capaz de abrazar a los cardos
> y en ella veo un agua que pasa y no se altera
> entre orillas ariscas de zarza y tauromaquia. (I, 525)

Detengámonos ante esa poesía: "suavidad de lirio acariciado", "la cintura hecha para el anillo", "pierna edificada con liebres perseguidas", "ternura que es capaz de abrazar a los cardos", "un agua que pasa y no se altera". Y esa inusitada imagen mágica, que ha quedado como definitoria de la pintora argentina que vivió hasta los 105 años (1884-1989): "Delia, la de los ojos boquiabiertos". Surrealismo de la más alta estirpe, que recuerda las mejores líneas de amor de Paul Éluard, de Aleixandre y de Neruda, o del mismo André Breton. Sin regatearles nada. El verso libre funciona con soltura aún en su desbordamiento. Irradia la tierna amistad que siente por la amada de su amigo, a la que quiere y respeta. Carmen Conde atestigua esa simpatía que existía entre ambos:

> Frecuentamos mucho a Gabriela Mistral y un día vamos a casa de Pablo Neruda. Allí está Miguel también; está mucho con Neruda, son amigos verdaderos. Cuando nos despedimos, Miguel se viene con nosotros y en la escalera, Pablo y Delia nos dicen adiós. . . Delia besa a un Miguel de anchos ojos azules, todo eufórico y trotador. . . (Ifach, 66)

Sentimos el hechizo amoroso en ese beso de despedida —ahora sí, maternal—, por parte de Delia, y una reciprocidad cariñosa-filial —por el lado de Miguel—. En inglés existe el término *infatuation,* que describe la admiración que baña los sentimientos de una persona por otra y que irradian a su alrededor. No son necesariamente sexuales. Son de cariño y amistad. Un amor más acendrado, como el que Miguel Hernández sintió, también, por Malva Marina. Sabemos que Delia del Carril era una mujer mesurada y de pelo ondulado. Su voz era suave y su temperamento dulce. El poema se detiene en esos detalles y los delinea con virtuosismo:

> Tu cabeza de espiga se vence hacia los lados
> con un desmayo de oro cansado de abundar
> y se yergue relampagueando trigo por todas partes.

> Tienes por lengua arropes agrupados,
> por labios nivelados terciopelos,
> tu voz pasa a través de un mineral racimo
> y, una vez cada año, de una iracunda, pero dulce
> [colmena.
> (OC, I, 525)

Si alguien quiere defender el verso libre de Miguel Hernández, su experiencia con el surrealismo y la poesía impura, "caracterizada por la pasión y por expresarse a través de recursos como la sintaxis desordenada, la enumeración caótica, el lenguaje incoherente y el gerundio", según indica Francisca Noguerol (808), puede certificarla en el retrato de Delia del Carril, a quien describió con "suavidad de lirio acariciado" y de la que acaba diciendo:

> No encontraréis a Delia si no muy repartida como el pan de
> [los pobres
> detrás de una ventana besable: su sonrisa,
> queriendo apaciguar la cólera del fuego,
> domar el alma rústica de la herradura y el pedernal.
>
> Ahí estás respirando plumas como los nidos
> y ofreciendo unos dedos de afectuosa lana. (I, 525)

Imágenes evocadoras y tornasoladas que terminan este cuento etéreo de la Casa de las Flores, en la calle de la Princesa, en un lugar de España, donde convivieron amigos de arena, "viudos y heridos de la luna", rodeados de hadas madrinas, con sonrisas de agua y labios de terciopelo, y de tristes niñas nubes, muriéndose de pena, entre noches de azúcar y tabernas olvidadas.

9
> Hoy el amor es muerte,
> y el hombre acecha al hombre.
> M. H. (OC, I, 648)

La guerra no es un estado natural. Es una creación del hombre. La amistad se vuelve odio, el amor, muerte. El hombre acecha al hombre, *homo homini lupus*, según escribió Plauto.[14] En la naturaleza existen las plagas, el hambre, los terremotos, los cataclismos, las tragedias. Aunque no lo entendamos, rige un equilibrio entre la vida y la muerte. Por el contrario, la guerra es un desequilibrio. Suceda donde suceda, es un error. No importa qué bando o qué ideología se apoye. Deja un dolor que perdura, que no se cura con los años, a veces ni con los siglos.[15]

El caso de Miguel Hernández no es la excepción. La guerra lo sorprende inmerso en una marea de sentimientos encontrados, de tres heridas: la del amor, la de la muerte, la de la vida. El 13 de agosto de 1936 muere en la ciudad de Elda el guardia civil Manuel Manresa, padre de su novia, abatido de una bala en el cerebro, por los milicianos que el poeta apoyaba. Cuenta Concha Zardoya que "Miguel se hace cargo voluntariamente de la familia, formada por la madre, tres hijas casi niñas y un vástago varón" (30). Pronto contrae matrimonio civil con Josefina Manresa, el 9 de marzo de 1937. Pero la sombra de la desdicha se instala en su vida. Apenas pasado un mes de sus nupcias, muere la madre de Josefina, el 22 de abril, en Cox. Los esposos se separan. Nace su primer hijo, Miguel Ramón, el 19 de diciembre de 1937, momento de felicidad que le inspira el tríptico "Hijo de la luz y de la sombra".[16] No sobrevive mucho tiempo y muere el 19 de octubre del siguiente año:

> Te ha derribado el sol, rival único y hondo
> y la remota sombra que te lanzó encendido;
> te empuja luz abajo llevándote hasta el fondo,
> tragándote; y es como si no hubieras nacido.
>
> Diez meses en la luz, redondeando el cielo,
> sol muerto, anochecido, sepultado, eclipsado.
> Sin pasar por el día se marchitó tu pelo;
> anocheció tu carne con el alba en un lado. (OC, I, 707)

El 4 de enero de 1939 viene al mundo su segundo hijo, Manuel Miguel.[17] Cifra, de nuevo, su esperanza. Después viene la catástrofe. Termina la guerra. Cárcel tras cárcel hasta el final. Sus poemas más íntimos, más desesperanzados, surgen en esa época. *Cancionero y romancero de ausencias* (1938-1941) recoge la poesía de esos años letales, sin lujo ni estruendo. Una voz profunda y suave que mediata sobre el pedazo de cárcel que ocupa, sobre la vida, la guerra, y la muerte:

> Todo es bueno
> y lo hacemos malo
> con nuestro veneno. (OC, I, 749)

Se acabó le juego retórico, las formas clásicas o la poesía política. Sólo queda una voz clara y profunda. Antonio Buero Vallejo, quien lo conoció en esos días estrechos, lo explica mejor: "Después, en sus poemas premortales, alcanzará la más desnuda y lúcida hondura. Son versos que ya no cantan ni rugen: dicen solamente. Y nos traspasan aún más que cuando su autor cantaba y rugía" (31). La vida de Miguel Hernández sigue un itinerario fulminante. Preso en el Seminario de Orihuela, vuelto cárcel, recibe los peores tratamientos. Sufre hambre y sed. Sólo puede ver a su esposa y a su hijo tras las rejas. Concha Zardoya recuenta algunos episodios de su infortunio: "Su ruego de marido preso es algo tremendo" (41). En carta clandestina le escribe a su esposa: "Te pido que no vuelvas a aparecer por estas rejas [. . .] Parecíamos dos perros, ladrándonos el uno al otro, pero sin entendernos ninguno de los dos" (41). Es trasladado a Madrid. Hay un momento de amistad memorable: "En la estación de Orihuela, un guardia civil amigo le quita las esposas y el poeta puede tener en brazos a su hijo durante una hora y abrazar a su mujer antes de partir" (41).

Una vez en Madrid se multiplican sus desgracias. Es condenado a muerte y luego indultado. El sufrimiento y las penurias continúan. Escribe una carta terrible el 5 de febrero de 1940:

> Hace varias noches que han dado las ratas en pasear por mi cuerpo mientras duermo. La otra noche me desperté y tenía una al lado de la boca. Esta mañana he sacado otra de una manga del jersey, y todos los días me quito boñigas suyas de la cabeza. Viéndome la cabeza cagada por las ratas me digo: ¡qué poco vale uno ya! Hasta las ratas se suben a ensuciar la azotea de los pensamientos. Esto es lo que hay de nuevo en mi vida: ratas. Ya tengo ratas, piojos, pulgas, chinches, sarna. Este rincón que tengo para vivir será muy pronto un parque zoológico, o mejor dicho, una casa de fieras. (en Zardoya 42)

Es triste y doloroso leer esta carta de uno de los mejores poetas de la lírica española. La guerra no deja nada. Nadie se salva. Todos pierden. La muerte es la gran triunfadora:

> Tristes guerras
> si no es amor la empresa.
> Tristes. Tristes.

> Tristes armas
> si no son las palabras.
> Tristes. Tristes.
>
> Tristes hombres
> si no mueren de amores.
> Tristes. Tristes. (OC, I, 712.)

La única arma contra la guerra es el amor. Frase trillada, pero cierta. El instrumento del poeta es la palabra. En estas nueve líneas Miguel Hernández sugiere que es mejor morir de amor que amar la muerte. Hay que congelar esa imagen del poeta en al estación de Orihuela, ayudado por su amigo el guardia civil, abrazando a su esposa y a su hijo, en un momento de alegría infinita. Recordar, también, la frase de Séneca que se opone al lobo de Plauto: "*Homo, sacra res homini*".[18] "El hombre es sagrado para el hombre". Y las mujeres y los niños, todavía más.

10
> Genial: amor, poema.
> Español: cárcel, muerte.
> Jorge Guillén (128)

De Miguel Hernández hay dos fechas transparentes: abrió los ojos el 30 de octubre de 1910 en Orihuela. Y nunca los cerró. Falleció el 29 de marzo de 1942, a las cinco de la mañana, en Alicante. Una tuberculosis incurable fulminó su robustez. Concha Zardoya apunta: "Queda con los ojos abiertos, tremendamente dilatados por un hipertiroidismo, y nadie puede cerrarlos" (49). Esto hizo escribir a Vicente Aleixandre: "Era confiado y no aguardaba daño. Creía en los hombres y esperaba en ellos. No se le apagó nunca, no, ni en el último momento, esa luz que por encima de todo, trágicamente, le hizo morir con los ojos abiertos" (21).

11
> Ojos nacientes: luces en una doble esfera.
> Todo radiaba en torno como un solar de espejos.
> Vivificar las cosas para la primavera
> poder fue de unos ojos que nunca han sido viejos.
> M. H. (OC, I, 750)

Los retratos del Miguel Hernández vivo son múltiples y variados. Quienes lo conocieron se admiraron de esa frescura aldeana que impregnó su poesía, de la pureza de campo que lo acompañaba. Quisiera mencionar algunos retratos, luminosos como relámpagos. Pablo Neruda lo evoca en *Confieso que he vivido*:

> Miguel era tan campesino que llevaba un aura de tierra en torno a él. Tenía una cara de terrón o de papa que se saca de entre las raíces y que conserva frescura subterránea. Vivía y escribía en mi casa. Mi poesía americana, con otros horizontes y llanuras, lo impresionó y lo fue cambiando. (116)

Ya discutimos el tema de las influencias entre los dos amigos. No obstante, tuvieron gran amistad. El poeta chileno lo quiso ayudar a salir de la cárcel y le mandaba dinero. Escribe con nostalgia de su compañero de poesía. Revela anécdotas que ensanchan la imagen de Hernández y que han contribuido a engrandecer ese halo pastoril y mitológico:

> Me contaba cuentos terrestres de animales y pájaros. Era ese escritor salido de la naturaleza como una piedra intacta, con virginidad selvática y arrolladora fuerza vital. Me narraba cuán impresionante era poner los oídos sobre el vientre de las cabras dormidas. Así se escuchaba el ruido de la leche que llegaba a las ubres, el rumor secreto que nadie ha podido escuchar sino aquel poeta de cabras. (117)

Rafael Alberti, otro de sus amigos poetas, dejó otra postal memorable que corrobora su pena, su condición de "animal triste", esa personalidad pastoril y terruñera del escritor oriolano:

> De la tierra... porque si conocí muchacho a quien se le podían ver las raíces, aún con ese dolor de arrancadura, de tironazo último, matinal, era él. Raigón, raigones, guías hondas, entramadas, pegadas todavía de ese terrón mojado que es la carne, la funda de los huesos, le salían a Miguel del bulbo chato de la cara, formándole en manojo, en enredo, toda la terrenal figura. Pero siempre en lo alto, al inclinarse, tosco, con cierto torpe cabeceo de animal triste, para enlazarle a uno la mano, le resonaban hojas verdes, llenas de resplandores. (18)

A Miguel Hernández lo acompañaba lo verde, lo campirano. Llevaba consigo su huerto, su limonero, su higuera. Lo seguían las abejas sonoras y el canto elevado de los pájaros. El ruiseñor fue un *leitmotiv* en su poesía, especialmente en sus primeros poemas, cuando más apegado vivía al sonido del campo. Otra de las finas memorias que Neruda dejó, cuenta de sus destrezas ornitólogas:

> Otras veces me hablaba del canto de los ruiseñores. El Levante español, de donde provenía, estaba cargado de naranjos en flor y de ruiseñores. Como en mi país no existe ese pájaro, ese sublime cantor, el loco de Miguel quería darme la más viva expresión plástica de su poderío. Se encaramaba a un árbol de la calle y, desde las más altas ramas, silbaba o trinaba como sus amados pájaros natales. (117)

Sus virtudes trepadoras eran célebres y celebradas por sus amistades. Vicente Aleixandre también recuerda ese hábito tan singular del poeta y relata los paseos que hacían los amigos de la Casa de las Flores:

> Algunas veces, él y Pablo y Delia y yo salíamos por el vecino campo de la Moncloa, y, al regresar hacia casa, ya en el parque, "¿dónde está Miguel?", preguntaba alguno. Oíamos sus voces, y estaba echado de bruces sobre un arroyo pequeño, bebiendo, o nos saludaba desde un árbol al que había gateado y donde levantaba sus brazos cobrizos en el sol del Poniente. (21)

Imágenes felices y generosas. Amistades profundas y lejanas entre escritores ejemplares. Dejemos allí a Miguel Hernández, entre sus amigos, subido en un árbol, barítono pastor de las alturas, imitando a un Ruy-Señor, vertical y puro, entonando su cántico hacia el cielo. Umbrío con su pena, casi bruno, descanse en paz el poeta oriolano, a cien años de su natalicio, porque su obra sigue creciendo, cada día, cada lectura, y nos deja con los ojos siempre abiertos.

NOTAS

[1] Traducción de Gabino-Alejandro Carriedo (cf. Cabral de Melo Neto).
[2] En cuanto a esta octava en particular, Zardoya la clasifica dentro de la "temática metafórica" de Hernández, como un ejemplo de "[v]*egetalización de lo astral y de lo inerte*: la luna es <<blanco *narciso* por obligación>> (xiv)" (53).
[3] El invaluable hallazgo, cuenta Cano Ballesta, ocurrió como un "[t]estimonio oral al autor, Orihuela, 11 de enero de 1960" (57 n70).
[4] Concha Zardoya indica la fecha del matasellos de esta carta así como también enfatiza esta ansiedad sentida por el poeta durante su permanencia madrileña (20).
[5] Ver "marero¹. (De *mar*) 1. adj. *Mar.* Dicho del viento: Que viene del mar. *viento marero*" (*Diccionario de la Real Academia Española*). En línea.
[6] De Luis y Urrutia aclaran: "Anticipamos esta interpretación en 1959, por un artículo en el número 80 de la revista *Poesía Española*; esto es: años antes de que Cano Ballesta hablara del ejemplar guardado por el Sr. Andréu" (36n4).
[7] Ver "tuera. (Del mozár. *ṭurah* o *ṭuwarah*, éste del b. lat. *phthora*, y éste del gr. φθορά, ruina).

   1. f. coloquíntida (Del lat. vulg. *coloquintis*, este del lat. *colocynthis, -ĭdis*, y este del gr. κολοκυνθίς).

   1. f. Planta de la familia de las Cucurbitáceas, con tallos rastreros y pelosos de dos a tres metros de largo, hojas hendidas en cinco lóbulos dentados, ásperas, vellosas y blanquecinas por el envés, flores amarillas, axilares y solitarias.

   . f. Fruto de esta planta, de corteza lisa, de la forma, color y tamaño de la naranja y muy amargo, que se emplean en medicina como purgante" (*Diccionario de la Real Academia Española*). En línea.
[8] Ver "miera. (Del lat. *[pix] mera*, [pez] pura).

   1. f. Aceite espeso, muy amargo y de color oscuro, que se obtiene destilando bayas y ramas de enebro. Se emplea en medicina como sudorífico y depurativo, y lo usan regularmente los pastores para curar la roña del ganado.

   2. f. Trementina de pino" (*Diccionario de la Real Academia Española*). En línea.
[9] La familia del poeta vivía en el número 73 de la misma calle de Arriba, en Orihuela.
[10] Miguel Hernández conocía bien el trabajo del poeta castellano desde antes. Al acercarse su centenario, en 1936, compuso su "Égloga"

pensando concretamente en él.
[11] Cf. también Concha Zardoya, p. 24, n85.
[12] Cf. para esta discusión el artículo de Francisca Noguerol (811-812n8), así como Juan Cano Ballesta (1962, 34-39) y el ensayo de Cervera Salinas.
[13] Malva Marina no sobrevivió mucho tiempo. Murió a los ocho años de edad, en 1942, en Holanda, el mismo año que el poeta oriolano.
[14] El texto exacto, que procede de su obra *Asinaria,* dice: "*Lupus est homo homini, non homo, quom qualis sit non novi*" (El hombre es lobo para el hombre, y no hombre, cuando desconoce quién es el otro).
[15] No me siento con la capacidad de establecer un juicio acerca de una guerra que no me pertenece. Constato que, en México, la insurrección de los indígenas zapatistas, en Chiapas, el 1º de enero de 1994 y que continúa hasta la fecha, demuestra que la herida de la Conquista (1519-1521) todavía no se cierra. Así de largas son las consecuencias de la guerra. Así de triste puede ser la historia.
[16] Jaun Cano Ballesta escribe: "En diciembre le nace el primer hijo, suceso que lo embriaga de alegría. Miguelín le inspirará el tríptico de poemas *Hijo de la luz y de la sombra,* quizá lo mejor de toda su poesía" (1962, 49).
[17] El segundo hijo de Miguel Hernández, único que sobrevivió, falleció en 1984. Su viuda, Josefina Manresa Marhuenda murió el 18 de febrero de 1987 en Elche (Alicante), a los 71 años de edad. Sus restos reposan junto a los de su marido. Cf. Joaquim Genis.
[18] Cf. *Epistulae morales ad Lucilium*, XCV, 33.

OBRAS CITADAS

Alberti, Rafael, "Imagen primera y definitiva de Miguel Hernández", en *Miguel Hernández*, edición de María de Gracia Ifach, Madrid, Editorial Taurus, 1975, pp. 18-19.

Aleixandre, Vicente, "Evocación de Miguel Hernández", en *Miguel Hernández*, edición de María de Gracia Ifach, Madrid, Editorial Taurus, 1975, pp. 20-21.

Buero Vallejo, Antonio, "Un poema y un recuerdo", en *En torno a Miguel Hernández*, presentación de Juan Cano Ballesta, Madrid, Editorial Castalia, 1978, pp. 29-33.

Cabral de Melo Neto, João, "Encontro com um poeta" / "Encuentro con un poeta", en *Homenaje a Miguel Hernández*, traducción de Gabino-Alejandro Carriedo, presentación y antología de María de Gracia Ifach y Manuel García García, Barcelona, Plaza y Janés, 1975, pp. 74-77.

Cano Ballesta, Juan, *La poesía de Miguel Hernández*, Madrid, Editorial Gredos, 1962.

---. "La renovación poética de los años treinta y Miguel Hernández", en *Miguel Hernández*, edición de María de Gracia Ifach, Madrid, Editorial Taurus, 1975, pp. 130-138.

Cervera Salinas, Vicente, "Una poética nerudiana en Miguel Hernández: *Residencia en la tierra*", en *Miguel Hernández, cincuenta años después*, Alicante, Comisión de Homenaje a Miguel Hernández, 1993, vol. II, pp. 815-821.

Diego, Gerardo, "Perito en lunas", en *Miguel Hernández*, edición de María de Gracia Ifach, Madrid, Editorial Taurus, 1975, pp. 181-183.

Domenchina, Juan José, "Anunciación y elogio de un poeta", en *Miguel Hernández*, edición de María de Gracia Ifach, Madrid, Editorial Taurus, 1975, pp. 143-145.

Genis, Joaquim, "Josefina Manresa, viuda de Miguel Hernández, muere a los 71 años", *El País,* 19 de febrero de 1987, en http://www.elpais.com/articulo/cultura/HERNANDEZ/_MIGUEL/Josefina/Manresa/viuda/Miguel/Hernandez/muere/71/anos/elpepicul/19870219elpepicul_7/Tes/ (Consultado el 23 de junio de 2010).

Góngora, Luis de, *Soledades,* Madrid, Editorial Alba, 1997.

Guillén, Jorge, "A Miguel Hernández", en *Homenaje a Miguel Hernández,* presentación y antología de María de Gracia Ifach y Manuel García García, Barcelona, Plaza y Janés, 1975, pp. 127-128.

Gullón, Ricardo. "El rayo de Miguel". En *Miguel Hernández.* Edición de María de Gracia Ifach, Madrid, Editorial Taurus, 1975, pp. 26-35.

Hart, Stephen, "Miguel Hernández y Pablo Neruda: Dos modos de influir", *Revista de Crítica Literaria Latinoamericana* (Lima) a. 13, No. 26 (2do. semestre de 1987), pp. 115-122.

Hernández, Miguel, *Obra completa,* edición crítica de Agustín Sánchez Vidal y José Carlos Rovira con la colaboración con Carmen Alemany, 3 vols., 3ª ed., Madrid, Espasa Calpe, 1992.

---. *Obra poética completa,* introducción, estudios y notas de Leopoldo de Luis y Jorge Urrutia, Madrid, Zero, 1976.

Ifach, María de Gracia, "Pablo Neruda y Miguel Hernández", en *Miguel Hernández,* edición de María de Gracia Ifach, Madrid, Editorial Taurus, 1975, pp. 63-68.

Jiménez, Juan Ramón, "Miguel Hernández", en *Miguel Hernández,* edición de María de Gracia Ifach, Madrid, Editorial Taurus, 1975, p. 17.

Lobera Serrano, Francisco, "La formación de la palabra poética en M. Hernández: del *Cántico Espiritual* al Cántico Corporal", en *Miguel Hernández, cincuenta años después,* vol. II, 1993, pp. 533-549.

Luis, Leopoldo de y Jorge Urrutia, "Introducción, estudios y notas", en Miguel Hernández, *Obra poética completa,* Madrid, Zero, 1976.

Miguel Hernández, cincuenta años después. Actas del I Congreso Internacional. Alicante, Elche, Orihuela, marzo de 1992, coordinación de José Carlos Rovira, 2 vols., Alicante, Elche, Orihuela, Comisión del Homenaje a Miguel Hernández, 1993.

Miravalles, Luis, "Primeros pasos poéticos de Miguel Hernández", en *Miguel Hernández, cincuenta años después*, vol. I, 1993, pp. 289-304.

Neruda, Pablo. *Confieso que he vivido. Memorias,* Santiago de Chile, Editorial Planeta Chilena, 2001.

Noguerol, Francisca, "Miguel Hernández y Pablo Neruda: los frutos de una amistad", en *Miguel Hernández, cincuenta años después*, vol. II, 1993, pp. 805-813.

Renaissance and Baroque Poetry of Spain. With English Prose Translations. Introduced and Edited by Elias L. Rivers, Prospect Heights, Illinois, Waveland Press, 1988.

Reyes, Alfonso, *El deslinde. Obras completas*, vol. XV, México, Fondo de Cultura Económica, 1963.

---. *La experiencia literaria,* en *Obras completas*, vol. XIV, México, Fondo de Cultura Económica, 1962.

Zardoya, Concha, *Miguel Hernández (1910-1942). Vida y Obra. Bibliografía. Antología,* New York, Hispanic Institute in the United Status-Columbia University, 1955.

LA SOLEDAD DE MIGUEL HERNÁNDEZ

Luis García Montero

Merece la pena tomarse en serio la soledad de Miguel Hernández. Se trata de uno de los sentimientos que, mezclado con el dolor y el deseo ardiente, mejor caracteriza su poesía y su figura histórica. En un poema emocionante y mesurado, "Llamo a los poetas", que pertenece al libro *El hombre acecha* (1939), él mismo se presenta como un ser dolorosamente solitario:

> Entre todos vosotros, con Vicente Aleixandre
> y con Pablo Neruda tomo silla en la tierra:
> tal vez porque he sentido su corazón cercano
> cerca de mí, casi rozando el mío.
>
> Con ellos me he sentido más arraigado y hondo,
> y además menos solo. Ya vosotros sabéis
> lo solo que yo voy, por qué voy yo tan solo.
> Andando voy, tan solos yo y mi sombra.

La soledad se admite como una experiencia real, un estado que marca su vida. La pregunta del porqué de su soledad está formulada en un tono que ya no esconde sólo recriminación contra los otros. Hay también un cuestionamiento de su propia intimidad, de sus hábitos. Algo le impide casi siempre saberse arraigado, más hondo y menos solo, en una ilusión de cercanía que añora, pero le resulta extraña. Es tan extraña que merecen ser nombrados los dos únicos casos de amistad: Vicente Aleixandre y Pablo Neruda. Además los dos amigos merecen la intensificación lírica de una repetición poética en el estar cerca y en el sentir. Sus corazones cercanos han permitido que los sienta "cerca de mí" y le han ofrecido el sentimiento raro del arraigo y la hondura. Esa relación de cercanía que permite tomar silla en la tierra, algo importante para un individuo tan terrenal como Miguel Hernández, no ha sido posible con otros poetas. Por eso da un paso, y los llama, y pide que escuchen su confesión. Si en un primer momento utiliza los apellidos para nombrarlos, es por las dificultades objetivas de la cita. No hay proximidad:

> Alberti, Altolaguirre, Cernuda, Prados, Garfias,
> Machado, Juan Ramón, León Felipe, Aparicio,
> Oliver, Plaja, hablemos de aquello a que aspiramos:
> por lo que enloquecemos lentamente.

Creo que este poema, triste y voluntarioso como un acto de sinceridad culpable, medido y calculado como un ejercicio de poética, nos invita a reflexionar sobra la significación histórica de Miguel Hernández, un poeta popular, con versos que han pasado al idioma común y con una biografía dura, castigada, injusta, que levanta de inmediato un sentimiento cívico de solidaridad. La mayoría de los lectores o de los ciudadanos están de acuerdo a la hora de asumir esta significación histórica del poeta, pero se equivocan al valorar el autentico calado de sus dimensiones. Resulta muy engañoso repetir la imagen de un muchacho pobre, que no pudo estudiar por falta de dinero y que tomo conciencia de las injusticias del mundo, haciéndose comunista de forma natural por su origen de clase y padeciendo después las penalidades del golpe de Estado de 1936, de la guerra y de las cárceles franquistas. Las cosas fueron mucho más complejas, y conviene llegar hasta las raíces últimas del corazón partido y de la soledad de Miguel Hernández. Se ha hecho demasiada demagogia entorno a su figura, su sinceridad popular, su dogmatismo y sus problemas con otros poetas importantes de la época. Quizá el conocimiento de una experiencia histórica complicada nos facilite el deseo de comprender, más que la tentación de juzgar.

Miguel Hernández nació en 1910, en Orihuela, un pueblo dominado por costumbres muy reaccionarias y clericales. Destaquemos un detalle importante. La decisión de que el niño dejase de estudiar no se debió a la falta de recursos económicos, porque la familia era menos pobre de lo que se ha repetido. No se trató de miseria económica, sino de miseria ideológica. La tradición reaccionaria de Orihuela, retratada por Azorín en *Antonio Azorín*, o por Gabriel Miró en *Nuestro Padre San Daniel* o *El obispo leproso*, le hizo pensar al padre del futuro poeta que su hijo debía dedicarse a cuidar los rebaños de cabras que poseía la familia. La educación escolar y universitaria era algo propio de las clases altas, destinadas a dirigir la sociedad, o de los sacerdotes que debían encargarse del cuidado de las almas. La educación, los libros, las inquietudes intelectuales sólo representaban para las clases bajas un peligro de envenenamiento. Eran el tóxico que enturbiaba la obediencia inocente a la palabra del Dios o a las costumbres que aseguraban la paz de los amos.

Y Miguel Hernández se identificó desde su adolescencia, como no podía ser de otra manera, con esta ideología reaccionaria. Así que tuvo que asumir una primera desgarradura interna. Quería ser poeta, necesitaba cultivar una vocación fuerte, pero habitaba dentro de un mundo de clericalismo rural muy atosigante, que le cerraba su camino.

Las contradicciones caracterizan también su formación cultural. Por una parte, se educa a la sombra de eclesiásticos como Luis Almarcha, junto a amigos reaccionarios como Ramón Sijé, y en la atmósfera de publicaciones conservadoras como *El Pueblo de Orihuela* o *Voluntad* y de organizaciones como el Sindicato de Obreros Católicos. Por otra parte, su vocación poética le hace buscar, estudiar, imitar, opciones de origen y perspectivas muy distintas, llamadas a desembocar en otro tipo de modernidad cultural. Su vocación literaria fue el primer carnívoro cuchillo que soportó. En un ambiente hostil, no sólo por las creencias de los demás, sino por las suyas propias, la poesía estaba obligada a abrir heridas y a provocar al mismo tiempo inseguridades y gestos orgullosos de reafirmación.

El 2 de febrero de 1931, con 20 años, publica un romance en tono de "Carta completamente abierta", dirigida "A todos los oriolanos". De forma descarada pide dinero para publicar un libro. Es un poema inocente, pero lleno de significación. Mientras escribe sus versos, las cabras se desmandan. Una de ellas, que se llama "Luná", se mete en los huertos cercanos: ¡Ay! Perdonadme un momento. / Voy a echarle una pedrada / a la *Luná* que se ha ido / artera a un bancal de habas / y el huertano dueño de ellas / me está gritando desgracias" (I, 144). Las situaciones difíciles, obligan a reafirmar el orgullo. El joven pierde la modestia para declararse un poeta valioso al que se debe ayudar. Sin duda tiene derecho a pedir:

¿Qué me lo he creído? ¡Cierto!
¡Me lo he creído! ¡Palabra!
Me he creído ser poeta
de estro tal que en nubes raya
y digno de contender
con Homero, con Petrarca,
con Virgilio, con Boscán,
con Dante y toda la escuadra
de clásicos que palpita
para ab-aeterno en las páginas.
(I, 145)

¿Miguel Hernández era un soberbio? ¿Fue un vanidoso a lo largo de su vida? Pues claro, sobran los testimonios. ¿Pero cómo no iba a serlo? Su soberbia era un punto de apoyo a la hora de sobreponerse y elevarse en un ambiente inhóspito y durísimo. Lo interesante para seguir comprendiendo las soledades del poeta es advertir que esta soberbia se va a encauzar de modo natural a través de una mitología rural, de una seguridad ideológica basada en la figura del poeta-pastor, es decir, del poeta inocente, católico, de buen corazón, frente a los poetas revolucionarios, descreídos, que ofendían a Dios. No estaba mal hacer gala de un ruralismo católico en una época donde las revueltas campesinas preocupaban mucho a la Iglesia y los caciques de España.

En noviembre de 1931, durante su primer viaje a Madrid, Miguel Hernández se entrega con gusto y convicción a esa mitología. A través de Concha de Albornoz y de Ramón Sijé entra en contacto con Ernesto Giménez Caballero, que no tardaría en dar noticia del pastor-poeta. Pero más que respeto y simpatías por el joven, sus palabras revelan la intención chistosa de criticar a los intelectuales republicanos. El 1 de enero de 1932, en el número 121 de *El Robinsón Literario*, Giménez Caballero publica una carta de Miguel Hernández pidiendo dinero y un artículo suyo titulado "Un nuevo poeta pastor". Leemos: "Queridos camaradas de la literatura: ¿no tenéis unas ovejas que guardar? Gobierno de intelectuales: ¿no tenéis algún intelectual que esté como una cabra para que lo pastoree este muchacho? / ¿Quién ayuda al nuevo pastor poeta? ¿Qué ganado se le confía? / ¡A ver! ¡Entre todos! ¡Un enchufe para este campesino! …. Vosotros, los literatos influyentes y mangoneadores! ¡Un premiecillo nacional para este pastor!".

Esta imagen literaria de inocente pastor-poeta se consolida con una crónica periodística publicada en la revista *Estampa*, el 22 de febrero de 1932. El periodista Francisco Martínez Corbalán llama la atención sobre "Dos jóvenes escritores alicantinos. El cabrero poeta y el muchacho dramaturgo". Se trata de Virgilio Soler Pérez, un muchacho parapléjico de 15 años, y de Miguel Hernández. La mezcla de los personajes explica por sí misma el sentido de galería de curiosidades y de rarezas con la que se pretende justificar la noticia. El poeta habla de sí mismo:"Mi padre —dice— es pastor de cabras de Orihuela, y lo mismo fui desde los catorce años. Antes fui a la escuela donde aprendía a leer y escribir. Lo primero que leí fueron novelas de Luis del Val y Pérez Escrich. También he leído el *Quijote*... He leído a Góngora, Rubén Darío, Gabriel y Galán, Machado y Juan Ramón Jiménez. El que más me gusta es Juan Ramón". Al final el periodista pide ayuda económica para el joven poeta: "Este es el hombre. Tiene lo que no se compra; le falta lo que se puede adquirir. Porque sinceramente creemos que puede ser, le asomamos a nuestras páginas con esperanza de que el Ayuntamiento de Orihuela o la Diputación alicantina le tiendan la mano, le ayuden a estudiar, a prepararse para *ser*".

La significación histórica de la trayectoria de Miguel Hernández sólo puede comprenderse si nos tomamos en serio el desarreglo y las contradicciones que flotan en la atmósfera de estas imágenes de muchacho necesitado de limosna. Son ruegos que provocan una rara sensación. Cuando la II República intenta una transformación general del país a través del derecho a una educación pública, única y universal, y a través de ayudas estatales y de becas para la formación en el extranjero de los nuevos intelectuales españoles, Miguel Hernández respira todavía en un ambiente de mecenazgos locales, limosnas privadas y caridades religiosas. La caridad cristiana del sacerdote Luis Almarcha subvencionará con 425 pesetas la publicación de *Perito en lunas*, su primer libro.

Pero, al mismo tiempo, la incomodidad resulta inevitable, porque muy pronto se evidencia también el esfuerzo autodidacta del poeta, su deseo de superar el localismo y de acercarse a una tradición poética moderna, representada por Rubén Darío y Juan Ramón Jiménez. El esfuerzo de aprendizaje supone al mismo tiempo la apuesta por sobreponerse a un ambiente muy precario y la paulatina separación de los códigos culturales heredados. Conmueve, por ejemplo, la ilusión y la realidad que palpita en las cartas enviadas desde Madrid a Ramón Sijé. El 11 de enero de 1932 se confiesa por escrito ante su amigo: "Comprenderás mi pena cuando paso ante las librerías. En estos últimos días he leído: *Sonata de primavera*, de Valle-Inclán; *Lirio del valle* de Balzac; *Pequeños poemas en prosa* de Baudelaire; *El estanque de los lotos*, de Amado Nervo; un libro de crítica sobre Darío y el fabuloso *Gitanjali*, de Rabindranat Tagore. Todo por casi nada de dinero" (II, 1493).

Este esfuerzo conmovedor por apoderarse de una tradición moderna que necesita para escribir alcanza su cota más alta con la publicación en 1933 de *Perito en lunas*. Miguel Hernández quiere ser poeta, es decir, perito en lunas. La luna ya no sirve sólo para poner nombre a una cabra díscola. Ahora simboliza la apuesta por la poesía. El pequeño prólogo escrito por Ramón Sijé especifica el itinerario de tres lunas. Primera luna: el poema terruño; segunda luna: poesía literaria; y tercera luna: "la acción transformante y unificante de una realidad misteriosa". La jerarquía de esta terna poética recuerda a la famosa conferencia de García Lorca "Imaginación, inspiración y evasión" (1928). Pero Miguel Hernández no parte de la imaginación gongorina para llegar a una desgarradura humana vanguardista, sino que empieza por el terruño para pasar a los dominios de una literatura culta que permita finalmente transformar la realidad con una mirada gongorina. Se trata de un empeño tardío en la España lírica de 1933.

La poesía gongorina procuró en el año 1927, en torno a la poesía pura, traducir a un lenguaje preconcebidamente estético y perfecto las carencias de una realidad caótica. Con fe en las operaciones de un racionalismo universal, escribir poemas se pareció al ejercicio de componer jeroglíficos metafóricos. Las identidades concretas se borraban en busca de una plenitud de carácter conceptual y abstracto. Miguel Hernández demostró en *Perito en lunas* su aprendizaje admirable, su dominio del oficio, la lección asumida de los clásicos y su esfuerzo por conectar con la modernidad. Poemas que hablan de excrementos, de la masturbación, de la eyaculación, de los signos rurales del paisaje mediterráneo, presentan la realidad en la cuidada ordenación de su habilidoso gongorismo. Baste con recordar la octava VIII, dedicada a la palmera:

> Anda, columna; ten un desenlace
> de surtidor. Principia por espuela.
> Pon a la luna tirabuzón. Hace

el camello más alto de canela.
Resuelta en claustro viento esbelto pace,
oasis de beldad a toda vela
con gargantillas de oro en la garganta:
fundada en ti se iza la sierpe, y canta.

La metáforas se convierten en acertijo lírico. El tronco será una columna con desenlace de surtidor, decisión lírica que recuerda el soneto que Gerardo Diego, uno de los gongorinos mayores de la generación del 27, dedicó al ciprés de Silos: "...enhiesto surtidor de sombra y sueño / que acongojas el cielo con tu lanza". Las ramas de la palmera se presentan como tirabuzón o como claustro. El color del tronco, identificado con la joroba de un camello, adquiere la categoría de la canela. Los dátiles se convierten en una gargantilla de oro. Y si el camello lleva al oasis, el oasis conduce a la sierpe, un juego metafórico que permite describir también las ramas de la palmera como velas desplegadas que cantan al viento. La palmera es una columna que tiene un tronco jorobado de color canela, unos frutos que recuerdan al oro y un surtidor de ramas que parecen serpientes o velas verdes cuando las mueve el viento.

El libro no tuvo el éxito esperado, algo lógico si se piensa que Miguel Hernández estaba intentando aprobar una asignatura que los poetas españoles habían borrado de sus preocupaciones. El surrealismo, el compromiso político, la rehumanización lírica y los diversos caminos de las nuevas lecturas del Romanticismo llevaban años dando unos frutos muy superiores a la moda gongorina. La tragedia íntima del poeta es doble, porque si su oposición a la dictadura franquista le llevará después a morir demasiado pronto, las características particulares de su formación poética hacen que nazca a la poesía demasiado tarde. Su imperiosa y admirable capacidad poética estuvo obligada casi siempre a vivir en soledad, con dolorosos problemas de encaje temporal.

Miguel Hernández, como era previsible, reaccionó con una vanidad agresiva y herida. Federico García Lorca, poeta consagrado a sus 35 años, recibió una carta ofensiva y soberbia de un Miguel Hernández que, a sus 23 años, estaba todavía en una descolocada época de formación. Escrita en Orihuela, el 10 de abril de 1933, la carta dice cosas como estas: "He pensado, ante su silencio, que usted me tomó el pelo a lo andaluz en Murcia —¿recuerdas?—, que para usted fuimos, o fui, lo que recuerdo que nos dijo cuando le preguntamos quien era uno que le saludó. *Ese —dijo— uno de los de: ¡adiós!, cuando le vemos. Y luego me escriben muchas cartas a las que no contesto.* ¿Puedo estar ofendido contigo?... Usted sabe bien que en este libro mío hay cosas que se superan difícilmente y que es un libro de formas resucitadas, renovadas, que es un primer libro y encierra en sus entrañas más personalidad, más valentía, más cojones —a pesar de su aire falso de Góngora— que todos los de casi todos los poetas consagrados, a los que si se les quitara la firma se les confundiría la voz" (II, 1505-1506).

Con frecuencia se cae en la demagogia de criticar con argumentos populistas la poca simpatía que poetas como Federico García Lorca sintieron por Miguel Hernández. Pero si nos esforzamos en comprender las salidas de tono del joven poeta-pastor, algo muy propio del ambiente reaccionario en el que había crecido, deberemos entender también las prevenciones lorquianas ante un joven muy orgulloso de sus *cojones* y muy dado a despreciar no sólo la buena poesía de sus amigos, sino su condición de homosexual. La verdadera admiración poética que Hernández sentía por Lorca no pudo compensar nunca las distancias impuestas por un machismo poco enmascarado.

En su libro *El oficio de poeta. Miguel Hernández* (Madrid, Aguilar, 2010), Eutimio Martín afirma que Rafael Alberti fue "el pararrayos de la cólera hernandiana" (p. 221). Hay motivos de sobra para considerar que las críticas vertidas por Miguel Hernández en su carta a García Lorca iban dirigidas a Alberti. Ni él, ni el amigo Ramón Sijé, apreciaban su obra poética. La distancia acabaría convirtiéndose en antipatía combativa después del giro vanguardista y de la militancia comunista del autor de *Marinero en tierra*. Fue claro el desprecio con el que Ramón Sijé reseñó en 1935 la antología poética publicada por Rafael Alberti en *Cruz y Raya*. Con el título "Ausencia del alma y del objeto. Sonrisa y cólera en la poesía d Rafael Alberti" (*El Gallo Crisis*, n.º 5 y 6), el catolicismo fascista de Ramón Sijé trazó un retrato muy explícito: "Porque Alberti es una rosa, o una sonrisa, que comienza, por ejemplo, en el siglo XV, y una espina que concluye en Federico Nietzsche. Hay que escuchar a Nietzsche, por boca del poeta, en el *Sermón de las cuatro verdades*, para luego comprender como Alberti —que tiene al filósofo de la *enemistal personal* como maestro de la cobardía ética— llega, en la *Elegía cívica*, a la derrota de la poesía, al hacer un poema en lugar de disparar la pistola, al intentar sustituir la poesía por la humanidad, al despreciar el valor divino de la sangre. La sangre no liberta, sino que encadena al que la derrama, y al que predica retóricamente el derramamiento: ella, sola y robinsona, debe formar, mediante un cultivo interior, para la vida, el hombre; y para el arte poético, el objeto" (p. 43-44).

La violencia poética de la *Elegía cívica* de Rafael Alberti resultaba poco respetable para un joven clerical que estaba incubando ya otro tipo de ilusión violenta. Y las conclusiones eran muy precisas: Alberti no tenía alma, sólo cuerpo, porque era un señorito y un pecador varonil. Tampoco podía respetarse su poesía afeminada, a la que le faltaba fuerza varonil. ¿Cuál era su culpa? Una muy clara: "Rafael Alberti aún no ha llegado a la edad del catolicismo". Por eso, con ambigüedad amenazante, lo invita a descansar bajo el yugo de Cristo.

Ramón Sijé consolidaba en algunas de sus argumentaciones la animadversión reaccionaria con la que Miguel Hernández había escrito su auto sacramental *Quién te ha visto y quién te ve y sombra de lo que eras*, publicado por *Cruz y Raya* en 1934. La obra puede leerse como una respuesta a *El hombre deshabitado*, un auto sacramental vanguardista que había estrenado Rafael Alberti en 1931. Esta obra quiso llevar a escena la crisis del sujeto moderno, la rebelión de los sentidos humanos. Una simbología urbana permite que los seres humanos en crisis, vacíos, rotos, se conciban como hombres deshabitados. Miguel Hernández escribe su respuesta católica y campesina. Conviene estar vigilantes, los sentidos deben someterse al alma, y el alma a Dios. No hay que caer en la tentación de unos sentidos dispuestos a perder la inocencia:

> ¡Todo para que un día los sentidos,
> que hoy usa y no conoce,
> se le vuelvan traidores enemigos
> de mis amigos que son nobles! (II, 898)

La tensión histórica y religiosa de la España de 1934 está muy presente en el auto sacramental de Miguel Hernández. La pérdida de inocencia, la tentación sexual de los sentidos y la rebeldía contra Dios se representan con la imagen de unos campesinos y obreros revolucionarios que se atreven a pedir las mejora de sus condiciones de trabajo: "queremos que nos suban / un poquito el jornal". (II, 914). El asunto, crucial en los debates políticos de 1934, afecta al pastor-poeta que en aquel año todavía defiende un ruralismo católico. Miguel

Hernández colabora en el primer número de *El Gallo Crisis*, publicado en el Corpus de 1934, bajo la dirección de Ramón Sijé, con una "Profecía sobre el campesino". Llama Caín al campesino revolucionario que siembra dolor en la tierra con sus hoces y viola la voluntad de Dios. Le exige una vuelta al orden:

> En nombre de la espiga, te conjuro:
> ¡siembra el pan! con esmero.
>
> Día vendrá un cercano venidero
> en que revalorices la esperanza,
> buscando la alianza
> del cielo y no la guerra.
>
> ¡Tierra de promisión y de bonanza
> volverá a ser la tierra! (I, 295).

Esta es la mentalidad propia de alguien que se mueve en la ideología clerical de Ramón Sijé, alguien que había apoyado en octubre de 1933 la campaña electoral de Ernesto Giménez Caballero como falangista y candidato de la CEDA por Murcia. No puede extrañarnos que algunos intelectuales sintieran un rechazo instintivo ante la figura de un pastor-poeta reaccionario, utilizado por la derecha para ridiculizar los esfuerzos educativos de la República. Cuando la conversión a la izquierda se produzca de manera repentina y tajante, la antigua devoción católica será sustituida por la pureza dogmática del poeta militante, dispuesto a dar lecciones de comunismo, lo cual provocará nuevos malentendidos con sus compañeros de letras. La verdadera dimensión de la soledad y del drama personal de Miguel Hernández se entiende cuando advertimos la herida íntima de quien a lo largo de su vida se vio obligado a despreciar a aquellos mismos poetas que admiraba. Por unas razones o por otras, se sintió enemigo de los autores a los que quería parecerse.

Tampoco lo tuvo fácil con las mujeres. Todavía en 1935, en el mismo número doble de *El Gallo Crisis*, en el que Ramón Sijé ajusta cuentas con Alberti, publica su "Silbo de afirmación de aldea" para despacharse contra sus experiencias madrileñas. El poeta se presenta como "Alto soy de mirar a las palmeras / rudo de convivir con las montañas" (I, 300). Y siente una incomodidad quevedesca en una ciudad podrida por la modernidad:

> Huele el macho a jazmines,
> y menos lo que es todo parece
> la hembra oliendo a cuadra y podredumbre.
>
> (I, 302)

Es decir, en Madrid todos los hombres son maricones y todas las mujeres putas. Pensemos, por ejemplo, que en 1936, Miguel Hernández publica *El rayo que no cesa*. Libro excelente, de alta calidad lírica, en el que un uso magistral de las formas se funde al mismo tiempo en una sensualidad vitalista mediterránea y en el luto de una crisis interior provocada por la carencia de la buena paz aldeana y por las degradaciones de la metrópoli. En sus páginas sigue haciendo gala de la elaboración metafórica, como en la canción que abre el libro: "Un carnívoro cuchillo / de ala dulce y homicida / sostiene un vuelo y un brillo / alrededor de mi vida" (I, 419). El carnívoro cuchillo, claro, es el pene. ¿A qué se debe el rayo que no cesa, la calentura? A su estado de represión sexual. "Una ansiosa calentura", como escribe en el soneto "Me tiraste un limón y tan amargo". Pero es que la situación resulta agobiante de forma inevitable. Ya que en la ciudad todas las mujeres huelen a cuadra y podredumbre, el modelo de la novia elegida es una aldea, casta y pura, obligada a enfadarse si el novio intenta darle un beso en la mejilla. Y este rechazo *admirable* provoca también un penar. Dice el soneto 12:

> Te me mueres de casta y de sencilla:
> estoy convicto, amor, estoy confeso
> de que, raptor intrépido de un beso,
> yo te libé la flor de la mejilla.
>
> Yo te libé la flor de la mejilla,
> y desde aquella gloria, aquel suceso,
> tu mejilla, de escrúpulo y de peso,
> se te cae deshojada y amarilla.
>
> El fantasma del beso delincuente
> el pómulo te tiene perseguido,
> cada vez más patente, negro y grande.
>
> Y sin dormir estás, celosamente,
> vigilando mi boca ¡con que cuido!
> para que no se vicie y se desmande.

Un hermoso soneto, pero a la vez terrible. En la España de la II República, de la emancipación de la mujer, del voto femenino, de María Teresa León, María Zambrano, Maruja Mallo, Clara Campoamor o Victoria Kent, estaba muy fuera de lugar una sentimentalidad tan reaccionaria. No es extraño que el poeta se sienta barro, al mismo tiempo que se siente toro, y que menudearan las dificultades con algunas mujeres de personalidad libre y feminista. Los malentendidos ocurrieron incluso después de su evolución ideológica, cuando se acerca al catolicismo progresista de José Bergamín y consolida las amistades influyentes de Vicente Aleixandre, Pablo Neruda y Raúl González Tuñón. Las viejas costumbres se dejarán notar en poemas combativos como "Los cobardes" ("barred con vuestras nalgas / la mierda que vais dejando"). Hernández denuncia a los cobardes porque "me duelen hace tiempo / en los cojones del alma". Sucede lo mismo cuando leemos otros poemas de amor, como la hermosa "Canción del esposo soldado", en la que el papel de la mujer se condensa en este verso: "Tus piernas implacables al parto van derechas". Estos versos y algunas prosas feroces escritas en la guerra, para exigir penas de muerte, aplaudir bombardeos, denunciar a los artistas burgueses disfrazados de rojos o bailar ante los cadáveres del enemigo, nos acercan a una mentalidad dura, angustiada y violenta. Conviene no perder de vista la situación histórica a la hora de comprender una realidad personal. Tan injustificable es la zafiedad demagógica de defender estas actitudes de Miguel Hernández como un referente admirable para un pensamiento de hoy, por no estar contaminado por la civilización burguesa, como olvidarnos de las duras realidades de su experiencia personal y social.

Él mismo necesitó plantearse nuevos caminos. Era inevitable que la evolución se fuese fraguando poco a poco en su interior, incluso en los años duros de la guerra civil. El golpe militar y los combates en defensa de la República desataron un tiempo de urgencias, de afirmaciones violentas y de odios, y Miguel Hernández se sintió un ruiseñor que cantaba "encima de los fusiles y en medio de las batallas". Otro detalle que nos puede ayudar a entender el dramatismo íntimo de su corta existencia es el hecho de que el año más feliz del poeta fue 1937. Unas fechas marcadas por los cañones y la muerte son, al mismo tiempo, el escenario de su boda con Josefina Manresa, de su popularidad como escritor, de la publicación en Valencia del libro *Vientos del pueblo*, de su viaje a Moscú y del nacimiento de su hijo Manuel Ramón.

La guerra no es buen campo de cultivo para la poesía, sobre todo si pensamos en un autor que apuesta por hacer propaganda y escribe con la intención de promover los llamamientos a filas, reclutar, exaltar a los héroes, denigrar al enemigo, cantar los sacrificios, justificar la muerte y pedir a las madres que entreguen gustosamente a sus hijos en la voracidad de las trincheras. La verdad (y la verdad poética también) es la primera víctima de las guerras. Miguel Hernández escribió mucha poesía de este tipo. Por eso Manuel Altolaguirre publicó en *Hora de España* una carta que le había escrito al leer algunos de sus poemas en *Nueva Cultura*. La personalidad desencajada de Miguel Hernández provocaba con frecuencia entre sus compañeros reacciones de admiración y de inquietud. Con motivo del adelanto de *El rayo que no cesa* que había publicado la *Revista de Occidente* (n.º CL, diciembre, 1935), Juan Ramón se había entusiasmado con el poeta en las páginas prestigiosas reconociéndole su gran valía lírica, la "áspera belleza tremenda de su corazón". Pero en el retrato que escribe en 1936 y que acabará formando parte de *Españoles de tres mundos*, se atreve a sugerir también que el poder de su poética no debe dirigirse hacia la fuerza, la honda o el toro: "*El rayo que no cesa* es Miguel Hernández mismo. Si sigue así este rayo, ¿dónde llegará él, dónde llegará, con él la poesía española de nuestro siglo? No es la *fuerza* lo que yo quiero señalar en Miguel Hernández. La fuerza seguida cansa, como cansa la continua flaqueza. No es el ímpetu del toro, ni de la honda, es la belleza fatal que va en la fuerza como podría ir en la *menos fuerza*. Que la poesía, el arte, no necesita más que una fuerza suficiente. Descansamos de Bach en Mozart, de Miguel Ángel en Botticelli, de Dante en Petrarca" (*Obra poética*, volumen II, Madrid, Espasa Calpe, 2005, pp. 182-183. Edición de Javier Blasco y Teresa Gómez Trueba).

En un terreno político y estético diferente, Altolaguirre adopta una perspectiva parecida. Declara su admiración, pero le avisa contra la grandilocuencia y falsedad de versos como "morir es la cosa más grande que se hace". En "Noche de Guerra. (De mi Diario)", publicado en *Hora de España* (IV, abril, 1937), Altolaguirre incluye fragmentos de una carta a Miguel Hernández en la que le sugiere que su altura poética puede llenar el vacío dejado por García Lorca. También le advierte de los peligros: "Todos estos versos que te cito y muchos más, casi todos, me gustan, los oigo, los veo, son definitivos, te lo aseguro. En cambio, por cariño a ti y a quienes quieren ver en ti lo que no eres, también voy a copiarte un fragmento desdichado de tu romance: *Subiera en su airado potro / y en su cólera celeste / a derribar trimotores / como quien derriba mieses.* No. Tú sabes que no. Comprendo que en un momento de delirio escribamos cosas por el estilo. El potro, el aire, el trimotor, el trigo: la locura. Pero tú sabes como yo que eso no es poesía de guerra, ni poesía revolucionaria, ni siquiera versificación de propaganda. (Tampoco me gusta: *que morir es la cosa más grande que se hace*)" (p. 77).

Es necesario ser un gran poeta para escribir buenos poemas de guerra. Antonio Machado, Rafael Alberti, César Vallejo y Pablo Neruda lo consiguieron. Miguel Hernández también, sobre todo en la medida en la que, como decía antes, se fraguó su transformación interior no ya en el cambio del poeta católico devoto al poeta comunista dogmático, sino en su alejamiento del sermón y la agresividad, fuesen del signo que fuese. Aunque parezca paradójico, y es otro dato que nos permite cargar de significación histórica la soledad del poeta, Miguel Hernández sólo empezó a comprender el sentido de la compañía en la derrota. El dolor ayudó a matizar su mirada lírica. La factura cruel de la guerra, la enfermedad y la muerte de su primer hijo, la intuición de la derrota, hacen que la ferocidad del soldado comience a quebrarse y que se apiade del sufrimiento propio y ajeno. En *El hombre acecha* (1939), libro que confiscaron y destruyeron las tropas franquistas al entrar en Valencia, se recogen algunos de los mejores poemas de Miguel Hernández. La "Canción primera" de *El hombre acecha* condensa a las claras el miedo a la violencia de los hombres que se abalanzan crispadamente contra otros hombres y se abandonan a las garras de la crueldad:

> Hoy el amor es muerte,
> y el hombre acecha al hombre.

Mi poema preferido del libro es "Llamo a los poetas", algunos de cuyos versos cité al principio de este artículo. Se trata de una composición que es a la vez una declaración de vida y una poética. En tono reposado, con la voluntad de una confesión dispuesta a convertirse en manifiesto compartido con otras voces, Miguel Hernández asume que su imperiosa ilusión juvenil de convertirse en un poeta famoso está conseguida. Pero ya no basta. Ahora necesita asumir una perspectiva nueva, una verdad humana, que supone alejarse no sólo de la retórica gongorina, del orgullo esteticista o académico, sino también del sermón dogmático, de la consigna que desemboca en "la pantera de acechos". Ese miedo a la violencia, de lenguaje o de actitud vital, es uno de los ejes del libro:

Dejemos el museo, la biblioteca, el aula
sin emoción, sin tierra, glacial, para otro tiempo.
Ya sé que en esos sitios tiritará mañana
mi corazón helado en varios tomos.

Quitémonos el pavo real y suficiente,
la palabra con toga, la pantera de acechos.
Vamos a hablar del día, de la emoción del día.
Abandonemos la solemnidad.

Con la muerte de Federico García Lorca al fondo, la sangre del poeta se une a la tierra para convertirse en la sal del aire, en un impulso de fertilidad que cumple el papel del sol. Su energía sin sosiego, propia de "la familia del enamorado", despierta los cinco sentidos que se arraigan como un trigal en el campo, imponiendo un cambio en la dirección del viento lírico. El protagonismo ya no lo tiene la muerte, sino la vida. Hernández parece darle la razón así a Manuel Altolaguirre, y hace un explícito gesto de acercamiento a los demás poetas, pasando a llamarlos, como amigos, por sus nombres. La distancia de los apellidos queda atrás en una nueva estrofa:

Eso sí: somos algo. Nuestros cinco sentidos
en todo arraigan, piden posesión y locura.
Agredimos al tiempo con la feliz cigarra,
con el terrestre sueño que alentamos.

Hablemos, Federico, Vicente, Pablo, Antonio,
Luis, Juan Ramón, Emilio, Manolo, Rafael,
Arturo, Pedro, Juan, Antonio, León Felipe.
Hablemos sobre el vino y la cosecha.

El hombre de campo conoce bien los ciclos de la naturaleza. Pero el poeta sabe que sus sueños terrestres pueden oponerse a los mandatos del invierno, dignificando la vida. No es que se produzca una meditación profunda sobre la poesía, pero sí un cambio decisivo de piel, un giro en el tono. Y para lograrlo habrá que hacer una ceremonia de nuevo bautismo, en el que la retórica y la mentira, o la retórica entendida como mentira y la mentira entendida como retórica, dejen paso a la transparencia, a la naturalidad, al coloquio. Más que un púlpito, el poeta quiere una silla en la que sentarse para conversar. Como él, su palabra puede responderle a Altolaguirre y decir "tomo silla". Le pesan los muertos, "la huella de los sepultados". Pero después del sacrificio, más que la venganza, hay que buscar un nuevo sentido de dignidad humana:

> Si queréis nadaremos antes en esa alberca,
> en ese mar que anhela transparentar los cuerpos.
> Veré si hablamos luego con la verdad del agua,
> que aclara el labio de los que han mentido.

Ética y estética, la palabra y la retórica ideológica deben pisar el suelo: "Así descenderemos de nuestro pedestal, / de nuestra pobre estatua". Apuesta por una palabra sosegada y leal a la vida. Es el tono de su *Cancionero y romancero de ausencias*, su última obra, una de las cumbres de la lírica española. Es paradójico, pero el poeta rural consigue un giro decisivo en una de las tradiciones de la lírica española más transitadas por las grandes voces cultas. Logra una canción y un neopopularismo alejado de la apariencia folklórica y de los aires rurales. Si Juan Ramón había elaborado con sus canciones una lírica culta de tonos populares, si García Lorca y Alberti habían inyectado en el neopopularismo la inquietud de lo irracional, Miguel Hernández condensa una desesperanza íntima y sosegada, una palabra sin solemnidad, sin pedestal, muy parecida a la que iban a necesitar los poetas de las nuevas ciudades.

La voz que había nacido demasiado tarde y que se había formado en una ideología obligada a despreciar aquello mismo que admiraba, murió también demasiado pronto. Comprenderemos la dimensión del drama humano del poeta si advertimos que sólo en la derrota empezó a sentirse acompañado. Su mejor lección la escribió cuando no quiso dar lecciones. Sus viejos amigos fascistas le pidieron un gesto de acercamiento al Régimen para sacarlo de la cárcel. Él prefirió morir junto a sus camaradas. Esta es la verdadera significación histórica de la soledad y la compañía de Miguel Hernández. No representa el paso natural de la pobreza inocente a la conciencia política y poética. Representa un tiempo en el que la cultura política, con organizaciones asentadas en la realidad, pudo explicarle al pueblo explotado que se podía vivir de otra manera, sin servidumbres religiosas o caciquiles. También la cultura poética de aquel tiempo posibilitó nuevos caminos al margen de la retórica de la solemnidad. Como hemos podido observar, Miguel Hernández vivió en su interior y superó las contradicciones de lo que, años después, Gil de Biedma iba a definir como "un intratable pueblo de cabreros".

NOTA

* Cito por Miguel Hernández, *Obra completa*, 2 vols., Madrid, Espasa, 2010.

CARTOGRAFÍA AMERICANA DE UN RECUERDO. HOMENAJES TEMPRANOS A MIGUEL HERNÁNDEZ (1942-1960)

Aitor L. Larrabide

La muerte de Miguel Hernández en la madrugada del sábado 28 de marzo de 1942, a la edad de 31 años, no supuso, como algunos pretendieron, silenciar su obra y, especialmente, el símbolo que ejemplificaba la persona que lo encarnó. Sus escasas pertenencias dejadas en la cárcel contrastan con la enorme resonancia de su obra y el eco de la misma. Tiempos difíciles, complicados, los de la inmediata posguerra, con hambre, epidemias y carencias de todo tipo, no sólo materiales sino especialmente anímicas, sin esperanza y con un ambiente en el que el terror a la delación y a la represión lo invadía todo. Especialistas en analizar este periodo tan decisivo de nuestra historia reciente pueden ampliar mucho más puntualmente lo que aquí son notas que pretenden contextualizar la época, trabajo que se enmarca dentro de otro más ambicioso que estamos ultimando.

En España, concretamente en Orihuela, el mismo día que moría el universal y ya centenario poeta, salía a la calle el número de Semana Santa de la revista oficial. En la misma, un poema de Antonio Fantucci, profesor italiano en la Universidad de Murcia, reflejaba la soledad de Miguel Hernández unos días antes de su muerte. E iba dedicado "A Miguel, que se muere solo". En abril de ese mismo año, un grupo de amigos del poeta se reúnen frente a un ciprés en Orihuela, en pleno campo, y recitan algunos poemas suyos. Hay que conmoverse con este gesto, en aquellos tiempos de oscuridad y silencio.

En nuestro trabajo pretendemos seguir las huellas de Miguel Hernández después de su muerte, especialmente durante el año de la misma, 1942, y el siguiente, 1943. A Miguel Hernández se le rindieron sentidos homenajes en América Latina, que suponen el germen o semilla de la dimensión que en los años sesenta tendrá nuestro poeta, límite cronológico de esta aproximación. Pero antes de que nos detengamos en algunos actos concretos, algunos de ellos desconocidos hasta para los especialistas, conviene situar críticamente la recepción de la obra hernandiana.

La crítica y Miguel Hernández

Existen dos tiempos en el desarrollo de la crítica hernandiana, como son la etapa de difusión y la de análisis más profundo. Se dieron tanto en las ediciones como en los estudios sobre el poeta (fuentes primarias y fuentes secundarias). En el primer caso, urgía la publicación de la obra de Miguel Hernández por encima de un esfuerzo de criba erudita. Este hecho ha provocado una gran dosis de incomprensión por parte de algunos críticos hacia los trabajos de Juan Guerrero Zamora, Arturo del Hoyo, Vicente Ramos y otros estudiosos que supieron actuar con inteligencia ante unas situaciones adversas, y no de manera contemporizadora con el régimen de Franco, como algunos insinuaron.

El límite entre la difusión y el inicio de una escrupulosa publicación y estudio de la obra hernandiana podemos situarlo alrededor de los primeros años de la década de los setenta. En esa década se produce la incorporación de Miguel Hernández al mundo universitario. Una muestra de ello es el progresivo número de tesinas y tesis doctorales que se realizan en España y fuera del país (Estados Unidos, principalmente), así como una moderada cantidad de revistas académicas que incorporan trabajos sobre el poeta oriolano.

Estos dos ritmos en la crítica hernandiana pueden ejemplificarse con las antologías, las historias de la literatura, los diccionarios y las enciclopedias. Como media, hasta finales de los años cuarenta no se incluye a Miguel Hernández en esos lugares, pero le sigue un vacío de veinte años, hasta los sesenta, en que se inicia un tímido aumento en el número de publicaciones generales. En el periodo comprendido entre 1943 y 1950 no hemos encontrado referencias de nuestro poeta en la prensa española. La situación política es determinante. También podemos recorrer brevemente el camino trazado por la crítica en los trabajos sueltos (los más numerosos) desde los años treinta hasta los cincuenta, que cierra esta etapa de difusión más restringida de la obra hernandiana.

Durante la década de los treinta la crítica estudia poco, rápido y con escaso rigor la obra editada de Miguel Hernández. Los tópicos de pastor, poeta y soldado copan el grueso de unos trabajos de extensión breve, publicados por amigos en medios alicantinos y del exilio. Hasta la guerra, Miguel Hernández es contemplado como una firme promesa. El poeta se transforma en símbolo del intelectual o creador comprometido con la República. El homenaje y el uso propagandístico de su figura caminan juntos aunque, en el transcurso del conflicto bélico, las críticas de cierta corriente estética diferente a la de Miguel Hernández se cebarán en sus versos (Gaya, Gil-Albert...). Los años más prolíficos en cuanto a materiales publicados en esta década son 1937 y 1939, claves en el desenlace de la guerra.

En los años cuarenta son los amigos de la guerra, exiliados, los que homenajean al poeta. No pretenden analizar su obra sino rendirle un emocionado recuerdo, con visiones tópicas y también propagandísticas, especialmente en los años inmediatamente posteriores a su muerte. Esto dificultará la visión serena de su obra, condicionada por su trágica muerte. Los años más prolíficos en cuanto a materiales publicados en esta década son (por cantidad de referencias): 1942 (año de su muerte), 1943 y 1940. En un primer momento se creyó que fue fusilado, en julio de 1939, como más adelante veremos.

La década de los años cincuenta se inicia con la edición de varias obras hernandianas, que incidirán en el número de estudios. Ya no sólo son amigos del poeta los autores de los trabajos, sino colegas y exiliados espontáneos que se comunican rápidamente las noticias que les llegan de España. Las revistas alicantinas se responsabilizaron en los años 1951 y 1952 de la difusión de tales ediciones, con Vicente Ramos y Manuel Molina a la cabeza; también el oriolano Francisco Martínez Marín. Miguel Hernández se cuela en libros generales de literatura contemporánea, sobre todo en la segunda mitad de la década. La polémica extraliteraria provocada por el folleto de Guerrero Zamora *(Noticia sobre Miguel Hernández*, 1951), ofrece un desilusionado panorama de la España de aquellos años, una engañosa percepción de la obra hernandiana por aquellas fechas, simple excusa de movimientos ideológicos en el régimen de Franco con un poeta en mitad de la polémica. Los estudios son generales, no muy profundos, muchos de ellos centrados en *El rayo que no cesa*, gracias al volumen de Espasa-Calpe Argentina, y en la preciosa edición de *Obra escogida*, a cargo de Arturo del Hoyo, en Aguilar, aunque se obvian en España los datos referidos a la guerra y a la actitud ideológica desarrollada por Miguel Hernández a lo largo de ésta. Los años 1952, 1954 y 1959 destacan por la cantidad de artículos sobre el poeta, por la publicación de ediciones y el aniversario de su muerte en 1952 (20 referencias).

En los casi cuarenta años que duró el régimen franquista se contemplan varias etapas en relación con la permisividad de publicar textos de Miguel Hernández. A finales de la década de los cuarenta, en 1949, se autoriza, como ya ha sido mencionado, la importación y distribución de *El rayo que no cesa*. En parte, por su contenido amoroso desideologizado. Las autoridades gubernativas no hallaron impedimento alguno en publicar esos poemas, nada susceptibles de resultar sospechosos y, por ello, salvados del lápiz rojo del censor de turno. Pero el apoyo decidido de Cossío, bien relacionado con falangistas influyentes, resultó fundamental en la empresa.

Los exiliados, como hemos apuntado, atacaron con fuerza esta edición (Neruda compuso un poema, de dudoso gusto, sobre Cossío y otros poetas) y la ya citada de Arturo del Hoyo (*Obra escogida*, 1952), pues en esta última sólo se incluyeron dos poemas de *Viento del pueblo*, su más representativo título de la guerra. No corrían buenos tiempos para la mesura ni para la comprensión hacia los primeros editores de Hernández en la inmediata posguerra. Éstos se enfrentaron a grandes riesgos por publicar a un poeta considerado proscrito y peligroso.

El segundo de los puntos que determina la acogida de la obra hernandiana se centra en el trabajo de la crítica, en la creación del mito y de los diversos tópicos que le acompañan. Esto supone una mayor complejidad, ya que debemos estudiar aspectos intrínsecos a la propia crítica, no los ambientales, ya esbozados anteriormente.

La biografía ha superado a la obra de Miguel Hernández en la atención de la crítica. El mito ha sido alimentado, en gran medida, por la misma crítica en el plazo de tiempo que media entre la muerte del poeta y los primeros años setenta, cuando se empieza a estudiar con rigor su obra. Pero el mito nació en vida del poeta, debido a su propia peripecia biográfica y a las circunstancias que le tocó vivir. La utilización partidista del poeta como arma arrojadiza contra el régimen de Franco también tiene parte de la responsabilidad en la creación de ese mismo mito. Alberti y Neruda, entre otros, se preocuparon más por servirse políticamente del poeta (como en el caso de García Lorca o Machado, "los poetas del sacrificio"), que acercarse a su obra y reflexionar sobre ella con serenidad, o de valorar con ecuanimidad los más que tímidos intentos, desde España, de algunos incondicionales amigos del poeta por rescatar dignamente su voz. No eran, desde luego, tiempos de mesura, ni podían serlo.

Los tópicos y malinterpretaciones se deben, en nuestra opinión, a una postura indolente, cómoda, poco rigurosa de la crítica. Ésta utiliza datos manoseados en los que se desconocen sus fuentes originarias, de dónde partieron. La trayectoria de Miguel Hernández no puede despacharse con los tópicos de pastor-poeta, soldado y preso, es mucho más rica y compleja, pero éste es otro tema que no puede ser planteado aquí.

Memoria de un poeta

Antes de entrar propiamente en materia, queremos destacar que, si bien en esta intervención hemos decidido analizar separadamente los países en que se rindieron homenajes tempranos al poeta levantino, ello no debe hacernos creer que cada nación los organizaba sin contar con la información suministrada por amigos o compatriotas que sufrieron idéntico infortunio del exilio. Al contrario, los epistolarios y, especialmente los mismos trabajos, son deudores de otros que, a modo de cadena solidaria por la libertad, recorrió América Latina durante las décadas de los años cuarenta y cincuenta. A partir de los sesenta, el eco e impulso del hernandismo rampante, al calor de la edición de sus obras completas en Buenos Aires en 1960 y de las numerosas antologías en la benemérita editorial de Gonzalo Losada (un español residente en la Argentina desde antes de la guerra civil), coincidió con la búsqueda de una nueva situación política de las naciones americanas frente al Imperio de los Estados Unidos, y a la semilla que plantaron los primeros exiliados españoles.

Cuba, país en el que se refugiaron valiosos prohombres de la República, fue el primero en recordar al poeta oriolano. Se corrió la especie de su muerte por fusilamiento, ejecutado en Madrid el 20 de julio de 1939. El exilio en la isla caribeña del poeta y editor Manuel Altolaguirre y de otro destacado intelectual español como fue Juan Chabás pero, sobre todo, de la simpatía profunda de los escritores y políticos cubanos facilitó una corriente de entrañable solidaridad con Miguel Hernández, que simbolizaba la España aherrojada. Con tal motivo sale de la imprenta de Altolaguirre la bella edición de *Sino sangriento y otros poemas*, de 59 páginas, dentro de la colección "El ciervo herido", en agosto de 1939, la primera impresa en América, con una nota preliminar en la que recuerda que le editó un libro "en vida". Además, el poeta-impresor recalcó que, sobre su amigo, "No es cierto, pues, que fuera un poeta desconocido antes de la guerra, sino por el contrario, a pesar de su juventud ya había pasado por diferentes modos de sentir y pensar". Más adelante, afirma que

> Dije antes que vivía rodeado de exaltación. Era llama de amor viva. Su fuego, su esperanza, su heroísmo crecieron en la guerra. Fue valiente y apasionado hasta perder la memoria. Su muerte es la mayor cobardía de esta guerra. Ojalá pudiéramos ser los poetas tan terribles[1].

El sábado 19 de agosto, a las ocho y media de la tarde[2], de ese mismo año, se celebró un homenaje a Miguel Hernández, en la Casa de la Cultura, organizado por la Unión de Escritores y Artistas de Cuba, del que queda constancia una fotografía[3] en la que aparecen Eugenio Florit, Nicolás Guillén, Teté Casuso y el propio Altolaguirre, que publica "Noticia sobre Miguel Hernández" en la revista habanera *Espuela de Plata*, en agosto-septiembre de ese año[4] José Rubia Barcia escribió, asimismo, "Estampa sobre Miguel Hernández" en *Pueblo*, de La Habana, el 14 de septiembre de 1940, con la falsa noticia del fusilamiento del poeta en Madrid. Juan Marinello publicó un artículo de prensa en el diario habanero *Hoy* el 23 de agosto de 1939, y al calor del mencionado homenaje al poeta español unos días antes, el sábado día 19, recordaba la voz de éste, representativa del campesino español, rebelde y tierna a la vez. Vaticinaba en este temprano trabajo de urgencia dos temas recurrentes en sus posteriores glosas: la creencia de que Miguel Hernández se convertiría en "el artista del mañana", y de que se trata de "un poeta del dolor español en toda su anchura". Ahí recuerda que "Cuando nos decía sus versos en la Valencia bombardeada, en el Madrid despedazado [...], yo me quedaba en su voz, me distraía en su tono, me vencía en su fuerza". Y relacionaba esa voz de Miguel Hernández con la del campesino cubano:

La voz de Miguel era la misma, en su rudeza, en sus inflexiones, en su raíz válida, que la de esos hombres humildes y directos que han trasladado al campo cubano resonancia clásica y mejor acento actual. La narración enseñaba la capacidad de apretar lo esencial, el poder de ver lo de atrás, de adivinar lo futuro. En esencia, una voz, un tono, en que lo agrio, lo rencoroso, lo rebelde, está siempre movido, conmovido, por una ternura que no ha tenido empleo, que, como jamás ha enseñado al sol su largueza, araña por dentro la queja bronca.

De este modo, el poeta oriolano se convertiría para Marinello en un poeta del dolor español en toda su anchura.

Yo vi cómo el soldado de la trinchera lloraba con su poema [...] Su verso fue su voz, y su voz su España. La España soterrada, mil veces muerta y mil veces viva, la España que, cuando viva de una vez, tendrá en su vida el tesoro inmedible sus agonías seculares.

Cuando la noticia de la muerte 'real' de Miguel Hernández llegue a la isla, se le tributará un homenaje en el Salón de Recepciones del Municipio de La Habana, el 20 de enero de 1943, organizado por la Comisión Pro-Homenaje a Miguel Hernández, del que queda constancia un cuaderno de 48 páginas, reeditado en facsímil en 2007 por la Fundación Cultural Miguel Hernández, con nota introductoria de quien firma estas páginas, titulado precisamente *Homenaje a Miguel Hernández*, en enero de 1943. No es el primer homenaje público celebrado en América, pero supone la reafirmación cubana de un fervor hernandiano que no recaerá nunca, asociada a su propio devenir histórico, identificada con el triunfo de la Revolución de 1959. Aquel día se tributa en el Palacio Municipal de La Habana, como hemos adelantado, un homenaje público al poeta, con colaboraciones de Nicolás Guillén, Enrique Serpa, Félix Montiel, Juan Chabás, Juan Marinello (quizás el más destacado hernandiano cubano y quien sembró la espléndida huella actual del poeta español en la isla), Ángel I. Augier y José Antonio Portuondo. Durante la velada, la Banda Municipal ejecutó los himnos de Cuba y de la República. Paquita Peyró declamó algunos poemas de Hernández y Alejo Carpentier presentó el disco que devendría legendario con la voz de nuestro poeta. Según la "Nota Preliminar" de la edición de los discursos, "el numeroso público escuchó de pie con silenciosa y profunda emoción"[5].

Al parecer, las palabras de Carpentier fueron breves e informales, pues no se recogen en el citado folleto. El escritor cubano prefirió remitirse a sus artes de capturador de voces y ecos aprendidas en París.

En ese folleto, Marinello publicaría un sentido trabajo, que llevaba por título "Miguel Hernández, labrador de más aire" (al que prestaremos una atención especial), posteriormente recogido en el diario de Nueva York *Pueblos Hispanos*[6], y publicado también en su interesante libro *Contemporáneos. Noticia y memoria*[7], y como epílogo a la edición cubana del *Teatro* de Hernández[8]. Recordemos que el mencionado homenaje público al poeta se concreta en una publicación, *Homenaje a Miguel Hernández*, de 48 páginas, con colaboraciones de Nicolás Guillén, Enrique Serpa, Félix Montiel, Juan Chabás, Juan Marinello, Ángel I. Augier y José Antonio Portuondo.

Nos detendremos sólo en algunos aspectos destacables de este homenaje habanero de 1943. Todos los que colaboraron en el mismo resaltaron el carácter icónico de Miguel Hernández, como representante de la lucha antifascista. Guillén[9] desmiente que algunos amigos del poeta, "no precisamente españoles ni franquistas", realizaran gestiones para que el poeta fuera trasladado a un sanatorio. El tiempo dio la razón a José María de Cossío, Dámaso Alonso o a Vicente Aleixandre. Enrique Serpa[10] critica a los poetas que vieron en la guerra un mero pretexto para la creación. Por el contrario, Miguel Hernández fue "un canto espontáneo, sin retoque ni aliños" en el Romancero de la guerra. También, y esto interesa más en relación con los efectos de la conocida "Ponencia colectiva", censura "altisonancias de proclama, estridencias de cartel o enfática elocuencia de discurso", aunque posea un espíritu humano y sus versos son "dramáticos" y "broncos".

En el primero de los textos ("Miguel Hernández, labrador de más aire"), publicado en 1943, Marinello resalta en Hernández la "elocuencia lírica del verdadero pueblo español". Dicha "elocuencia lírica" es el producto de la "capacidad para ofrecer lo permanente y primordial de una comunidad a través de la ráfaga eternizadora del lirismo". Para ello es necesario contar con una técnica formal adecuada y con un oído fino que capte las ansias del pueblo. Antonio Machado, Federico García Lorca y el propio Miguel Hernández cumplen, cada uno a su modo, con el compromiso de cantar los sueños de España. Marinello, sin embargo, tiene una especial predilección por el poeta oriolano:

> era de una gran fuerza que no sólo andaba con su pueblo sino con lo más profundo de la voluntad su pueblo. Fue un poeta militante, hombre de bandera y de fe [...] Miguel Hernández fue un hombre de mi amistad y de mi partido [...] al decir que en lo producido por él apuntaba una poesía de inmedible y seguro porvenir que, como cosa de pueblo, no podrá frustrarse y alentará mañana y crecerá en los cantores de su estirpe.

El escritor cubano describe al poeta español en términos briosos:

> Hasta en el movimiento físico trasfundía su condición de partícula positiva y andante de su pueblo. Trajinado y presuroso, iba con la guerra disparando balas y versos en una alegría profunda y activa. Jamás he encontrado en hombre un más ufano sentido del deber colectivo. Y sólo en nuestro José Martí se toca un tal goce del sacrificio.

Rememora los agitados pero ilusionados días en que conoció a Hernández, y critica "el gesto alarmado de algún señorito de la Literatura que estaba al lado de acá sólo porque la crecida del río lo había lanzado sobre la orilla izquierda". Esos señoritos se alarmaron porque Hernández

> tenía demasiada tierra en los pies [...] cuando el milagroso muchacho, entrabado en los ajetreos urgentes de la guerra, daba un verso generoso pero no excelente, el señoritismo literario se erguía implacable: tenía que ser.

Marinello acierta, en nuestra opinión, cuando afirma que "España no ha hecho gran literatura sino cuando ha hundido las manos doctas en la tierra de fundación de la masa". Los aciertos de Miguel Hernández serían, para Marinello, los siguientes: 1°) "elocuencia querenciosa de lo distante"; 2°) descripciones directas, pero llenas de "rumor inefable"; y 3°) "su grito imperioso en que las palabras andan como quieren y porque quieren". En resumen, para Marinello la obra hernandiana ejemplifica, como la de ningún otro escritor español,

> la sustancia de inmortalidad de la literatura de España [...] Porque lo clásico allí lo ha hecho el pueblo [...] El triunfo de

Miguel Hernández fue rápido y será ascendente porque fue un clásico en el mejor significado del vocablo.

Décadas más tarde, el dramaturgo Antonio Buero Vallejo se sumaría a esta última afirmación, al calificarlo de clásico, en el sentido etimológico de la expresión.

Marinello vaticina que en América se tendrá a Hernández como "hombre de futuro" porque

> Su canto es como una síntesis precoz del trabajo futuro del artista [...] Mañana, cuando toda la calle sea escuela y todo campo hermandad trabajadora, Miguel Hernández será norma y ley de artistas. Entonces todos los poetas serán, como él, palabra singular y penetrante, alumbramiento sorprendente del camino de todos; pero también cuenca húmeda, maternal y germinadora, en que todos pongan el oído fatigado para tomar ida y muerte, como en un regazo leal y amado.

Ángel Augier prefirió homenajear a Hernández con un poema, "Elegía en tu misma sangre", que cuenta con una bella dedicatoria: "A la memoria de Miguel Hernández; a su manera". El final del mismo resume el final del poeta oriolano: "¡Cómo duele la savia de tu pulmón herido / así tan de salvaje manera derramada; / la llaga de tu cuerpo, tu júbilo abatido / tu líquida mirada!"[11]

José Antonio Portuondo realiza un paralelismo entre una etapa de la poesía hernandiana y la obra de José María Gabriel y Galán, poeta salmantino que influyó inicialmente en el primer Miguel Hernández.

Juan Chabás, paisano del alicantino, y al que conoció bien durante la guerra, escribió una vibrante crónica sobre sus recuerdos con el amigo y camarada. En los años cincuenta, antes de su muerte en 1954, Chabás difundiría la obra de su compatriota a través de la celebérrima antología *Poetas de todos los tiempos*, editada en La Habana a principios de la década de los años cincuenta, y que se convirtió en lectura obligatoria para los estudiantes de Bachillerato tras el triunfo de la Revolución.

El 26 de marzo de 1956 Enrique Labrador Ruiz publica, en la página 24, de *Alerta* el artículo "Me llamo barro aunque Miguel me llame", dado también a conocer con el mismo título en el número 7, de ese mismo año, de la revista sansalvadoreña *Cultura*, en las páginas 50-54. Este trabajo nos interesa porque supone la ruptura del tranquilo estanque crítico de la isla caribeña. Labrador critica las diversas visiones que algunos estudiosos han expuesto sobre Miguel Hernández: desde el "ascético" hasta el "nihilista", y el partidismo de dichos estudios (Hernández como "símbolo"). A continuación, afirma que la poesía hernandiana no admite "cerrojos preceptistas". De puntillas cita *El hombre acecha* y *Cancionero y romancero de ausencias*: "Personas muy enteradas afirman que lo mejor de la poesía de Miguel Hernández duerme en gavetas de olvido todavía". Y un comentario relevante sobre *Viento del pueblo*: "al que ha querido rebajársele mérito por razones políticas, es obra de penetración certera y profunda".

En Argentina, uno de los principales destinos de los exiliados españoles, el eco de la muerte de Miguel Hernández fue muy importante. El hecho de que Rafael Alberti o Lorenzo Varela, entre otros, fueran acogidos en el país sudamericano facilitó la tremenda huella hernandiana que, todavía hoy, se percibe en el país.

Si en Cuba se imprime la primera edición de Miguel Hernández tras la guerra civil, será en Argentina en donde se publique, en diciembre de 1942, la primera tras la muerte del alicantino: *El rayo que no cesa y otros poemas (1934-1936)*, con prólogo y epílogo de Rafael Alberti, en la cuidada colección Rama de Oro, en tirada numerada y papel canson[12]. Tanto en el prólogo[13] como en el epílogo[14], Alberti destaca el origen terrestre y popular de Miguel Hernández y arremete contra los que lo han "matado". Ofrece noticias confusas, como la publicación del auto sacramental tras la elegía a Sijé, su apariencia con "pantalón de pana, botazas como zuecos y zamarra" en 1932- 33 del "poeta-pastor". Da la noticia de la liberación de Miguel Hernández, gracias a una "alta dignidad de la Iglesia, amiga de Franco" [el cardenal Baudrillart], que repetirá en sus recuerdos. Según Alberti, la obra conocida de Hernández es la siguiente: *El rayo que no cesa* (1934-1935), *Viento del pueblo* (1936-1937), *Quién te ha visto y quién te ve* (1934), *El labrador de más aire* (1936) y *El pastor de la muerte* (1937, inédito). No menciona ni *Perito en lunas* (1933) ni el resto de su producción teatral. En ese mismo aciago año 1942, tanto Horacio Raúl Klappenbach[15] como Cayetano Córdova Iturburu[16] publican textos de procedencia diversa en el mismo medio: el primero es un artículo y el segundo lo componen fragmentos de un discurso.

Un año después, en 1943, el español Valentín de Pedro[17] recuerda al poeta en un diario con evocador título: *Correo de Asturias*.

Pedro Larralde[18] publica "La poesía de Miguel Hernández" en *Correo Literario*, de Buenos Aires, el 15 de abril de 1944. En dicho artículo, Larralde afirma que *El rayo que no cesa* fue "el libro inicial", olvidando *Perito en lunas*, recalcando el origen "pastor" de nuestro autor. Los veneros de donde bebe éste serían, para Larralde, la tradición lírica española, con Quevedo (del que tomaría su dolor existencial) y Lope (plasmada en la "Elegía a Ramón Sijé", con símbolos como las "abejas"). El barroquismo que aparece en sus composiciones revelaría, para Larralde, "un barroquismo originado en la expansión sensorial". También interesa mucho la opinión de Pedro Larralde sobre la fe de Miguel Hernández en la tierra cuando es consciente de su desamparo por la realidad que le rodea, realidad abstracta por otro lado. Forma parte, para el alicantino, de un modo particular de conocimiento, como su estancia en el vientre materno. Se trata de un comentario realmente curioso y que sorprende por lo adelantado (1944) de sus apreciaciones, aunque errores y tópicos se confundan con los evidentes logros de este artículo, no conocido ni consultado, que sepamos, en España o por los estudiosos hernandianos en los artículos o monografías dedicadas a Hernández.

Será en 1949 cuando aparezca la conocida edición *El rayo que no cesa*, con prólogo de José María de Cossío, a cargo de Espasa-Calpe Argentina[19], el verdadero y conseguido despegue de la obra hernandiana.

En el prólogo[20], Cossío afirma que esta edición reproduce la primera de *El rayo...* y que posee un borrador del primitivo libro *El silbo vulnerado*, publicándolo luego, pues en él hay unos sonetos que después no se incorporaron a *El rayo...* También añade los poemas publicados en la revista *El Gallo Crisis*. Destaca el "afán de espiritualidad" hernandiano; la legendaria pobreza familiar ("un hogar de cortísima fortuna"); la calificación de que fue "el poeta de más fuerte personalidad y de mayor aliento de toda su promoción"; su conducta en la guerra, "digna del respeto de todos, por su humanidad y respeto" y, finalmente, su muerte, en la que "los mismos brazos piadosos que le asistieron en su iniciación espiritual, recogieron su aliento último" (refiriéndose a Luis Almarcha).

En 1952 la antología *La Poesía del Siglo Veinte en América y España* [21] incluye varios poemas hernandianos. También, en 1952, aparece un artículo anónimo, "Pasión y muerte de Miguel Hernández"[22] y otro de Ángel Rodríguez Segurado[23], "Dolor y soledad en la poesía de Miguel Hernández", publicado en la *Revista de la Universidad de Buenos Aires*, en el que analiza los temas del dolor y de la soledad (aquél tiene como consecuencia éste), y afirmaba no encontrar un ejemplo (salvo uno) en que Miguel Hernández "se debata entre aceptar o no la vida". Analiza los sonetos 1 y 2 de *El rayo que no cesa*. El primero se debe a una "enfermedad" (?). Miguel Hernández amaría, según Rodríguez Segurado, desde la soledad.

Un año después, en 1953, el español Enrique Azcoaga, que coincidió con Miguel Hernández en las Misiones Pedagógicas, prologa y selecciona poemas del amigo en *Panorama de la Poesía Moderna Español* [24]. Incluimos estas antologías por el evidente interés de las mismas y su prestigio al configurar un canon de antologías disímiles en sus objetivos y planteamientos.

En 1956 aparece en escena el poeta paraguayo Elvio Romero, tan decisivo en la difusión de Miguel Hernández en la Argentina. En ese año se publica, en edición a su cargo, *Viento del puebl* [25] que supone la segunda edición del poemario. En el prólogo[26], el poeta paraguayo, resalta la importancia de Raúl González Tuñón en la orientación política de Hernández, antes de Neruda. También destaca el carácter oral de *Viento del pueblo*, el tono quevediano, tradicional de imprecación, lucha y agonía, el error de asignar la dirección del Quinto Regimiento a Líster, la biografía en la que sobresale el "destino dramático y triunfante", la naturaleza y el paisaje, la religiosidad, la intervención de Neruda ante el cardenal Baudrillart para conseguir la libertad de Miguel Hernández, las anécdotas del Madrid de la preguerra, la relación con Sijé (éste, según Romero, le hace leer a Alberti, autor que el joven intelectual de Orihuela odiaba), la imagen tópica del pastor en la ciudad, el viaje a la Unión Soviética para conocer "las nuevas tendencias teatrales", y las alusiones directas contra "los Ortega, los Marañón, los Diego, los Cossío" que, parafraseando a Neruda, "se taparon los oídos para no escucharle y callaron envilecidos". Se publicaron los famosos versos apócrifos, y concluye Romero afirmando que el cuerpo del poeta es sepultado en "un mísero patio de la prisión". No se incluyen ni las preciosas fotografías ni el prólogo de Tomás Navarro Tomás, seguramente por las críticas que éste vierte sobre el libro, y no se aportan notas al texto. También en 1956 Jorge A. Ruiz[27] publica "Miguel Hernández: presencia de la poesía heroica".

En 1957 se publica la segunda edición de *Obra escogida*, por Aguilar, a cargo de Arturo del Hoyo, inicialmente aparecida en Madrid en 1952, y la tercera en México en 1962. Agotada la primera edición española (que ocasionó una fuerte polémica), fue prohibida la reimpresión y la venta de las reimpresiones americanas. En ese mismo año sale en Santa Fe, a través de la editorial Castellui, la segunda edición corregida y aumentada de *Antología Universal de la Poesía*, con algunos poemas hernandianos seleccionados por Miguel Brasco[28].

Y en estos últimos años de la década, en 1958, aparece *Cancionero y romancero de ausencias*[29], también prologado por Elvio Romero con el elocuente título de "Miguel Hernández, entre la vida y la muerte".[30] Aparte de referencias a su biografía, que resaltan la coherencia ideológica de Miguel Hernández cuando éste se opone a colaborar con el referéndum propuesto a cambio de la libertad, también destacan algunas opiniones críticas de cierto valor. Según Romero, *Cancionero. . .* será la victoria de la pasión sobre la cárcel. Además, el contacto con los demás presos alimentará también dicho poemario. Aparece la ineludible referencia a la libertad gracias al cardenal Baudrillart y el asunto Morla Lynch, no muy bien parado. Según Romero, Miguel Hernández aprende francés con las cartas de Mm. de Sevigné. El *Cancionero...* es, concluye Romero, "testimonio cruento de su paso por un trecho de sombras". Divide el libro en dos partes con números romanos. En la primera[31] no aparecen los títulos de los poemas y en el segundo sí (16 poemas). No explica los criterios de selección y edición.

En ese mismo y fructífero año de 1958 sale en la colección "Cuadernillos de Poesía", dirigida por Simón Latino, un folleto titulado *Los mejores versos de Miguel Hernández*[32]. Latino presenta, en la primera página, al poeta oriolano. El "origen popular campesino, su espíritu democrático liberal y su muerte prematura en una prisión injusta" son los valores que le convierten en un escritor querido en América. Reconoce que su obra no se ha difundido lo suficiente allí y en España. La edición es un homenaje y una reparación. Más adelante, resalta "La riqueza verbal, la habilidad para expresar viejos pensamientos en forma nueva", cualidades de su poesía. Sobre el posible comunismo, el editor niega tal identificación política, aunque luchara al lado de ellos. De hecho afirma que "todas las personas decentes [...] lucharon al lado de los comunistas, sin que pueda decirse que lo fueran". Manuel Molina, el poeta alicantino, inserta una pequeña noticia fechada en Alicante ese mismo año de 1958. Algún error se desliza, como el de datar en 1934 *El rayo que no cesa* y 1939 para *El labrador de más aire*. Susana March, en la página 3, incluye un poema suyo dedicado a Miguel Hernández con el título "A Miguel Hernández". A continuación aparecen poemas de "Primeros poemas", *El silbo vulnerado*, *El rayo que no cesa*, *Viento del pueblo* y del *Cancionero y romancero de ausencias*.

En ese fecundo año de 1958, Losada publica el primer "bestseller" en las biografías de Miguel Hernández: el libro de Elvio Romero *Miguel Hernández, destino y poesía*[33]. Los ecos de la crítica de Romero serán numerosos, y por ello consideramos muy importante destacar algunos puntos del volumen.

El libro no entra dentro de la crítica literaria, sino del reportaje periodístico, orientado claramente hacia una ideología de izquierdas. No tiene bibliografía o fuentes directas, aunque sí fragmentos de cartas y versos del *Cancionero y romancero de ausencias* y de otros libros anteriores.

Los golpes que el padre sacudía al niño Miguel (p. 13) o la ausencia de aquél en el funeral de éste (p. 16) son puntos curiosos. Otros serían las omisiones de Almarcha o Martínez Arenas, Sansano, Ballesteros, etc., junto con la inexactitud de afirmar que en el Madrid de 1931 Miguel Hernández encontró "un aire pletórico de fervores" (p. 27) o que omita la duración de dicho viaje.

Otras particularidades del libro pueden ser las diferencias que Romero establece entre Gabriel y Galán y Miguel Hernández (p. 29) y las "deudas" contraídas por su edición de *Perito en lunas* (p. 33), sufragada por Almarcha (aunque Romero no lo diga). La opinión del uruguayo sobre dicho poemario resulta negativa: "neologismos y arcaísmos traídos a contramarcha le momifican el aliento y la falsa postura le desquicia los pasos [...] los versos suenan a moneda falsa, a esplendor engañoso, a piedra echada en saco roto" (p. 34).

La relación con González Tuñón (pp. 60, 70-76 y 102) es interesante, sobre todo el aliento insuflado a Miguel Hernández para escribir versos ideologizados políticamente.

A vueltas de su viaje a la URSS, a finales de agosto de 1937, no habla de Octavio Paz ni de Alejo Carpentier, que se encontraron con el oriolano en París, aunque sí ofrece apología del comunismo soviético. La guerra le devolverá a su origen popular: "Se rescata para sí y para su pueblo" (p. 98). Según Romero, *Viento del pueblo* conjuga la tradición del Romancero con la innovación (p. 101).

De *El hombre acecha* Romero defiende que Miguel Hernández "fue el único que retrató la mortecina luz que se avecinaba, la hora que precede a la derrota" (p. 119), exaltación aparente y desilusión honda.

La leyenda sobre la liberación de Miguel Hernández, de Neruda (pp. 128-129) y la fijación por hacer una leyenda de una muerte evitable siguen en pie, así como los envíos de dinero de Vergara Donoso, "por expreso pedido de Neruda" (p. 133), tampoco cierto. La imagen que ofrece de Cossío (p. 135) resulta penosa e incalificable y proviene de Neruda.

Romero justifica, en cierta manera, el olvido de Miguel Hernández, por los efectos de la IIª Guerra Mundial (p. 138). Las grandes experiencias para el español serán el amor, la guerra y la cárcel (p. 143), identificándose vida y obra, poesía y divinidad (p. 144). El *Cancionero y romancero de ausencias* es una especie de monólogo interior (p. 146).

El crítico paraguayo compara a Miguel Hernández con César Vallejo (p. 150), y los célebres versos apócrifos: "[MH] levantó la mano demacrada y dibujó en los muros su tremenda y desgarradora despedida:

Adiós hermanos, camaradas, amigos:
¡Despedidme del sol y de los trigos! (p. 164)

Para rematar la década, en 1959 sale en Buenos Aires *Los hijos de la piedra*[34] con prólogo anónimo [35], plagado de tópicos y algunos errores, como el título de *Perito en lunas*, rebautizado como *Puerto en lunas*, o *Seis poemas inéditos y nueve más* también: *Sus poemas inéditos y nueve más*. Las inexactitudes provocadas por los testimonios de Neruda y Alberti hacen acto de presencia, especialmente en el escabroso asunto de la liberación en septiembre de 1939 de Miguel Hernández por mediación del cardenal Baudrillart (no

Bandrillart) y la actuación de Carlos Morla Lynch como Encargado de Negocios de la Embajada chilena, calificado como "abyecto"; la cita de una carta dirigida a Josefina en la que critica los malos tratos que sufre en manos de sus paisanos (confunde la prisión habilitada en el seminario de San Miguel en Orihuela con el Reformatorio de Adultos alicantino); la propuesta de libertad a cambio de colaborar con el nuevo régimen y, finalmente, el sacrificio de los tres poetas (Lorca, Machado y Miguel Hernández), son algunos temas de interés. Todos estos puntos, como vemos, reiterativos en los textos aparecidos en esas fechas sobre el poeta. Los poetas del sacrificio supondrá un marchamo de efectivo recurso propagandístico.

Será México el país en donde se tribute un sentido homenaje a nuestro poeta, concretamente el miércoles 16 de diciembre de 1942, a las 19:30 horas, una Comisión Organizadora compuesta por Octavio G. Barreda (director y fundador de *Letras de México*), Pablo Neruda y Juan Rejano rindió un reconocimiento público al poeta oriolano, muerto el 28 de marzo de ese mismo año, en la Sala de Conferencias del Palacio de Bellas Artes[36]. En el programa, aparte de las intervenciones de, entre otras personas, Carlos Pellicer o Pablo Neruda, y la lectura de una cuartilla de Rafael Alberti, figuraba, en tercer lugar por orden de aparición, José Herrera Petere, lo cual resulta significativo por la relevancia del acto. El semanario mexicano *España Popular*[37] dio noticia de la muerte de Miguel Hernández. Dos meses después, el 25 de diciembre[38] se ofrece la crónica del acto, con la presencia de coetáneos del poeta español que lo conocieron, como Enrique Diez-Canedo, Luis Enrique Délano y Juan Rejano, y las adhesiones de Octavio Paz, Juan Marinello, Nicolás Guillén y Manuel Altolaguirre. En un recorte de periódico que ha llegado a nosotros sin consignar título del mismo ni fecha, pero posterior ésta a la celebración del acto, con el título "Los Españoles Desterrados Volverán a tomar las Armas. Así lo afirmaron en el Homenaje al Poeta Español Miguel Hernández", se informa de la participación de Herrera Petere:

> El escritor español José Herrera Petere, que conoció como compañero al poeta desaparecido, habló en seguida diciendo que Miguel Hernández fue el cantor de un nuevo humanismo y que estuvo en todas partes de España, defendiendo su patria de las ametralladoras fascistas; pero murió víctima de la fatalidad, legando con su muerte un ejemplo y una bandera a la joven generación española que vive en el destierro.

Durante aquel otoño de 1942 se sucedieron recuerdos al poeta levantino en América Latina, principalmente en México y Argentina: Juan Rejano [39] "Miguel Hernández", sin firmar [40]; en el mismo número que la revista anterior, Francisco Giner de los Ríos dedicó al poeta alicantino el poema "Miguel Hernández" [41] Octavio Paz, "Recoged esta voz..." [42]; José Luis Martínez, "Miguel Hernández" [43]; Antonio Sánchez Barbudo, "Miguel Hernández" [44]; "Miguel Hernández", sin firmar [45] en este mismo número de la revista bonaerense *De Mar a Mar*, Rafael Alberti publicó "Égloga fúnebre a tres voces y un toro para la muerte lenta de un poeta" [46]. Raúl González Tuñón [47], Lorenzo Varela [48] Claudio de la Roca [49], Rafael Santos Torroella [50], Ramón de Garciasol [51] también participarán con poemas. Y Pablo Rojas Paz [52] o Rafael Alberti [53] dedicarán textos en prosa, de carácter evocativo, al poeta alicantino.

Sin embargo, hemos localizado un artículo desconocido del citado José Herrera Petere [54]: "En contra de un absurdo y peligroso "geografismo" ". En dicho trabajo, Herrera Petere se suma a la polémica suscitada entre José E. Iturriaga (al que conocía de colaborar ambos en *Letras de México*, el segundo de ellos en 19 ocasiones) y Juan Larrea en las páginas de *Cuadernos Americanos* con la publicación de "Hacia una definición de América. Dos cartas", de los dos anteriores [55].

Larrea publicó en *Letras de México* un total de seis trabajos, entre ellos el artículo "Hacia una definición de América. *Última Tule*"[56], ensayo sobre aspectos de carácter religioso, mitológico y filosófico en el que, tomando como base las ideas de Alfonso Reyes, advierte que para la religión surge en primer lugar la idea del Padre, es decir, la tesis; del Padre se desprende la idea del Hijo, esto es, la antítesis; de la relación entre el primero y el segundo surge la síntesis, el Espíritu. Esta misma relación aparece en el transcurso de las civilizaciones. La cultura asiática constituye la tesis o principio; Europa es el hijo; y América la síntesis de ambos. Dentro de ésta, se perpetúa este patrón con tres nombres: Bolívar, como tesis, la creación de una América única y soberana; José Martí es el hijo que difunde la esencia del padre; y Rubén Darío la síntesis, que con su poesía consigue sublimar el espíritu de América y llevarlo de nuevo al origen de todo.

Herrera Petere, en su artículo, censura a Larrea que niegue a Europa su influencia sobre el continente americano, pero le alaba su visión poética. Es, además, emocionante la presencia del nombre de Miguel Hernández:

> Para terminar, amigo Larrea, quiero hacerlo con uno de tus párrafos, pero dándole un sentido de homenaje universal, actual y real. Lo hago en nombre de esos intelectuales europeos "que se han mostrado incapaces", como tú dices, "de discernir el sentido de los hechos, su valor preciso en el encadenamiento de transformaciones"; pero que en cambio, como Miguel Hernández, están muriendo en los campos de concentración o en las cárceles, sin que de su boca salga una sola frase de capitulación.

Antonio Machado, Federico García Lorca y Miguel Hernández se convirtieron, como hemos adelantado, en iconos o símbolos de resistencia antifascista para los exiliados republicanos en México [57]. Herrera Petere, que conoció a los tres y a los que apreció de distinta manera, escribió un extenso trabajo en el que ensalzaba a los "poetas del sacrificio", especialmente al oriolano. Se trata de "García Lorca, Miguel Hernández y Antonio Machado (Muerte y vida de la poesía española)", recogido en el libro colectivo *Retablo Hispánico*[58], publicado en 1946. Los tres se convertirán en iconos de la resistencia antifranquista y en símbolos recurrentes.

En este extenso artículo, Herrera Petere sitúa al comienzo del mismo el estado de la poesía española en 1936, en vísperas de la guerra civil, con la presencia cada vez mayor del pueblo, en detrimento de la metáfora, en alusión a la vanguardia y al 27. Para nuestro autor, el folklore, unido al pueblo, era la línea salvadora de la literatura, y los tres poetas objeto de su estudio representan al pueblo.

Herrera Petere dedica un amplio espacio a Miguel Hernández, del que afirma que la guerra consiguió ponerle frente a la realidad, con la influencia de Machado, además de mencionar algunos aspectos biográficos inexactos propalados por exiliados y presentes en las semblanzas del oriolano, como el chantaje de Luis Almarcha de conseguirle la libertad a cambio de renegar por escrito de su ideología, que fuera rechazado en las embajadas en Madrid o conducido a Valencia. Su muerte entra dentro del halo misterioso y legendario, con las dudas de si murió como consecuencia de las palizas en la cárcel o por la tuberculosis.

Eduardo de Ontañón [59], Fedor Kelin [60] Alfredo Cardona Peña[61], Pascual Pla y Beltrán [62], Mario Hernández[63], Max Aub [64] o José Pascual Buxó [65] también publicarán trabajos dedicados a glosar la vida y obra del poeta oriolano en las décadas de los años cuarenta y cincuenta.

Será también en México en donde se publiquen, ya en los años setenta y ochenta, importantes trabajos, como el de Jesús Poveda [66], el de Gustavo Couttolenc Cortés [67] o el de Rei Berroa [68].

En Chile, Colombia, República Dominicana, Estados Unidos, Venezuela o Puerto Rico también se organizaron actos y, sobre todo, se publicaron en esos países libros, monografías y artículos, casi todos ellos panegíricos hasta la década de los años sesenta, cuando se inicia una etapa de análisos de la obra hernandiana con el apoyo de ediciones más o menos fiables, especialmente las obras completas de 1960.

Cuba, Argentina y México se convierten en arquetipo de la presencia de Miguel Hernández, sustentada en los exiliados españoles que residían forzosamente allí, en la corriente de simpatía por lo que el poeta representaba, y por las circunstancias históricas de esos propios países, que se debatían entre mantener una relación con el vecino del norte basada en el "statu quo" de hegemonía política y económica de la zona o en la irrupción de procesos revolucionarios, como en el caso paradigmático de Cuba.

Pero, por encima de circunstancias políticas, la verdad y coherencia del mensaje hernandiano (sin olvidar su alta calidad estética y literaria), incluso, ha conseguido que en 2010 sean, precisamente, esos tres países (Cuba, Argentina y México) los que más actos han preparado para celebrar las efemérides del centenario. Ejemplo y lección para todos, senda que viene de lejos, desde la sangre olvidada a iluminarnos y a recordarla siempre.

NOTAS

[1] *Sino sangriento y otros poemas*, La Habana, col. El ciervo herido, 1939, s.p.

[2] G. Álvarez Gallegos, "En el homenaje a Miguel Hernández", *Hoy* (La Habana) (19-VIII-1939); y en *La Voz* (Nueva York) (31-VIII-1939). También existe un suelto anónimo: "Revestirá solemne carácter el acto de hoy a Miguel Hernández", en *España Republicana*, de ese mismo sábado 19 de agosto de 1939. Alejo Carpentier se adelantó con "La muerte de Miguel Hernández", *Carteles* (La Habana) (6-VIII-1939), p. 36.

[3] Publicada en el libro de Gonzalo Santonja *Un poeta español en Cuba: Manuel Altolaguirre. Sueños y realidades del primer impresor del exilio*, prólogo de Rafael Alberti, Barcelona, Círculo de Lectores, 1994, p. [198].

[4] "Su vida completa, desde su niñez campesina de Orihuela hasta el fallecimiento, desprende como el mar o como el río nubes para las lluvias del hombre, sudario para ocultar su muerte. Ningún poeta como él tan rodeado de exaltación, fomentada desde su prodigiosa niñez, allá en el pueblo, por el entusiasmo de su viejo amigo, un canónigo, el que le diera sus primeras lecturas (Calderón, Cervantes, Lope), el que recibiera sus primeros versos", pp. 13-14.

[5] *Homenaje a Miguel Hernández*, Palacio Municipal de La Habana, 20 de enero de 1943, p. [6].

[6] 20 de agosto y 4 de septiembre de 1943.

[7] Universidad Central de Las Villas, Editora del Consejo Nacional de Universidades, 1964, pp. 25-31.

[8] La Habana, Arte y Literatura, 1976, pp. 397-403.

[9] "Milicia y permanencia de Miguel Hernández", cit., pp.9-14.

[10] "Muerte y vida de Miguel Hernández", cit., pp. 15-24.

[11] Cit., p. 41.

[12] Buenos Aires, Talleres de A. y J. Ferreiro, 1942.

[13] "Miguel de tierra y de raíz", pp. 13-15.

[14] "Epílogo biográfico", pp. 117-118.

[15] "El franquismo mató a Miguel Hernández", *Orientación* (Buenos Aires) (12-XI-1942).

[16] "Miguel Hernández: el poeta, el pastor y el soldado", *Orientación* (Buenos Aires) (17-XII-1942).

[17] "Muerte de un poeta", *Correo de Asturias* (Buenos Aires) (27-III-1943).

[18] n.º 11, pp. 1-2.

[19] El éxito de la propuesta fue tal que hasta 1982 se tiraron las

siguientes: 1ª ed.: 27-IX-1949; 2ª ed.: 30-XII-1949; 3ª ed.: 9-II-1959; 4ª ed.: 14-VII-1966; 5ª ed.: 12-XII-1969; 6ª ed.: 18-XI-1971; 7ª ed.: 18-II-1975; 8ª ed.: 29-IX-1977; 9ª ed.: 20-III-1978; y 10ª ed.: 20-II-1982.
[20] pp. 9-11.
[21] Buenos Aires, Ediciones de la Revista *Caballo de Fuego*, 1952, pp. 103, 110-111, y 302-303.
[22] *La Nación* (Buenos Aires) (6-III-1952).
[23] 4ª época, n124 (octubre-diciembre 1952), pp. 571-595.
[24] Buenos Aires, Periplo, 1953, pp. 218-220.
[25] Buenos Aires, Editorial Lautaro, 1956.
[26] "Miguel Hernández, poeta de la España libre", pp. 7- 28.
[27] *Gaceta Literaria* (Buenos Aires), n.º 9 (septiembre 1956).
[28] pp. 46-48.
[29] Buenos Aires, Lautaro, 1958.
[30] pp. 7-16.
[31] pp. 7- 98.
[32] Buenos Aires, Nuestra América, 1958.
[33] Tal será su éxito que en 1962 se publica en La Habana otra edición, y otra, en ese mismo año, en Moscú.
[34] Buenos Aires, Quetzal, 1959.
[35] pp. 7-10.
[36] La invitación al acto puede consultarse en *Una voz de España en México: Miguel Hernández*, compilación, introducción y notas de Alberto Enríquez Perea, edición y prólogo de Aitor L. Larrabide, Orihuela, Fundación Cultural Miguel Hernández, 2007, p. 184.
[37] "Otra víctima del franquismo. El gran poeta español Miguel Hernández", año III, n.º 106 (viernes, 30-X-1942), p. 4.
[38] "Homenaje a Miguel Hernández", año III, n.º 114 (viernes, 25-XII-1942), p. 3.
[39] "Miguel Hernández", *El Nacional*, México (27-X-1942), p. 3; del mismo, el poema "Al morir el poeta Miguel Hernández (1942). Dos tiempos de llanto", en su *Libro de los Homenajes*, México, Universidad Nacional Autónoma de México / Dirección General de Publicaciones, 1961, pp. 8-10, y en su antología *La mirada del hombre. Nueva Suma poética (1943-1976)*, estudio preliminar de Aurora de Albornoz, Barcelona, Anthropos, 1988, pp. 303-305. También el artículo "Miguel Hernández", *El Nacional* (México) (14-XII-1942).
[40] *Cuadernos Americanos*, Vol. 6 (noviembre-diciembre 1942), p. 178.
[41] pp. 179-180, que también apareció en la página 3 de *El Nacional* mexicano del 29 de noviembre, y después en varios lugares más, como

en el interesante y citado *Panorama de la Poesía Moderna Española*, de Enrique Azcoaga, pp. 214-215.
[42] *Letras de México*, 23, III (15-XI-1942), p. 3, y en su libro *Primeras letras*, Barcelona, Seix Barral, 1988, pp. 211-212.
[43] *Letras de México*, de la misma fecha que el anterior de Paz, pp. 4 y 8.
[44] *El Nacional* (México) (29-XI-1942), p. 2.
[45] *De Mar a Mar* (Buenos Aires), n.º 1 (diciembre 1942), p. 7.
[46] pp. 13-18, recogido en su libro *Pleamar (1942-1944)*, Buenos Aires, Losada, 1944, pp. 60-87, y en diversos lugares.
[47] "Elegía en la muerte de Miguel Hernández", en su libro *Himno de la pólvora*, Buenos Aires, 1943; e incluido en *Antología poética*, Buenos Aires, Losada, 1980, pp. 146-148.
[48] "Duelo en tres cantos por la muerte de Miguel Hernández", *La Nación* (Buenos Aires) (14-X-1945), y en *Poetas libres de la España peregrina en América*, de Horacio Becco y Osvaldo Svanascini, Buenos Aires, Ed. Ollantay, 1947, pp. 193-197.
[49] "Miguel Hernández", en su libro *Signo del tres*, Buenos Aires, Ed. Americalee, 1948.
[50] "Miguel Hernández", en su poema "Cuatro poetas", *Et Caetera* (Jalisco, México), n.º 2, 1950, pp. 100-102.
[51] "A Miguel Hernández", *Estaciones* (México), nº15, 1959; y en varios lugares más, como en *Homenaje a Miguel Hernández*, edición de María de Gracia Ifach y Manuel García, Barcelona, Plaza & Janés, 1975, pp. 78-79.
[52] "Elegía a un pastor", *Nosotros* (Buenos Aires), nº82 (enero 1943), pp. 26-28.
[53] "Imagen primera y definitiva de Miguel Hernández", en su libro *Imagen primera y definitiva de...*, Buenos Aires, Losada, 1945, pp. 91-93 (otra edición en Madrid, Turner, 1975, pp. 89-93); recogido en varios lugares: "Image première et dèfinitive", *Promesse* (Burdeos), n.º 5 (printemps 1962), pp. 74-76 (traducido por C. Couffon); "First impression of Miguel Hernández", traducido por Hardie St. Martin, en *Miguel Hernández and Blas de Otero. Selected Poems*, ed. por Timothy Baland y Hardie St. Martin, trad. por éstos, además de por Robert Bly y James Wright, Boston, Beacon Press, 1972, pp. 75-7; *Miguel Hernández*, ed. de Mª. de Gracia Ifach, Madrid, Taurus, 1975 (reimpreso en 1989), pp. 18-19; *Galeradas (*Madrid), n.º 2 (junio 1976), pp. 4-5; *Litoral* (Torremolinos), n.º 73-75 (invierno 1978), pp. 210-212, etc.
[54] AHP, sig. 62-06.01, s.l. [¿*El Popular*?, México, DF], s.f. [lunes, 9-XI-1942]

[55] Año I, vol. VI, n.° 6 (noviembre-diciembre 1942), pp. [7]-33. Para quien desee ampliar información sobre la figura del vasco Juan Larrea en la creación de *Cuadernos Americanos*, es recomendable el trabajo de Juan Manuel Díaz de Guereñu "Del llanto a la quimera: Juan Larrea en la fundación de *Cuadernos Americanos*", en *Los refugiados españoles y la cultura mexicana. Actas de las primeras jornadas celebradas en la Residencia de Estudiantes en noviembre de 1994*, Madrid, Residencia de Estudiantes, 1998, pp. 115-133. También María de Lourdes Franco Bagnouls ha revisado los presupuestos de Larrea en lo tocante a América en *Letras de México. Gaceta literaria y artística (1937-1947). Estudio e índice*, México, Universidad Nacional Autónoma de México, 1981, p.55.

[56] Año 7, vol. IV, n.° 1 (enero 1943), p. 9.

[57] Buena prueba de ello es *Tres poetas. Antología poética*, selección de Domingo Arteaga P., México, Libro- Mex. , S. de R. L., 1977.

[58] México, Clavileño, 1946, pp. 131-141. Existe edición facsímil con prólogo de Domingo Ródenas de Moya e ilustraciones de Climent, Sevilla, Renacimiento, 2008.

[59] "Evocación de Miguel Hernández", *El Nacional* (México) (4-I-1940); recogido en su libro *Viaje y aventura de los escritores de España*, México, Ed. Minerva, 1942, pp. 111-115.

[60] "El poeta Miguel Hernández, víctima de Franco", *Boletín de Información de la Embajada de la URSS* (México), año III, n.° 16 (115) (27-IV-1946), pp. 17-18.

[61] "Homenaje a Miguel Hernández", *El Nacional* (México) (30-IV-1950).

[62] "Una memoria para un poeta", *Revista Mexicana de Cultura*, suplemento de *El Nacional* (México), n.° 165 (21-V-1950). Con el seudónimo de Luis Carmona publicará también "Sobre Miguel Hernández", *Cuadernos Americanos* (México), año XI, vol. LXV, n.° 5 (septiembre-octubre 1952), pp. [265]-271.

[63] "Miguel Hernández: poesía desgajada en las cárceles de España", *Divulgación Histórica* (México), (21-VI-1953).

[64] "Poesía Española Contemporánea", *Cuadernos Americanos*, vol. LXXIII, n.° 1 (enero- febrero 1954), pp. 239-254 (las páginas dedicadas a Miguel Hernández son: 240-243).

[65] "La poesía de Miguel Hernández (I). (Notas para un ensayo)", *Ideas de México*, II época, año V, Vol. II, n.° 9-10 (enero-abril 1955), pp. 60-71.

[66] *Vida, pasión y muerte de un poeta: Miguel Hernández. Memoria-testimonio*, México, Oasis, 1975.

[67] *La poesía existencial de Miguel Hernández*, México, Universidad

Nacional Autónoma de México, 1979.

[68] *Ideología y retórica. Las prosas de guerra de Miguel Hernández*, México, Libros de México, 1988.

MIGUEL HERNÁNDEZ EN LAS AMÉRICAS

Fernando Operé

El centenario del nacimiento de Miguel Hernández, como todos los centenarios llega acompañado de un aluvión de congresos, homenajes, premios, concursos, recitales, reseñas en periódicos y publicaciones. Uno se pregunta si este chaparrón es un fenómeno nuevo o Miguel Hernández tiene hace tiempo un lugar consagrado en las letras hispanas. La obra de Miguel Hernández tuvo que hacerse un hueco en la España de postguerra, tarea nada fácil puesto que Miguel fue de los poetas malditos, tachado de las listas oficiales, y debido a su militancia, detenido, acusado de traición a la patria y encarcelado en 11 prisiones distintas. La última fue la de Ocaña. Desde allí y a causa de su mal estado de salud, fue trasladado al Reformatorio de Adultos de Alicante donde falleció el sábado 28 de marzo de 1942. Según Ian Gibson, "tiene los ojos abiertos, como su primer hijo malogrado, y nadie se los logra cerrar (es el resultado del acusado hipertiroidismo que padece el poeta)" (282). El silencio prosiguió al sepelio.

De los muchos poetas desaparecidos en la guerra, Miguel de Unamuno, Antonio Machado y Federico García Lorca, más los que optaron por el exilio, fue Hernández el que llevó a cabo una labor más activa durante la guerra. Fue comisario republicano y luchó en varios frentes. Son conocidas sus campañas ideológicas con lecturas poéticas que animaban a los combatientes a continuar una lucha desigual. Se negó a renegar de sus convicciones una vez en presidio, y mantuvo una actitud firme y militante hasta el último suspiro. No es pues de extrañar que su poesía fuese silenciada por un largo tiempo. Su obra deslavazada no se publicó en España hasta 1951 y de forma irregular.

Habían pasado doce años desde el fin de la contienda. Algunos poemas sueltos, los menos combativos "Nanas de la cebolla", "La boca" consiguieron eludir la censura y aparecieron con anterioridad a esa fecha en revistas sueltas. La cuestión que me interesa es ¿cómo se rompió el silencio? ¿Qué suerte corrió la obra del insigne y sencillo poeta en América? Me planteo responder a estas incógnitas, que ya no lo son tanto, puesto que entre sus biógrafos primeros y la mucha obra crítica aparecida en los últimos años se han ido desvelando algunos misterios que a todos nos atañen. Porque Miguel Hernández tiene y seguirá teniendo una presencia fundamental en la poesía española del siglo XX y de este siglo XXI que arranca.

Posiblemente el gran embajador de Miguel Hernández y de su obra en el mundo fue Pablo Neruda. El poeta chileno que había vivido en Madrid desde su llegada a España en 1934 hasta el estallido de la Guerra Civil, fue testigo y personaje fundamental de un momento glorioso de la poesía de habla hispana. Conocemos a través de las memorias, *Confieso que he vivido,* y de las cartas y comentarios de muchos de los contertulios, que el Madrid de la Segunda Republica fue un laboratorio de encuentro y experimentación, donde obras del más puro vanguardismo poético se dieron cita. Pensemos que se empezó a leer *Residencia en la tierra* de Neruda, *Poeta en Nueva York* de García Lorca, *Sobre los ángeles* de Alberti, *España aparta de mí este cáliz* de Vallejo, y que por la casa de Neruda en el barrio de Argüelles pasaron además otros poetas colaboradores de *Caballo Verde*, la revista de vanguardia alentada por Neruda. Por razones de simpatía personal o afinidades políticas, Hernández conectó de forma especial con Rafael Alberti, Vicente Aleixandre y Pablo Neruda. Le influyeron de forma directa e hicieron que la poesía neo-barroca de *Perito en lunas*, preciosista y con cierto olor a incienso, pasase a un nuevo nivel de búsqueda estética, más próxima en lo formal a los postulados del Neruda de *Residencia en la tierra* y su poesía impura, y a una nueva poesía comprometida que se abría paso inexorablemente impulsada por los acontecimientos políticos y por el impacto del marxismo entre la intelectualidad europea. Las evidencias son múltiples, no sólo detectables en algunos poemas del poeta de Orihuela, pensemos en la "Oda de sangre y vino a Pable Neruda", sino especialmente en el enamoramiento que emana de la reseña a *Residencia en la tierra* que escribió Hernández para el periódico *El Sol*. A Vicente Aleixandre le dedicó la primera edición de *Viento del pueblo* (1937) en cuya dedicatoria confiesa la deuda poética que le une con él y con Pablo. "Pablo Neruda y tú me habéis dado imborrables pruebas de poesía, y el pueblo hacia el que tiendo todas mis raíces, alimenta y ensancha mis ansias y mis cuerdas con el soplo cálido de sus movimientos nobles" (*Antología poética* 201). A Neruda le dedicó uno de sus últimos libros *El hombre acecha* (1937-39), cuya dedicatoria es inequívoca al respecto.

> Pablo: te oigo, te recuerdo en esa tierra tuya, luchando con tu voz frente a los aluviones que arrebatan la vaca y la niña para proyectarlas en tu pecho. Oigo tus pasos hechos a cruzar la noche, que vuelven a sonar sobre las losas de Madrid, junto a Federico, a Vicente, a Delia, a mí mismo. Y recuerdo a nuestro alrededor aquellas madrugadas, cuando amanecíamos dentro del azul de un topacio de carne universal, en el umbral de la taberna confuso de llanto y escarcha, como viudos y heridos de la luna.
> Pablo: un rosal sombrío viene y se cierne sobre mí, sobre una cuna familiar que se desfonda poco a poco, hasta entreverse dentro de ella, además de un niño de sufrimiento, el fondo de la tierra. Ahora recuerdo y comprendo más tu combatida casa, y me pregunto: ¿qué tenía que ver con el consulado cuando era cónsul Pablo? Te preguntas por el corazón, y yo también. Mira cuantas bocas cenicientas de rencor, hambre, muerte, paliadas de no cantar, no reír: resecas de no entregarse al beso profundo. Pero mira el pueblo que sonríe con una florida tristeza, augurando el porvenir de la alegre sustancia. El nos responderá. Y las tabernas, hoy tenebrosas como funerarias, irradiarán el resplandor más penetrante del vino y la poesía (*Antología poética*, 243).

La poesía impura que por esas fechas Neruda abanderaba dentro de los ambientes poéticos y que le valió las duras críticas de otro de las luminarias de la época, encontró tierra fecunda en la escritura trepidante del joven Hernández que había llegado a Madrid buscando trabajo, pero también guía y avenida para sus primeras y prometedoras composiciones. Francisca Noguerol comenta que "Hernández dejó entrar por estos años en su creación la poesía impura en composiciones de gran libertad formal en las que los temas de la muerte, la angustia y la materia degradada se revelaron como fundamentales" (805). Serge Salaün hace referencia a la liberación de las métricas clásicas en la obra de Hernández como uno de los aspectos más sobresaliente. "Toda su poesía hasta en *Cancionero y romancero de ausencias*, que vuelve a entroncarse con derroteros más tradicionalmente hispánicos, estará marcada por el sello de Neruda" (187). Sin embargo, no deja de señalar que la influencia quizás se estableció en dos direcciones, tema que trataré más adelante. La cuestión es que ambos poetas se entendieron más que bien. Ambos son de orígenes humildes, de pueblos marginales, Temuco y Orihuela, que han abandonado para dirigirse al medio más fecundo de la capital, Santiago y Madrid, de formación autodidacta e hijos de padres que no entienden sus vocaciones poéticas, más aún, las rechazan. En ambos casos se puede trazar con facilidad el proceso evolutivo de su mundo poético hasta llegar a conclusiones similares en cuanto al papel que la poesía debe asumir en sociedad.

La amistad ha ido creciendo en un tiempo breve pero intenso. La Guerra Civil los separará. Neruda ha dejado Madrid y con su pasaporte de cónsul se pasea entre el horror y la necesidad de liberar a sus amigos amenazados por la barbarie nacionalista. Al regresar en compañía de Hernández de Valencia a donde han asistido al II Congreso de Escritores convocado por la Alianza Internacional de Intelectuales Antifascistas, se encuentra con su casa de Argüelles saqueada. La Guerra Civil les marcará de forma indeleble. En Hernández la transformación poética y temática no cesa y así lo expresa en la crítica escrita sobre *Residencia en la tierra* que escribió para el periódico *El Sol*. Hernández no es crítico y más que una reseña compone una oda en prosa al libro que le ha conmovido. Se puede leer también como un testimonio de sí mismo. "Temiendo, escribo", confiesa, no sintiéndose capaz de hacer justicia a tamaña obra poética, y continúa

> Ha llegado este libro a mis manos, y su lectura -repetida inagotablemente- se graba para siempre en mi sangre. Es una guitarra del corazón la que oigo, es un Pablo del corazón el que veo ante mí, cubierto de relicarios de barro, triste y amargo, húmedo y sonando como una última raíz al arrancarse. Es un roble con la piel desconcertada, las heridas del hacha y el tiempo al aire, el tronco desgarrado y el alma hecha aposento de pájaros afligidos; un río invernal lo ataca, lo recome y lo deja con las raíces en carne viva sobre las orillas donde truenan toros enamorados. Necesito comunicar el entusiasmo que me altera desde que he leído *Residencia en la tierra*" (*Poesía y prosa de guerra* 81).

En este ensayo los temas nerudianos se combinan para dar forma a una crítica que es exaltación y arrebato de sugerencias incomprensibles. Ya lo había anticipado García Lorca cuando presentó al poeta chileno recién llegado en la Universidad Central de Madrid, en donde dio un recital. "Y digo que os dispongáis a oír a un auténtico poeta, de los que tiene sus sentidos amaestrados en un mundo que no es el nuestro y que poca gente percibe. Un poeta más cerca de la muerte que de la filosofía; más cerca del dolor que de la inteligencia; más cerca de la sangre que de la tinta. Un poeta lleno de voces misteriosas que, afortunadamente, él mismo no sabe descifrar; de un hombre verdadero que ya sabe que el junco y la golondrina son más eternos que la mejilla dura de la estatua" (1183). La comunión fue ecuménica. Neruda se sintió acogido fraternalmente por una comunidad de poetas e intelectuales y así lo expresó repetidamente. "A los pocos días yo era uno más entre los poetas españoles... Los españoles de mi generación eran más fraternales, más solidarios y alegres que mis compañeros de América latina. Comprobé al mismo tiempo que nosotros éramos más universales, más metidos en otros lenguajes y otras culturas" (163-4). Mientras, su poesía se abría paso entre los medios poéticos a través de los manifiestos publicados en *Caballo Verde para la Poesía*, la revista por él dirigida, y a través de la comunicación intensa con los contertulios de la Casa de las Flores, su casa, donde las citas eran frecuentes y fértiles. A Hernández se le abre una nueva vía inesperada por donde siente que su poesía debe discurrir. Escribe, "La voz de Pablo Neruda es un clamor oceánico que no se puede limitar, es un lamento demasiado primitivo y grande, que no admite presidios retóricos" (82). Y continúa,

> ¿De qué elementos prescinde Pablo Neruda? De ninguno. Es un enorme río desbordado que todo lo arrastra en su corriente turbia y tormentosa. Es la vida con sus plagas y sus tumultos animales de siempre, el mar con sus secretos y ahogados. Todo está en Pablo Neruda; todo lo atiende, todo lo canta. Su sangre está siempre atenta al llamamiento enamorado de las cosas que lo rodean desde los cuatro puntos cardinales (87).

Quizás en ese sentido ecuménico resida la fascinación de Hernández con Neruda. Tanto en sus poemas mítico eróticos como en los más socialmente combativos, Hernández hace referencias a una comunidad humana cuyos lazos son indestructibles a pesar del desorden en que los coloquemos, y es a través del amor y la lucha fraternal que los eslabones que descienden hacia los "hondos barrancos" y los cementerios no se romperán en el destino final de las estrellas.

> Son míos, ¡ay! son míos
> los bellos cuerpos muertos,
> los bellos cuerpos vivos,
> los cuerpos venideros.
> Son míos, ¡ay! son míos
> a través de tu cuerpo. (299-300)

Es en esa recuperación de la materia degradada tan nerudiana donde se hallan algunos de los elementos que le fascinan. Su poesía tan agrícola y terrenal se siente reivindicada en una nueva faceta, y a las flores y los frutos pueden añadir ahora estiércol, yeso, sudor, salivas y barro. Su poema "Me llamo barro aunque Miguel me llame" se presenta como un manifiesto de sus orígenes proyectados a un futuro colectivo.

> Me llamo barro aunque Miguel me llame.
> Barro es mi profesión y mi destino
> que mancha con su lengua cuanto lame.
>
> Soy un triste instrumento del camino.
> Soy una lengua dulcemente infame
> a los pies que idolatro desplegada...
> Barro en vano me invisto de amapola,
> barro en vano vertiendo voy mis brazos,
> barro en vano te muerdo los talones,
> dándote a malheridos aletazos
> sapos como convulsivos corazones (154-55).

Quizás la más patente muestra del impacto de los postulados nerudianos en el joven Hernández sea la "Oda entre sangre y vino a Pablo Neruda", en la que según Javier Herrero, "Hernández no sólo canta a su amigo, sino que lo recrea al expresar, en imágenes que parecen obedecer las normas de los manifiestos de *Caballo Verde*" (244).

> y vendimiando inconsolables lluvias.
> procurando alegría y equilibrio,
> te encomiendas al alba y las esquinas
> donde describes letras y serpientes
> con tu palma de orín inacabable (192).

Sin embargo, no todo es verso irreverente y nuevo el hallado en el bazar de *Residencia*, el poemario que está revolucionando el panorama poético español de forma incluso más intensa que cuando Darío enamoraba al mundo poético rompiendo moldes en su primera visita a España en 1892. A pesar del velado homenaje a los postulados del amigo en la "Oda entre sangre y vino", Hernández conserva timbres de su propio acervo. Javier Herrero señala las imágenes pastoriles con las que abre el poema, en donde el nido con su fuerte evocación como centro familiar es sin duda uno de los símbolos hernandianos más sugeridor.

> Para cantar ¡qué rama terminante,
> qué espeso aparte de escogida selva,
> qué nido de botellas, pez y mimbres,
> con qué sensibles ecos, la taberna! (188).

La "Oda entre sangre y vino a Pablo Neruda" es, sin duda y sobre todo, una obra de amor. Pero es también un homenaje literario a un verdadero maestro" (Herrero 246). No fue Neruda el único de los poetas que impactó su obra. Vicente Aleixandre, al que le unió una gran amistad también le influyó positivamente, especialmente su poemario *La destrucción o el amor,* publicado en 1935. En la dedicatoria de *Viento del pueblo*, se lee, "Vicente: A nosotros, que hemos nacido poetas entre todos los hombres, nos ha hecho poetas la vida junto a todos los hombres... Tu voz y la mía irrumpen del mismo venero. Lo que echo de menos a mi guitarra, lo hallo en la tuya" (201).

Parecería casi contra natura o contra las leyes que rigen la historia del arte, que Miguel Hernández no hubiese pasado de receptor, sin dejar alguna huella, aunque diminuta, en el quehacer de sus maestros. El gran Pablo Picasso, posiblemente el artista más innovador del siglo veinte, cuya extensa obra fue un constante proceso de invención y reinvención, había dicho en más de una ocasión, que los buenos maestros copian y los grandes maestros roban. Se ha estudiando en numerosas ocasiones el impacto que la Guerra Civil española tuvo en Neruda. Su poesía formalmente vanguardista se ahogaba en un mundo sin fe del que el joven poeta parecería no saber salir, especialmente en su residencia asiática. La España de la preguerra resultó ser perfecta medicina para el poeta ávido de fe y credo. En ese sentido la gestión de la Segunda República fue a todas luces revolucionaria, aunque le faltó tiempo para llevar a cabo sus transformaciones más radicales pues la guerra abortó muchos de los mejores intentos. En un breve periodo de tiempo se quiso modernizar el país en muchos aspectos, sin duda en los sociales y culturales, y sentar unas bases de justicia económica y social. Los planes y proyectos reformistas de los gobiernos de la República y sus grandes luminarias (Azaña, Largo Caballero, Indalecio Prieto, Casares Quiroga y otros) coincidieron con la aparición de una pléyade de grupos artísticos de extraordinario talento formados no sólo por poetas y escritores, sino por múltiples trabajadores del arte de todo orden. La energía resultante de estas múltiples experiencias fue el alimento e inspiración para el joven Neruda quien en propias palabras articuló su significado. "A los pocos días yo era uno más de los poetas españoles...Los españoles de mi generación eran más fraternales, más solidarios y alegres que mis compañeros de América latina. Comprobé al mismo tiempo que nosotros éramos más universales, más metidos en otros lenguajes y otras culturas" (162-63).

Stephen Hart opina que, a través de Neruda, los escritores de ambos lados del Atlántico estrecharon sus lazos. "La guerra civil española logró construir un puente espiritual entre poetas de ambas orillas" (115). La poesía de Neruda tomó un giro dramático que se inicia con *España en el corazón*, *Tercera residencia*, para desembocar en *Canto general*. Así lo afirma en sus memorias. "la guerra de España, que cambió mi poesía, comenzó para mí con la desaparición de un poeta" (70). Si observamos las fechas, comprobamos que tanto *España en el corazón* como *Viento del pueblo* vieron la luz en el mismo año de 1937. *Viento del pueblo* se anticipó en dos meses. Es decir, los dos poetas gestaron su obra a un tiempo, en 1936, con los primeros disparos y al clamor de las terribles noticias que se cernían sobre la geografía española. ¿Son dos obras paralelas? Para Hart "con la llegada de la guerra civil española, tanto para Hernández como para Neruda, la hora de la poesía se convirtió en la hora de la espada, de la definición urgente, del compromiso" (120). Cierto que el compromiso no fue el mismo ni siquiera la actitud. Tampoco las responsabilidades eran iguales. Miguel se sintió poseído de una energía interior que convirtió su poesía en praxis, y eligió ir al frente por donde las balas silbaban, y luchar con un fusil de acero y otro de palabras. Su voz se alzó entre los soldados en las trincheras y en los cuarteles con una energía y vitalidad a la par que sus ritmos.

Sentado sobre los muertos
que se han callado en dos meses,

> beso zapatos vacíos
> y empuño rabiosamente
> la mano del corazón
> y el alma que lo mantiene.
>
> Que mi voz suba a los montes
> y baje a la tierra y truene,
> eso pide mi garganta
> desde ahora y desde siempre. (208)

El pueblo en forma de viento se incorpora en la voz de Hernández y se apresta a guiar su obra venidera. La asunción es total. Los "vientos del pueblo" metamorfosean su energía y su voz colectiva hace nido en el alma del poeta oriolano. Es una nueva poesía de combate forzada por las circunstancias, formalmente muy variada y, en ocasiones, de una gran audacia temática y formal. Hernández la escribe con dolor y furia, y la proyecta al aire en los centros de combate. Leopoldo de Luis y Jorge Urrutia en el "Estudio previo" a la edición de *El hombre acecha*, afirman que la primera edición del libro se formó con "aquellos poemas que más éxito tuvieron en sus recitales. Es verdad que Hernández impresionaba al declamar sus poemas y que arrastraba a los oyentes de Altavoz del Frente" (XIX). Para Alberto Cousté, Miguel Hernández es "el único poeta de la guerra que hacía poesía de trinchera sin caer jamás en el periodismo o el panfleto. Si esta afirmación parece desmesurada, piénsese que ni siquiera su maestro Pablo Neruda... se salva de recurrentes incursiones en el panfleto, cuando la pasión del tema o la urgencia del momento obnubilan su lucidez poética" (XVI). Un análisis a fondo de algunos de los poemas de Neruda de *Tercera residencia*, *España en el corazón*, e incluso de *Canto general*, deja un cierto tufo panfletario. Incluso en el poema que le dedicó a Hernández al enterarse de su muerte, tierno y conmovedor no puede evitar caer en la fácil diatriba política, ideológica y panfletaria, que hoy haría enrojecer a cualquiera, incluso a su autor. Francisca Noguerol mantiene que la transformación en Hernández se inició antes del estallido de la guerra, y señala la revolución de Asturias de 1934 con la consiguiente y brutal represión del ejército como la fecha de partida. Producto de la masacre que conmocionó el país fue la gestación de su drama *Los hijos de la piedra (Drama del monte y sus jornaleros)*. A partir de esa fecha y con la excepción de su último libro, *Cancionero y romancero de ausencias*, depurado y adelgazado en forma y contenido, Miguel Hernández trabaja una poesía reflejo de unas situaciones sociales y políticas de gran dramatismo. No podía ser de otra forma. Escribe Noguerol, "Hernández, bajo la presión de las circunstancias y porque los acontecimientos que se sucedían en España le atañían mucho más directamente que al americano, abrió la lírica a temas poco explorados hasta entonces, cultivando una poesía social y realista de ritmos épicos" (810).

Hasta qué punto la vibración comprometida de Hernández alcanzó a su amigo y maestro es una cuestión que sólo deja espacio a una interrogante. Las influencias nunca son directas, especialmente cuando se trata de poetas de gran talla con una voz personal, abigarrada y elástica. Sin duda que Madrid y la España de la Guerra Civil gravitaron sobre los temas y la estética neruadiana en sus posteriores libros. En *Canto general,* su obra magna, no hay un solo Neruda o una sola estética. De hecho este libro se empieza a gestar con *España en el corazón.* He estudiado en anteriores trabajos la estructura de *Tercera residencia* y considero que es un primer boceto en donde se puede hallar diseñada la estructura temática de *Canto general* (Operé). Pero rememorando o pasando las páginas de algunos de los temas repetidos en "Alturas de Macchu Picchu", o "La Tierra se llama Juan", pueden oírse los ecos de *Viento del pueblo* y *El hombre acecha* en una cercana lejanía. "Rosario dinamitera", "Los jornaleros que habéis cobrado en plomo", "Los aceituneros de Jaén", "El niño yuntero" de *Viento del pueblo,* hallan resonancias en los Juanes, bien el zapatero Olegario Sepúlveda o el pescador Antonino Bernales, de "La tierra se llama Juan". La fusión con el pueblo, fundamental en ambos, recurrirá a las antiguas raíces, las inagotables sangres, el clamor de la leche, el resurgir de los pueblos, para dar voz a los sin voz, a los desposeídos del tálamo. En ambos poetas encontramos elementos de una fraternidad fervorosa que se traduce en metáforas transcendentales como respuesta a una comunión universal de justicia y avideces.

Es difícil afirmar con rotundidad la existencia de mimetismo, pero lo que sí es cierto es que la guerra y sus experiencias anteriores, situó a ambos poetas en un plano de rotundo compromiso que se trasladó en un credo poético, que en el caso de Neruda se extenderá en su obra dilatada hasta su muerte ocurrida treinta y un años después de la del poeta oriolano.

La siguiente cuestión, no menos trascendente que prometía tratar en este artículo, gira en torno a la directa presencia de la poesía de Hernández en tierras americanas. En la "Introducción" a Miguel Hernández, *Antología poética*, de 1977, el poeta y ensayista argentino Alberto Cousté escribe, "afortunadamente -para muchos de los aspectos de esos últimos cuarenta años- nueve de cada diez hispanoparlantes no son españoles, y la obra de Miguel Hernández se editó y se agotó reiteradamente en América, siendo en muchos casos (pienso en los poetas 'invencionistas' argentinos) la influencia más decisiva de la moderna poesía castellana" (III). Por su parte Maricel Mayor Marsán afirma que la poesía de Hernández se comenzó a conocer en el continente americano en los años treinta con la primera edición de *El rayo que no cesa*, y *Sino sangriento y otros poemas* aparecida en La Habana en 1939 (503). Es evidente que muchos españoles en la postguerra tuvimos, si es que hubo suerte, acceso a la obra de Hernández a través de la editorial argentina Losada. Este es mi caso. Elvio Romero, crítico y poeta paraguayo y posiblemente uno de los primeros divulgadores de la obra de Hernández, relata las lecturas y presentaciones de su obra en varias ciudades hispanoamericanas, especialmente tras conocerse la noticia de su muerte. Es lógico, una gran parte de la intelectualidad española, la que había conseguido salir del país, marchó al exilio americano, siendo destino de muchos, México, Argentina, Cuba y los Estados Unidos. Los grandes recitales en Buenos Aires, animados principalmente por Rafael Alberti, se sucedieron.

La Guerra Civil se sintió como una causa hermana, y la llegada de un buen número de escritores exiliados acrecentó el interés. En 1942, fecha de la muerte de Hernández, apareció en Buenos Aires la primera edición de *El rayo que no cesa y otros poemas (1934-36)* con un prólogo de Rafael Alberti, otro de los poetas amigos, que según Gibson no pudo hacer nada por él al final de la contienda, cuando todos escapaban en desbandada. Gibson insinúa que quizás no fue una prioridad (Gibson 264). En 1943 se publica en Santiago de Chile el poema "Vecino de la muerte" en la revista *Acento*. No obstante, la fecha no era propicia. Había estallado la Guerra Mundial que captó la atención del mundo más que cualquier otro evento. ¿Qué interés podía tener la muerte de un poeta español semidesconocido en las cárceles franquistas? No es de extrañar que las ediciones no se multiplicasen y que un cierto silencio se cerniera sobre su obra. No fue hasta 1957 que apareció la primera edición americana de *Viento del pueblo* por la editorial Lautaro, y el año siguiente, el *Cancionero y romancero de ausencias*. En el "Prólogo", Elvio Romero discurre sobre la influencia que la poesía combativa de Hernández tuvo en distintos conflictos revolucionarios en todo el continente. Romero estuvo también a cargo de la edición de las *Obras completas* que la editorial Losada lanzó a todo el mercado hispánico, incluyendo España, en 1960. A esta edición siguieron otras muchas en Buenos Aires, en la década de los sesenta. Losada facilitó al mundo hispano acceso a los autores censurados. Recordemos que después de la guerra, a excepción de algún poema suelto, "Nanas de la cebolla", "Sepultura de la imaginación", "A mi hijo", "Madre", "La boca", no se publicó su obra en libro hasta finales de los 60. En Cuba, el Consejo Nacional de Cultura presentó una selección de sus mejores poemas, *Poesías* en 1964. Y en la misma fecha Ediciones Horizonte en Colombia sacaba a la luz, *Poemas de Miguel Hernández*.

La década de los sesenta significó un cambio muy profundo en todo occidente. Se estaba gestando una revolución cultural de grandes dimensiones. Fue un movimiento que se extendió desde los Estados Unidos a Europa, y desde París a todos los rincones del viejo continente incluyendo América latina. La juventud, a la sombra de los grandes conciertos de música masivos y de los recitales públicos en universidades, inició continuos movimientos de protesta que retaban los valores impuestos tras la Guerra Mundial. Se rechazaba la autoridad de todo tipo, se abrazaba la vida comunitaria y se buscaba una nueva forma de expresión del amor. En España, la universidad se convirtió en un foco de protestas contra la Dictadura con manifestaciones y recitales masivos de cantautores que invitaban a nuevas lecturas y reencuentros con nuestros poetas más íntimos u olvidados. Pablo Ibáñez fue uno de los juglares que facilitó el reencuentro. Prestó notas a la poesía de muchos de los poetas malditos por la Dictadura, entre ellos a Miguel Hernández. "Andaluces de Jaén" se escucharon en todos los rincones del país. El tipo de poesía de Hernández se aprestaba perfectamente a las necesidades de liberación programada por los movimientos contraculturales de los sesenta. Me refiero obviamente a su compromiso político, su incorruptibilidad, la visión poética violentamente sensual y erótica, el amor mítico transcendental, y el contacto con la tierra y con el pueblo. Para Javier Herrero la sangre es la imagen central de la poesía de Hernández que adquiere un carácter mítico. "La sangre representa metafóricamente al hombre como ser, paradójicamente, eterno e histórico, es decir, a la humanidad en lo que en ella hay de permanente, y en su constante aspiración hacia una realización de la libertad" (Eros y cosmos 78). Tanto los sonetos de *El rayo que no cesa*, como la combatividad de sus libros posteriores, encontraron en la juventud una tierra fecunda.

Más tarde, en 1972, Joan Manuel Serrat se encargó de completar la labor difusora con la musicalización de algunos de sus poemas. El disco se difundió por toda América latina donde Serrat es un ídolo y Hernández un poeta asociado con la lucha social y los movimientos de resistencia. Recientemente, casi cuarenta años después y para celebrar el centenario, Serrat ha vuelto a grabar un CD en base a la poesía de Hernández, "Hijo de la luz y de la sombra".

En Estados Unidos, la poesía de Miguel Hernández fue menos difundida y se ciñó casi exclusivamente a los ámbitos académicos. No es una sorpresa, pues es a través de las universidades que se difunde la cultura internacional en este país. El impulso vino originalmente de los escritores e intelectuales que recalaron en universidades americanas, Luis Cernuda, Pedro Salinas, Jorge Guillén, Claudio Sánchez Albornoz, Américo Castro, José Fernández Montesinos, así como varias instituciones hispánicas. Su poesía no fue traducida al inglés hasta los inicios de la década de los setenta. Cabe citar, *Miguel Hernández and Blas de Otero: selected poems* (1972), traducido por Timothy Baland y Hardie St. Martin; y *Songbook of absences: selected poems of Miguel Hernández* (1972), traducido por Thomas C. Jones Jr. Posteriormente han aparecido otras traducciones de valía, entre las que destaca *The Unending Lighting: selected Poems of Miguel Hernández* (1990) de Edwin Honig; y *I have Lots of Heart: selected poems/Miguel Hernández* (1997), traducido por Don Share, con una "Introducción" muy completa y sugestiva de Willis Barnstone. Por último hay que destacar el volumen publicado por la University of Chicago Press, *The Selected Poems of Miguel Hernández* (2001), traducción y edición a cargo de Ted Genoways. Ésta es, posiblemente, la obra más completa en inglés del poeta que murió en las cárceles franquistas en 1942, silenciado e incluso abandonado por los que parecían estar más cerca.

Sin embargo, desde finales de los sesenta y primeros de los setenta, los adictos fueron creciendo en número y la crítica parece haberse volcado en la obra del poeta alicantino. No hay más que recurrir a las bibliografías críticas de MLA para comprobar el creciente interés. Es como si, tras los primeros trabajos pioneros de Juan Cano Ballesta, Juan Guerrero Zamora, Agustín Sánchez Vidal, Leopoldo de Luis y Elvio Romero, se hubiera producido un enamoramiento colectivo resultado de la labor realizada por estos críticos y la aparición de mejores ediciones. Puede decirse que Miguel Hernández ha alcanzado un reconocimiento que le fue elusivo por muchos años. Si en los primeros albores fue Pablo Neruda, el poeta chileno, quien le introdujo en el ámbito de una nueva estética, y al tiempo hizo de embajador en tierras americanas, también es cierto que los escritores del exilio, y la labor de importantes editoriales, especialmente las argentinas, completaron la labor. El final de la dictadura y los estudios críticos más profundos y serios de los últimos años se han aunado para acelerar la labor. Hoy la poesía y la obra de Miguel Hernández se conoce y se lee no sólo en España sino en todas las tierras americanas.

OBRAS CITADAS

García Lorca, Federico, *Obras completas*, I, Madrid, Aguilar, 1974.

Gibson, Ian, *Cuatro poetas en guerra*, Barcelona, Planeta, 2007.

Hart, Stephen, "Miguel Hernández y Pablo Neruda: dos formas de influir", *Revista de Crítica Literaria Latinoamericana*, XIII, 26 (1987), pp. 115-122.

Hernández, Miguel, *Antología poética*, Alberto Cousté ed., Barcelona, Círculo de Lectores, 1977.

---, *Poesía y prosa de guerra y otros textos olvidados*, Juan Cano Ballesta, ed., Madrid, Hiperión, 1977.

---, *El hombre acecha*, Leopoldo de Luis y Jorge Urrutia eds., Santander, Ediciones de la Casona de Tudanca, 1981.

Herrero, Javier, "Eros y cosmos: su expresión mítica en la poesía de Miguel Hernández", en *En torno a Miguel Hernández*, Juan Cano Ballesta, ed., Madrid, Castalia, 1978.

---, "¡*Qué nido de Botellas*! Neruda y Hernández entre sangre y vino", en *Un cósmico temblor de escalofríos. Estudios sobre Miguel Hernández*, Francisco Javier Díez de Revenga y Mariano de Paco eds., Murcia, Fundación Caja Murcia, 2010.

Mayor Marsán, Maricel, "*Miguel Hernandez: más allá de la poesía y el folklor: (Presencia e impacto de su obra en los EE.UU.)*, en www.miguelhernandezvirtual.com/xml/sections/

Neruda, Pablo, *Confieso que he vivido. Memorias*, Barcelona, Seix-Barral, 1974.

Noguerol, Francisca, "Miguel Hernández y Pablo Neruda: los frutos de una amistad", en *Miguel Hernández, cincuenta años después. Actas del I Congreso Internacional*, II, Alicante, Comisión del Homenaje a Miguel Hernández, 1993, pp. 805-813.

Operé, Fernando, "De *España en el corazón* a *Canto general*: La gestación del gran mural de Neruda", *Sophia Austral*, 9 (2004), pp. 42-50.

Salaün, Serge,"Miguel Hernández: poeta comprometido, periodista y narrador épico", en *En torno a Miguel Hernández*, op. cit.

EL DOLORIDO VIVIR DE MIGUEL HERNÁNDEZ COMO UNA CONSTANTE EN SU PRODUCCIÓN POÉTICA

Conny Palacios

Pablo Antonio Cuadra (1912-2002) poeta nicaragüense, en un artículo al referirse a la poesía, toma prestada la definición que da un texto sánscrito: "La poesía es una palabra cuyo sabor es la esencia." Para a continuación señalar que: "Dante nos da testimonio de que la poesía puede nacer en el infierno —en la noche oscura del dolor— como en el cielo, en la más sobrecogedora expresión del éxtasis" (*Ensayos II,* 197). Hablar de la poesía de Miguel Hernández es descender un poco en ese infierno-vida del poeta, y empaparse en ese *sentimiento trágico* que emana de ella, y que como hilo poético cohesiona sus etapas literarias. El propósito de este análisis es destacar aquellos poemas, —carne y espíritu— del dolorido vivir, que vistos en su conjunto adquieren presencia física; composiciones que constituyen no las migas de pan que señalan la ruta del retorno, sino las gotas de sangre de su espíritu, porque en Miguel Hernández poesía equivale a vida. Véase la anterior aserción en su poema titulado "Poesía"[1] "Sé que espejo es de la vida; sé que es ave / cantadora; / regia nave / que nos porta a la región que nadie sabe;/..." (Miguel Hernández. Obra poética completa, 577)[2].

Don Miguel de Unamuno al referirse a este 'sentimiento trágico de la vida', afirma: "que lleva tras sí toda una concepción de la vida misma y del universo, toda una filosofía más o menos formulada, más o menos consciente..." (*Del sentimiento trágico de la vida,* 22). Por lo tanto, esta concepción hernandiana del vivir, no es algo que se puede tomar a la ligera, sino que además de su raíz subconsciente, es una manera de comprender el mundo, visión amplificada en Miguel Hernández por sus experiencias dolorosas y su entorno.

Poemas varios (1933-1934)

Así pues, entre la época gongorina y *El rayo que no* cesa, Miguel Hernández: "escribió más de un centenar de poemas, muy diversos, que suelen agruparse bajo este título y subdividirse en tres grupos"[3] (91). Entre estas composiciones destaco "Del ay al ay – por el ay" que presenta características observadas en el primer grupo y en el segundo. Entre las del primero: 1) títulos divididos y separados por un guión, 2) peculiar colocación de los signos admirativos. Entre las del segundo, Leopoldo de Luis y Jorge Urrutia afirman que: "estos poemas entran en una expresión más directa. No fácil ni sencilla, pero si menos cargada de barroquismo...El poeta no va a plasmar sensaciones sino sentimientos". Y precisamente es el sentimiento del dolorido vivir el que el poeta plasma. Dolor que no se limita a una etapa de la vida sino que está presente desde el mismo momento de la concepción: "En un *ay* fui concebido / y en un *ay* fui engendrado. / Dolor de macho y de hembra / frente al uno el otro: ambos" (182). En los versos que siguen la voz poética se adueña del ¡Ay! de la madre cuando lo llevaba en su seno, quejido que va in crescendo hasta desembocar en unos versos abruptos, donde la voz poética, otrora la voz de la madre, se transforma en la voz del hijo-hombre que dice: "En un *ay* nací: en un *ay* / y en un *ay*, ¡ay!, fui criado" (182). Inmediatamente la voz de la madre se alza de nuevo con el quejumbroso ¡Ay!, pero ahora se refiere al niño que amamanta y la deja sin sangre. El poeta repite la estructura anterior, es decir, intercambia la voz de la madre con la voz del hijo-hombre, y desemboca como es de esperar en unos versos que a la vez que resumen el dolor del vivir, sirven de remanso aunque dolorido al crescendo de la madre:

> Del *ay* al *ay*, por el *ay*,
> a un *ay* eterno he llegado.
> Vivo en un *ay*, y en un *ay*
> moriré cuando haga caso
> de la tierra que me lleva
> del *ay* al *ay* trasladado. (182-183)

El ¡Ay! que venimos escuchando se desplaza ahora al huerto, a sus amigos, a sus hermanos, a la naturaleza, donde flores, montes y mares le hacen sentir su dolor. Pareciera que todo conspira contra Él, plantas, frutas, y hasta el aire le dice adiós. El poema concluye con un todo que se siente como un golpe seco y profundo que va directo al corazón, golpe no exento de ironía y humor que se trasluce en el juego del vocablo silbo, usado en su doble acepción: como verbo y como término tomado de la literatura mística:

> ¡Ay!, todo me duele: todo:
> ¡ay!, lo divino y lo humano.
> Silbo para consolar
> mi dolor a lo canario,
> y a lo ruy-señor, y el silbo,
> ¡ay!, me sale vulnerado. (184)

Otra composición que alcanza relieve en esta etapa, es el soneto endecasílabo de título sugeridor, titulado "Ay — eterno", cuya rima en los cuartetos es *abab, abab*; mientras que en los tercetos la rima es *cde, cde*. En el primer cuarteto se define el tema, asunto que da a entrever que el ¡Ay! no es una pura interjección, sino que le sale del alma que es la fuente de la pena: "¡Ay, qué picuda y ay, qué amargamente / me sales, ay, me sales del retiro / del alma, en el origen de la fuente / de la pena, del llanto y del suspiro!" (205). La segunda estrofa se caracteriza por el uso del paralelismo y su función es complementar el tema. Los versos nos hablan de la visión interior del Ser que se refleja como en un espejo: "¡Ay, este soy: ay, este que me miro / pero que no me puedo ver frecuente, / este que rabio y este que deliro / bajo la mala sombra de mi frente!" (205). El terceto que sigue da una idea de este ay como un ente móvil, ola que va y viene: "En un ay paso el día más sereno: / un ay me empina y ¡ay! otro me acuesta; / un ay se va y otro ay viene en seguida" (205). El soneto concluye con la idea de que el dolor será su compañía siempre, en otras palabras su ay es eterno: "Dolor del mundo de criaturas lleno, / dolor de Dios y de la carne ésta / que me tendrá en un ay toda la vida" (205).

El rayo que no cesa (1934-1935)

"Libro central y mayor" han llamado Leopoldo de Luis y Jorge Urrutia a este libro que ve la luz en 1936. En líneas más adelante, los críticos anteriores se refieren a la triple elaboraciónde esta obra, y de esto afirman que: "no es simple deseo de perfección expresiva –lo que no sería poco—sino correspondencia de una evolución íntima de la personalidad, que en escaso tiempo ha ido madurando en su concepto mismo de la vida" (230). Concha Zardoya al referirse a este poemario sostiene que: "Un hondo y potente sentimiento amoroso riega la más honda raíz del libro, unida a una consciencia no menos profunda del dolor. No sólo se exalta el amor apasionadamente, sino que también la soledad y la pena vibran a la par de un modo irreprimible" (Miguel Hernández, 113).

Y es la expresión de la pena, la que quiero destacar en esta etapa, porque es el sentimiento que acompaña irremediablemente al dolorido vivir del poeta. La obra en cuestión, consta de veintisiete sonetos y destaco el soneto número 6, —de rima *abba, abba; cde, cde*— porque es una imagen de la pena, pena que no se limita al radio del corazón, sino que se le desborda, tiznando —por decirlo así— su apariencia física: "Umbrío por la pena, casi bruno, / porque la pena tizna cuando estalla, / donde yo no me hallo no se halla / hombre más apenado que ninguno"[4] (238).

En el siguiente cuarteto, la pena toma posesión del espacio físico por el que se desliza el vivir del poeta, convirtiéndose así en su perro fiel: "Sobre la pena duermo solo y uno, / pena es mi paz y pena mi batalla, / perro que ni me deja ni se calla, / siempre a su dueño fiel, pero importuno" (238). El resultado de lo anterior, se verbaliza en el terceto que sigue, donde la voz poética expresa que las penas las lleva como distintivo, y sus aguijones equivalen a la zarpa del leopardo: "Cardos y penas llevo por corona, / cardos y penas siembran sus leopardos / y no me dejan bueno hueso alguno" (238). Este último verso nos da la imagen desgarrada y sangrante del hombre. El soneto termina con un terceto premonitorio donde la voz poética confiesa que no podrá con la pena, para cerrar en el último verso con una amarga reflexión: "No podrá con la pena mi persona / rodeada de penas y de cardos: / ¡cuánto penar para morirse uno!

El silbo vulnerado (1934 – 1935)

Este libro se compone de veintiséis sonetos y un poema en heptasílabos. Según los investigadores ya mencionados: "Varios de los sonetos pasaron, con o sin variantes, a *El rayo que no cesa*" (263). La importancia de este texto radica en que hubiera podido ser el segundo poemario de Miguel Hernández. Destaco el soneto número 3 porque nos da la actitud del poeta ante el sufrimiento. Si bien es cierto, —a como hemos visto— que se confiesa invadido por la pena, y el sufrimiento es una constante en su vida, no por eso su actitud es una de derrota, él prefiere: "llorar tierra adentro como el pozo, / siendo al aire un sencillo monumento" (266). Monumento de serenidad, de ecuanimidad ante la pena y la alegría, siendo éstas inevitables —parece decirnos el poeta— de la dualidad de la vida: "Anda que te andarás, ir por la pena, / pena adelante, a penas y alegrías / sin demostrar fragilidad ni un tanto" (266).

Poemas no incluidos en libro (II) y están entre *El rayo que no cesa* y *Viento del pueblo*

Son catorce los poemas y su importancia radica —según Leopoldo de Luis y Jorge Urrutia— en que se observa en ellos: "una crecida intensidad en la comprensión trágica de su existir y con la aparición clara de la conciencia social" (283). De estos poemas destaco: "Sino sangriento,"[5] hermosísimo canto de título sugeridor donde la sangre, símbolo de su trágico destino, lo persigue y lo edifica. Concha Sardoya lo cataloga no sólo como "poema-clave, sino como un presagio del desventurado destino del poeta" (Miguel Hernández, 114-115). Es un poema largo con estrofas que fluctúan entre 3 y 7 versos. El poema se inicia con unos versos fuertes donde el sentimiento se alza con gran pasión para expresar su procedencia. Hace alusión a la sangre vertida del nacimiento, sangre que a la vez ha estado presente en sus antepasados, y que ahora viene a ser símbolo no sólo del sufrimiento del vivir, sino también de su destino. Cabe destacar la repetición del vocablo 'amapola' con su connotación de color de sangre, además su doble función gramatical, como adjetivo y sustantivo:

> De sangre en sangre vengo
> como el mar de ola en ola,
> de color de amapola el alma tengo,
> de amapola sin suerte en mi destino,
> y llego de amapola en amapola
> a dar en la cornada de mi sino. (292)

Con un tono reflexivo sigue la estrofa siguiente para justificar lo ya planteado en la primera: destino fatal que parece perseguir a unos: "Criatura hubo que vino / desde la sementera de la nada, / y vino más de una, / bajo el designio de una estrella airada / y en una turbulenta y mala luna" (292).

El tono trágico de los primeros versos se impone nuevamente para hacer hincapié en su sino fatal. Y a como se observa en la primera estrofa, aquí también hace uso de adjetivos como 'ensangrentado', 'roja' y 'malherido' para seguir acentuando su destino trágico: "Cayó una pincelada / de ensangrentado pie sobre mi vida, / cayó un planeta de azafrán en celo, / cayó una nube roja enfurecida, / cayó un mar malherido, cayó un cielo" (292).

En los versos de la siguiente estrofa, el yo poético parece regodearse en esa condición trágica desde su nacimiento, y aquí el cuchillo se alza como símbolo de dolor, magnificando su condición de instrumento cuyo propósito es el de provocar heridas: "Vine con un dolor de cuchillada, / me esperaba un cuchillo a mi venida," (292) En los versos que siguen la figura del hombre se reviste de un ropaje casi mítico, ser sobrenatural que se alimenta de muerte y destrucción, semidios nacido en y para el dolor, y cuyo alimento consistía en: "mamar leche de tuera,[6]/ zumo de espada loca y homicida" Así pues, este ser vino a la vida y lo primero que su ojo vio, fue que él: "era una herida / y una desgracia era" (292).

Condenado así desde su nacimiento, la sangre lo persigue. Sangre que —a como dijimos ya—, simboliza su destino y que irremediablemente lo lleva hasta la fosa. Nuevamente estamos frente a unos versos premonitorios que apuntan hacia un saber interior de una muerte temprana: "Me persigue la sangre, ávida fiera, / desde que fui fundado, / …………….. / de los pies me tira y del costado / y cada vez más fuerte, hacia la fosa" (292-3).

Como es lógico, este Ser nacido en y para el dolor vive en una lucha constante contra la fatalidad de su sino. Lo curioso aquí es que ahora el yo poético al desplazarse hacia otros seres, percibe en ellos su mismo destino trágico: "Lucho contra la sangre, me debate / contra tanto zarpazo y tanta vena, / y cada cuerpo que tropiezo y trato / es otro borbotón de sangre, otra cadena" (293).

El contacto con la poesía surrealista que ya han señalado algunos críticos —en este poemario— se observa en los siguientes versos, donde el alma del poeta se identifica con la tierra, especialmente durante la labranza, aunque cabe decir que tampoco esto lo salva, ya que su arado también expresa sus deseos de muerte: "en él se dio el amor a la labranza, / y mi alma de barbecho /

hondamente ha surcado / de heridas sin remedio mi esperanza / por las ansias de muerte de su arado" (293).

La idea anterior continúa en la siguiente estrofa, pero ahora para decir que todos los instrumentos de la labranza además de conspirar contra él, le han dejado inevitablemente sus señales, incluyendo las piedras y el paso de los días: "Todas las herramientas en mi acecho: / el hacha me ha dejado / recónditas señales, / las piedras, los deseos y los días / cavaron en mi cuerpo manantiales" (293).

Signada por el paralelismo y a la vez por anáforas la estrofa novena se nos presenta para acentuar la opresión que le causa el avasallante poderío de su destino, pero a cuanto más dolor,--parece decirnos-- es más grande su corazón. Idea ésta que ya vimos en el soneto número 3 de *El silbo vulnerado*:

> Son cada vez más grandes las cadenas,
> son cada vez más grandes las serpientes,
> más grande y más cruel su poderío,
> más grandes sus anillos envolventes,
> más grande el corazón, más grande el mío. (293)

En la estrofa posterior el yo poético compara su alma a una alcoba poblada de vacío, donde concurren visitas tales como: "el picotazo y el color de un cuervo, / un manojo de cartas y pasiones escritas" (293).

A medida que avanza el poema, el dolorido sentir de su destino se agiganta y el alma sensible del poeta lo percibe como una sentencia. Léase la siguiente imprecación: "¡Ay sangre fulminante, / ay trepadora púrpura rugiente, / sentencia a todas horas resonante / bajo el yunque sufrido de mi frente!" (293).

La sangre como personificación de un ente amorfo, cruel, se desliza por las siguientes líneas, para darnos una pintura surrealista del poder omnímodo de la sangre, elemento simbólico:

> Un albañil de sangre, muerto y rojo,
> llueve y cuelga su blusa cada día
> en los alrededores de mi ojo,

y cada noche con el alma mía,
y hasta con las pestañas lo recojo. (294)

A partir de aquí, los versos —desde la estrofa 14 hasta la 18 que es la última— se anudan en un sólo apartado donde la sangre presente desde su nacimiento, se agranda por la geografía de su pecho y toma por consiguiente la fuerza de una corriente: "crece la sangre, agranda / la expansión de sus frondas en mi pecho / que álamo desbordante se desmanda / y en varios torvos ríos cae deshecho" (294).

La corriente de sangre se intensifica en los versos que siguen y el hombre aquí lucha denodadamente para no ser arrastrado: "Me veo de repente, / envuelto en sus coléricos raudales, / y nado contra todos desesperadamente / como contra un fatal torrente de puñales" (294).

La estrofa posterior describe su lucha sin igual contra la sangre-corriente-destino y la centra en verbos de gradación descendente que pregonan desde ya su derrota, pues sus ansias se le van en los brazos: "Me arrastra encarnizada su corriente, / me despedaza, me hunde, me atropella, / quiero apartarme de ella a manotazos, / y se me van los brazos detrás de ella, / y se me van las ansias en los brazos" (294).

El poema se acerca a su final con una resolución desesperanzada por parte del yo poético que se percibe impotente ya que no se puede luchar contra el destino: "Me dejaré arrastrar hecho pedazos, / ya que así se lo ordenan a mi vida / la sangre y su marea, / los cuerpos y mi estrella ensangrentada" (294).

Los últimos versos son contundentes en el anonadamiento que transmiten, y además de servir de cierre al poema, son los últimos brochazos en el cuadro surrealista de la sangre como destino. La sangre-destino se impuso al fin y se percibe al ser humano ahogado en ella. Por consiguiente se perfila a sí mismo como: "una sola y dilatada herida / hasta que dilatadamente sea / un cadáver de espuma: viento y nada" (294).

Dentro de esta misma sección de poemas, sobresale "Me sobra el corazón" que vendría a ser el número 11. Su importancia radica en que reaparece el subtema del destino, como mala luna. Hilo cohesivo que vimos al inicio del poema anterior: "Yo nací en mala luna. / Tengo la pena de una sola pena / que vale más que toda la alegría" (310-311). Además del subtema ya mencionado, permea el poema, el tema del dolorido vivir, sentimiento que se expresa en penas que se aposentan en el corazón: "Ayer, mañana, hoy / padeciendo por todo / mi corazón, pecera melancólica, / penal de ruiseñores moribundos" (311). En *El silbo vulnerado* vimos que Miguel Hernández expresó su actitud de fortaleza ante el sufrimiento de la vida. En esta composición, al retomar esa actitud la valida. Y es curioso que esa ratificación la haga en una estrofa de un solo verso; disposición escueta, breve, que impacta al lector por su solidez: "Me sobra corazón" (311).

La estrofa que sigue tiene visos de pregunta retórica, pero es a la vez un brevísimo soliloquio que apunta hacia una descripción espiritual de sí mismo: "Hoy descorazonarme, / yo el más corazonado de los hombres, / y por el más, también el más amargo" (311).

El poema cierra con una estrofa de dos versos, confesión íntima que revela la fortaleza ya aludida del hombre de carne y hueso que es Miguel Hernández: "No sé por qué, no sé por qué ni cómo / me perdonó la vida cada día" (311).

Viento del pueblo (1936 – 1937)

A diferencia de los otros poemarios, el tema del dolorido vivir en este libro no adquiere altura contundente en estas composiciones, pero es innegable que como río subterráneo lo recorre. Como una muestra de la aserción anterior, véase "Elegía primera", el canto dedicado a Federico García Lorca. Es muy interesante observar que esta composición cierra con un verso-lapidario y que viene a corroborar aunque sea de una manera muy general la presencia del tema de nuestro estudio: "Tú sabes, Federico García Lorca, / que soy de los que gozan una muerte diaria" (325).

En "Sentado sobre los muertos" llama la atención la estrofa cuarta que pareciera justificar de alguna manera el dolorido vivir, tema que nos ocupa. Y así, la voz poética clarifica sobre el motivo de haber nacido de un vientre desdichado, y dice: "no fue sino para hacerme / ruiseñor de las desdichas, / eco de la mala suerte, / y cantar y repetir / a quien escucharme debe / cuanto a penas, cuanto a pobres, cuanto a tierra se refiere." (326)

Y en "Recoged esta voz" la estrofa tercera nos remite a "Sino sangriento" en cuanto a la visión personal de sí mismo como una herida. Visión que se repite aquí, con la diferencia que en este canto hay una identificación con las heridas del pueblo: "Abierto estoy, mirad, como una herida. / Hundido estoy, mirad, estoy hundido / en medio de mi pueblo y sus males."(339) La estrofa posterior amplía la connotación del vocablo 'herida', y se ayuda con términos, tales como: 'sangrante', 'quebranto'. Ahora aquí esta 'herida' es toda su persona que quiere hallar acogida en otros corazones, quiere trascenderse a sí mismo. Y así dice a los hombres y a las naciones: "atended, escuchad mi sangrante sonido, / recoged mis latidos de quebranto / en vuestros espaciosos corazones, / porque yo empuño el alma cuando canto" (339-340).

El hombre acecha (1937-1938)

El libro anterior presenta algunos poemas afines con *Viento del pueblo*, pero lo interesante para nuestro análisis es que su título mismo "propone una tesitura dolorida, un desencanto amargo por comportamientos crueles e injustos" (372). Y por esa razón, no puedo dejar de señalarlo.

Poemas no incluidos en libro (III) (1937-1939)

Los anteriores son poemas que: "tenía escritos ya en 1938 y que, pese a su clara afinidad con otros de *El hombre acecha*, quedaron fuera de su índice." (413) Entre éstos quiero destacar "Las desiertas abarcas"[7] porque hay una confesión biográfica: "Nunca tuve zapatos, / ni trajes, ni palabras: / siempre tuve regatos, / siempre penas y cabras." (435) Las circunstancias de su entorno parecen haber hecho mella en su espíritu y de allí posiblemente una de las causas de su dolorido vivir.

Cancionero y romancero de ausencias (1938 – 1941)

"La preocupación y el dolor acumulados en *El hombre acecha* desembocan en esta profunda y grave poesía donde la voz de Miguel Hernández se alza a cumbres excepcionales de la lírica" (449). Las características de este libro, además del uso del verso corto, y la sobriedad de la palabra, es la temática tripartita que circula por este libro, donde: "La vida, el amor, la muerte son las tres heridas que laceran al poeta. Una única y misma herida al fin de cuentas" (449).

En la canción 25, la última estrofa dice así: "Con tres heridas yo: / la de la vida, / la de la muerte, / la del amor" (466).

Poemas últimos (1939-1940)

Leopoldo de Luis y Jorge Urrutia afirman que: "Es evidente que muchos de estos poemas son contemporáneos de otros incluidos en el *Cancionero y romancero de ausencias...*" (519). Son diez poemas y una de las razones por la que estos estudiosos los separan de los anteriores: es porque son diferentes, —arte mayor y consonancia— en su forma expresiva. Los críticos ya mencionados se detienen brevemente en algunos de estos poemas, entre ellos: "Eterna sombra" escrito en endecasílabos anapésticos. De él explican que: "Encarcelado, el poeta se siente él mismo una cárcel en medio de "una gran soledad de rugidos". Le hieren la oscuridad del rencor y la vida tenebrosa..." Líneas más adelante, agregan que: "El poeta sufre el desconsuelo de haber tocado la luz como propia y verse precipitado en la tiniebla impuesta e injusta" (521). Y la importancia de este poema para mi estudio, es que en la última estrofa se reafirma la idea, la actitud de fortaleza ante las adversidades, por parte de Miguel Hernández. Pensamiento ya expuesto en otros poemas de otras etapas: "Soy una abierta ventana que escucha, / por donde ver tenebrosa la vida. / Pero hay un rayo de sol en la lucha / que siempre deja la sombra vencida" (532).

En conclusión, me hago eco de lo que ya ha expresado Cano Ballesta en cuanto al tema de la vida en la poesía de Miguel Hernández: "La vida —tema central de toda poesía y arte— es el gran problema que sobrecoge y estremece a nuestro poeta: la vida propia como problema existencial y la vida en general, el gran misterio de la vida en el mundo" (*La poesía de Miguel Hernández*, 67). Vicente Ramos ahonda más sobre el tema, y especifica refiriéndose a Hernández: "Su vida, como su poesía —de la que es carne y espejo—, evidencia un trágico signo fatalista" (Miguel Hernández, 102).

Y ese conocimiento se vislumbra desde sus más tempranos versos agrupados en *Poemas varios* (1933-1934) –recordemos "Del ay al ay por el ay", "Ay — eterno" —conciencia que se robustece en el soneto 6 de *El rayo que no cesa*—. Lo interesante es que en este periplo de vida, a la par que el sentimiento trágico va creciendo, el poeta va desarrollando una actitud de fortaleza, —no olvidemos el soneto 3 de *El silbo vulnerado*—. En la siguiente etapa poética —me refiero a *Poemas no incluidos en libro* (II) —, y cuya ubicación está entre *El rayo que no cesa* y *Viento del pueblo*, observamos un ascenso en la comprensión trágica de su vida, se puede visualizar esta conciencia como algo que ha adquirido presencia física —"Sino sangriento"—, pero a la vez también crece su actitud de fuerza ante las circunstancias, recuérdese aquel escueto "Me sobra el corazón".

Don Miguel de Unamuno ha afirmado que: "La vanidad del mundo y el cómo pasa, y el amor son las dos notas radicales y entrañadas de la verdadera poesía. Y son dos notas que no puede sonar la una sin que la otra a la vez resuene" (*Del sentimiento trágico de la vida*, 105). Pues bien, el anterior pensamiento se cumple en Miguel Hernández, ya que la nota del amor a España es la que suena en *Viento del pueblo*. Son poemas de guerra donde la ternura y la cólera se hacen una sola sustancia. Si antes el poeta verbalizaba su destino trágico, ahora ese sentimiento se espesa y adelgaza para fluir por todo el poemario como una corriente subterránea. Vemos así que la gran ola que tiene su cúspide en "sino sangriento" va cayendo en esta etapa, —"sentado entre los muertos"—, "Recoged esta voz" para seguir en descenso y arremansarse en *El hombre acecha*. Prosigue su fluir subterráneo, hondo y doloroso en *Cancionero y romancero de ausencias*, para finalizar en "Eterna sombra", de *Poemas últimos*; donde si bien es cierto su destino trágico se cumple, y su dolorido vivir encuentra de alguna manera misteriosa su justificación; no por eso es menos verdadero pensar que a través de la muerte lo trasciende, porque le permite avanzar hacia una nueva fase de transformación del Ser.

NOTAS

[1] Poema escrito en Orihuela, 26 de septiembre de 1930.

[2] Todas las citas de poesía serán tomadas del libro cuya Introducción, estudios y notas son por Leopoldo de Luis Y Jorge Urrutia.

[3] El primer grupo con treinta y seis composiciones donde mezcla el poema barrocamente descriptivo con vivencias concretas. El segundo constituido por setenta composiciones y cuya mitad está en décimas. El tercer grupo donde aparecen los "Silbos". La gran mayoría de estos poemas se quedaron sin publicar y ninguno fue incorporado a libro.

[4] Rafael Azuar en su artículo "Sobre los sonetos de Miguel Hernández" señala que: "dentro del panorama de la poesía clásica, es la primera vez que se utiliza un vocablo como tiznar, de pronunciación tan áspera, de sentido tan vulgar." (Miguel Hernández, 210)

[5] Otras composiciones afines a ésta, y que muestran un Miguel atormentado son: "Mi sangre es un camino", "Vecino de la muerte", y "Me sobra el corazón."

[6] Rafael Azuar en su estudio ya mencionado, se refiere al vocablo "tuera" y dice que: "es una palabra que viene del árabe y significa muerte y destrucción. (Miguel Hernández, 211)

[7] Se publicó por vez primera el 2 de Enero de 1937, en la revista *Ayuda*.

OBRAS CONSULTADAS

Cano Ballesta, J., *La poesía de Miguel Hernández*, 2a. ed., Madrid, Editorial Gredos, 1971

Ifach, María de Gracia, ed., *Miguel Hernández*, Madrid, Taurus Ediciones, S. A, 1975.

Luis, Leopoldo de, y Jorge Urrutia, introducción, estudios y notas, *Miguel Hernández. Obra poética completa*, Madrid, Alianza Editorial, 1982, 1984, 1986.

Poveda, Jesús, *Vida, Pasión y Muerte de un Poeta: Miguel Hernández*, México, Ediciones Oasis, 1975.

Solís, Pedro Xavier, comp., *Pablo Antonio Cuadra. Ensayos II*, 1a. ed., Managua, Fundación Vida, 2003.

Unamuno, Miguel de, *Del sentimiento trágico de la vida*, 7a. ed., Buenos Aires, Espasa-Calpe Argentina, 1945.

Espadas y cuchillos en *El rayo que no cesa*: sobre interpretaciones

José Antonio Torregrosa

La asunción del irrenunciable destino del hombre, nacido para unirse con la mujer en un encuentro gozoso de cuerpos y sangres que permitirá finalmente la perpetuación de los padres, se hubo de convertir en la poesía hernandiana de plena madurez en un mito personal, repetidas veces manifestado en sus versos. Canta en ellos Miguel Hernández el acto primario que culmina un designio marcado para la especie humana desde "los primeros pobladores del planeta", como dirá en el tríptico "Hijo de la luz y de la sombra", un poema que debe contarse entre la más alta lírica que haya producido el siglo XX. También el deseo sexual, sin una finalidad ulterior, que en la etapa católica de Hernández era ascéticamente reprimido como tentación, es revelado en *el Cancionero y romancero de ausencias* —así «Orillas de tu vientre»— con una transparente desinhibición, desconocida en la literatura española hasta años recientes.

No obstante, la expresión de esta completa e ineludible sexualidad natural no es la que aflora unos años antes en *El rayo que no cesa*, sino que en este libro de principios de 1936 asistimos, sencillamente, al lamento por la no satisfacción del elemental e imperioso instinto erótico. El mismo instinto que en poemas anteriores aparece irreprimible con la llegada de la primavera. Lo vemos en «Primavera celosa»:

> Me cogiste el corazón,
> y hoy precipitas su vuelo

con un abril de pasión
y con un mayo de celo.

También en el soneto que comienza «Ya se desembaraza y se desmembra», de *Imagen de tu huella*:

> Es el tiempo del macho y de la hembra,
> y una necesidad, no una costumbre,
> besar, amar en medio de esta lumbre
> que el destino decide de la siembra.
> Toda la creación busca pareja:
> se persiguen los picos y los huesos,
> hacen la vida par todas las cosas.

Y en el soneto «Pirotécnicos pórticos de azahares», igualmente de *Imagen de tu huella*, que concluye:

> ¡Oh, primavera verde de deseo,
> qué martirio tu vista dulce y alma
> para quien anda solo y miserable!

Con toda su descarnada explicitud se manifiestan los ardientes deseos carnales en "Mi sangre es un camino":

> No me pongas obstáculos
> que tengo que salvar,
> no me siembres de cárceles,
> no bastan cerraduras ni cementos,
> no, a encadenar mi sangre de alquitrán
> inflamado capaz de calentar
> calentura en la nieve.
> ¡Ay qué ganas de amarte contra un árbol,
> ay qué afán de trillarte en una era,
> ay qué dolor de verte por la espalda
> y no verte la espalda contra el mundo!

Son, en fin, especialmente numerosas las referencias a esa lucha interior que mantiene el hombre a causa del apremio de la carne. Pero no hay que pensar que tales urgencias sexuales se transmuten en poesía con el solo apoyo del sentimiento lastimado que causa la insatisfacción. Tampoco la "Elegía" dedicada a Ramón Sijé es sólo el fruto de un corazón secuestrado por el dolor. Hay mucho artificio literario entre bastidores. Sabemos, incluso, que Hernández estructuró *El rayo que no cesa* según una muy preconcebida disposición de las piezas en el conjunto.[1] Y sin entrar en detalles acerca de la abrumadora carga retórica que sostiene cada poema, anotemos sólo el asombroso cultivo metafórico que brota en el libro.[2]

La amplia simbología que nutre el poemario ha merecido amplio tratamiento crítico. El uso variado e insistente que hace el poeta de determinadas imágenes le sirve, sobre todo, para la expresión marcadamente dolorida de la pena de amor, pero no entendida ésta en una dimensión metafísica, de causas difícilmente aprehensibles. Bien al contrario, la viva humanidad, profundamente material y corporal, del deseo amoroso insatisfecho redondea unas composiciones en las que vemos a un yo lírico traspasado por un sufrimiento desasosegante y convulso.

Junto a la plasmación de la pena, que no es, en absoluto, exclusiva de *El rayo que no cesa*,[3] la imagen trágica del toro ha sido quizá la que más atención ha suscitado entre los estudiosos de Hernández, por su intensidad y porque el asunto taurino recorre casi toda la escritura del autor, desde poemas de formación hasta la poesía de guerra, sin olvidar el teatro y hasta su propio trabajo junto a José María de Cossío.[4] Pero no se nos debe escapar el hecho significativo de que el poeta quiso abrir su libro con «Un carnívoro cuchillo» precisamente, un poema que condensa, en la brevedad de sus octosílabos, el tono hiriente, patético y conmovedor de la obra toda.

Ancestralmente, el cuchillo, herramienta del sacrificio, se ha asociado a la idea de muerte.[5] En la poesía y en el teatro de García Lorca es frecuente su uso en situaciones de violencia. Pero en el caso de Miguel Hernández, y más concretamente de su libro *El rayo que no cesa*, la muerte está emparentada con el amor, en tanto que la intensidad del tormento amoroso es una forma de muerte del enamorado. A la vez, tal sufrimiento tiene una doble faz, aparentemente contradictoria, que ha conocido una enorme fortuna en la literatura amatoria: el amante lacerado por el amor se complace, sin embargo, en su propia herida, a la que no desea renunciar. Estamos hablando del tópico del amor como lucha entre contrarios, un motivo que nuestra poesía importó de Petrarca y que llega hasta Hernández.[6] En un soneto de *El silbo vulnerado*, «De amor penadas se alicaen las flores», leemos:

> En ti busco el alivio de mis llagas,
> y cuanto más lo busco, más me llago.

Y la enamorada Encarnación dirá en *El labrador de más aire*:

> Es una herida tan bella,
> que estoy sufriendo por ella
> y estoy a gusto en mi herida.

Incluso en el ámbito privado de su correspondencia, el joven de Orihuela escribía a su novia Josefina Manresa, no sabemos si recordando a Rosalía de Castro, a Antonio Machado o de propia cosecha: "te has metido en ella [en mi vida] como una espina muy honda, y aunque me duele me gusta y no me la quiero quitar".[7] Recordemos que el cuchillo de *El rayo que no cesa* es "de ala dulce y homicida" y participa también de esa bifronte condición.

La identidad entre el amor y la muerte la recogía Vicente Aleixandre en *La destrucción o el amor* (1935), un libro grato a Hernández que, además de abrirle las puertas de la amistad con el futuro Nobel, le sirvió al oriolano para configurar en no pequeña medida bastantes aspectos de su cosmovisión poética. Para Aleixandre la entrega amorosa de los cuerpos supone una anulación de la forma y la identidad de cada uno de ellos, supone su *destrucción* para integrarse en una unidad superior («Unidad en ella» es el título de un poema aleixandrino), la cual se deshace tras el acto erótico, momento en que cada amante retorna al mundo de la diferencia dentro de sus propios límites y fracciona de nuevo el Universo, que en la fusión de ambos tendía al Todo. Desde ese punto de vista, como ha explicado Carlos Bousoño, cualquier elemento de la realidad que contenga la muerte en potencia puede presentar, por traslación, una cara del amor: "los cuchillos, las hachas, serán el amor en su forma más condensada y poderosa",[8] y por eso podemos leer en el poema «Verbena», del mismo Aleixandre, este verso: "Mientras cuchillos aman corazones".

Hay que decir que esta particular igualación entre el amor y la muerte se aleja de una tradición literaria pródiga en la plasmación del doliente sentir amoroso hermanado con la muerte, que es, en el fondo, la estela clásica y tradicional que sigue Hernández en su libro de sonetos, tan clásico. El mérito mayor de *El rayo que no cesa* se hallará en la fuerza desgarradora que en la expresión de ese sentimiento atormentado muestran las imágenes y el vocabulario, sometidos, además, a unos procedimientos retóricos deslumbrantes.

Respecto a García Lorca, Juan Cano Ballesta ha señalado "la obsesión continua de los cuchillos en la obra lorquiana",[9] pero deja claro que a pesar de que fuera ahí donde hallara sugerencias para el uso de esta imagen poética, "Miguel Hernández la desarrolla con absoluta independencia y ninguna formulación del vate granadino ha hallado eco en las imágenes hernandianas".[10]

Hernández utiliza, en efecto, el motivo del cuchillo (y, a los mismos efectos poéticos, derivaciones como *cuchilla, puñal, espada, hoz, guadaña*) en contextos de violencia física. En el acto segundo, cuadro primero, escena tercera, de *El labrador de más aire* Alonso manifiesta de esta manera su odio hacia Juan y sus deseos de matarlo:

> y, desde entonces, colmillos
> para matarte a pedazos
> tener quisiera y los brazos
> erizados de cuchillos.

En la última estrofa del poema «Las manos», de *Viento del pueblo*, aparece una imagen semejante, crispada de violencia:

> las laboriosas manos de los trabajadores
> caerán sobre vosotras [las manos de los explotadores]
> con dientes y cuchillas.

De hecho, la España que "avanza, y lucha, y muere" es posible "mientras le quede un hombre de pie como un cuchillo" («Euzkadi»). En ese mismo contexto, la hoz (emblema comunista) y el hacha asumirán, desde «Sonreídme» y "Alba de hachas" hasta algunos poemas de guerra, como «Jornaleros», este papel de armas elementales -y sanguinarias- con las que restablecer un orden natural y justo, pervertido en favor del poderoso.

Pero la metáfora conoce otras derivaciones. El cuchillo, ahora como instrumento con que la muerte se presenta, aparece en la «Elegía Primera»:

> No sabe andar despacio, y acuchilla
> cuando menos se espera su turbia cuchillada.

El cuchillo como dolor o angustia interior aparece en «Égloga»:

> Me siento atravesado del cuchillo
> de tu dolor.

Y también el puñal:
> este dolor de recomida grama
> que llevo, estas congojas
> de puñal, a mi silla y a mi cama.

La misma angustia vital que exterioriza «Sino sangriento»:

> Vine con un dolor de cuchillada,
> me esperaba un cuchillo a mi venida,
> me dieron a mamar leche de tuera,
> zumo de espada loca y homicida.

Y que obliga al poeta, en ese mismo poema, a enfrentarse a un "fatal torrente de puñales".

Pero nos interesan ahora las imágenes que reflejan la angustia interior del sujeto lírico en relación con el sentimiento amoroso y con el impulso sexual. El motivo de la pena de amor imaginada como cuchillos en el alma se remonta a la poesía hernandiana de formación. «Oriental» es un poema que Hernández publicó en mayo de 1930 y que constituye un remedo de la «Sonatina» de Rubén Darío. El Sultán desdeña cuantos placeres sensuales le rodean porque sólo tiene pensamiento para quien ya no le quiere: "¿Por qué vuela con otro...? ¿Por qué ya no me ama?". Su lánguida tristeza es consecuencia de un sufrimiento amoroso

> que una nube de penas ha tendido en sus ojos,
> que le ha puesto en el alma de cuchillos manojos.

Y un soneto de agosto de 1930, titulado «Es tu boca...», concluye con este terceto:

> Es tu boca, mujer, todo eso...
> Mas si cae dulcemente en un beso
> a la mía, se torna en puñal.

La subtrama amorosa de *El labrador de más* aire, de un gran de dramatismo, favorece el uso reiterado de este símbolo. Encarnación está enamorada de su primo Juan, que desconoce el sentimiento de su prima. Él, por su parte, acaba de poner sus ojos en Isabel, la hija del señor de la aldea, y se lo cuenta a Encarnación.

> Sonó su voz en mi oído
> con cara de ruiseñor
> y en mi oreja ha florecido,
> como un cuchillo, un amor.
> (Acto II, cuadro II, escena II)

El dolor de la prima al enterarse del desvío de Juan se expresa en términos sangrantes:

> No sabes qué desanhelo
> acabas de darme, Juan,
> ni qué cuchillos de hielo
> vienen a mi alma y van. (II, II, II)

Cuando Isabel rechace el amor de Juan, el enamorado dirá

> que es un páramo de sal
> acuchillada mi pecho. (III, I, V)

En medio de la acción y como personaje coral, las enamoradizas muchachas de la aldea andan también inocentemente atraídas por la apostura del joven aldeano. Una de ellas, Luisa, manifiesta de nuevo la paradoja del amor:

> Me clavó en el corazón
> cuchilladas de colores. (I, I, IV)

Pero el pasaje del drama que acumula más elementos de lo que podemos llamar tópica amatoria es el monólogo de Encarnación (II, II, I), quien trae a su queja los contrarios que se concitan en su sentimiento atormentado:

> Malaventurada soy,
> ¡ay!, que entre venturas malas
> muero y vivo.

> (...)
> Por este amor que me embarga
> de cisternas y herrerías,
> fuego y nieve,
> es mi vida muerte larga
> unos días, y otros días
> vida breve.

O manifiesta una sed de amor, prefiguración del poema «Casida del sediento», uno de los últimos escritos por Hernández:

> Muerdo la flor de la ruda
> y ardo sedienta y callada
> como arena.

Descubre su propia palidez de enamorada:

> Devuélveme los colores,
> que parezco una retama
> de amarilla.

Y, por supuesto, manifiesta su dolor con la metáfora de la espada:

> No me traigas una espada
> de suspiros, un manojo
> de aire y penas.

Todos estos testimonios nos pueden servir para explicar mejor la literatura que subyace en la configuración del sentimiento amoroso en *El rayo que no cesa* y, concretamente, el simbolismo que pueden adquirir cuchillos y espadas en sus poemas. El lamento de amor adquiere en este libro una trascendencia casi ontológica al ser encauzado dentro de una expresión literaria que lo muestra de manera atormentada, como si los límites de ese sufrimiento no parecieran hallar paliación sino en la muerte: "Algún día / se pondrá el tiempo amarillo / en mi fotografía" («Un carnívoro cuchillo»). Pero, a la vez, en una paradójica experiencia, es el dolor el que conduce a la misma aniquilación, como manifiestan algunos versos del poemario: "desde mi corazón donde me muero" (soneto 17), "adiós, amor, adiós, hasta la muerte" (19), "un enterrado vivo por el llanto" (20), "Como el toro he nacido para el luto" (23), "mi corazón vestido de difunto" (28), y remata el «Soneto final» :

> Al doloroso trato de la espina,
> al fatal desaliento de la rosa
> y a la acción corrosiva de la muerte
>
> arrojado me veo, y tanta ruina
> no es por otra desgracia ni otra cosa
> que por quererte y sólo por quererte.

Todavía en el poema «Égloga», unos meses posteriores a la publicación de *El rayo que no cesa*, se lee:

> Me ofende el tiempo, no me da la vida
> al paladar ni un breve refrigerio
> de afectuosa miel bien concedida,
> y hasta el amor me sabe a cementerio.[11]

Se trata de una vivencia del amor que percibe literariamente el *dolorido sentir* como una forma de muerte anticipada, de muerte en vida. Dicho con versos de Petrarca:

> Lasso, che pur da l'un a l'altro sole,
> et da l'una ombra a l'altra, o già 'l piú corso
> di questa morte, che si chiama vita.
> *(Canzoniere*, CCXVI)[12]

En los poemas hernandianos tales aconteceres amorosos se nos presentan con una desesperación tan rabiosa que transmite al lector la sensación desgarradora de absoluta verdad *vivida*, aunque, como dijimos más arriba, hay en sus versos mucha literatura interpuesta. Sin ir más lejos, la expresión artificiosa de la pena, con su exacerbación lacrimógena, debe mucho a Garcilaso y a Quevedo, poetas de llanto desmesurado, que, a su vez, tributan generosamente al petrarquismo. De modo que no resulta original Hernández en lo que se refiere a la constatación de la infinita aflicción amorosa que produce una existencia más próxima a la muerte que a la vida. Ni siquiera lo es la idea de la convivencia interna con el mal, expresada en la primera composición del libro: "picotea mi costado / y hace en él un triste nido", y en la segunda: "de mí mismo tomó su procedencia", "de mí brota". Y es que, por ejemplo, ya Garcilaso había escrito en el soneto XL: "El mal en mí ha hecho su cimiento", "Ya todo mi ser se ha vuelto en dolor" y otras expresiones semejantes en las que invoca a la muerte.

La originalidad de Miguel Hernández reside, en cambio, en desautomatizar estos tópicos dolientes mediante una expresión formal superadora de modelos. Ya en algunos poemas de *El silbo vulnerado* había ensayado el autor una cierta imaginería a base de nombrar la pena mediante alusiones a lo agudo, incisivo y penetrante: "aguijón de pena" leemos en «Como queda en la tarde que termina». En «Te espero en este aparte campesino» el amante espera gozosamente que su amor llegue "a quererme alejada del espino", en una bella polisemia que señala a la naturaleza que lo rodea pero, mejor, a la placidez de los sentimientos. Y en el soneto «AY- eterno», del *Primitivo silbo vulnerado*, el *ay* del lamento sale *picudamente*:

>¡Ay, qué picuda y, ay, qué amargamente
>me sales, ay, me sales del retiro
>del alma, en el origen de la fuente
>de la pena, del llanto y del suspiro!

Resulta significativo, por lo demás, que un poema dedicado al espino, meramente vegetal, lo titule el poeta «ESPINO-y muerte».

Pero es sobre todo en *El rayo que no cesa* donde ese tratamiento metafórico se consolida y perfecciona al incorporar elementos nuevos que consiguen un mayor dramatismo en la expresión dolorida de la pena de amor: cuchillos, espadas, guadañas, rayos, estalactitas, cardos, zarzas, avisperos, tiburones, leopardos, toros, etc., configuran un universo perturbador singularmente adecuado a la intensidad de la desasonante experiencia amorosa y sexual vivida por el enamorado. Predominan, como se ve, aquellos elementos que por su forma puntiaguda y/o cortante trasladan mejor la sugerencia de lo hiriente que causa dolor: "Un carnívoro *cuchillo* / de ala dulce y homicida / sostiene un vuelo y un brillo / alrededor de mi vida", afirma con aflicción el yo lírico; y en el soneto 2 son "*espadas* y rígidas hogueras" las que trasiegan su corazón, en el que ha entrado el amor "como con dos *guadañas* eclipsadas" (soneto 3), por ello sufre "el rigor de esta agonía / de andar de este *cuchillo* a aquella *espada*" (19); "*cardos* y penas" lleva por corona y siente un "*avispero*" después del beso:

>Besarte fue besar un avispero
>que me clava al tormento y me desclava
>y cava un hoyo fúnebre y lo cava
>dentro del corazón donde me muero.

Incluso el toro en celo junta amor y muerte, "*espadas* congregando con amores".

Como se ve, las imágenes del amor asociadas a la muerte constituyen un núcleo semántico que, aunque en eco, tiene un gran calado en la poesía hernandiana. Y será en el complejo entramado de metáforas sugestivas que lo moldean donde escuchemos la voz ya original del poeta de madurez. Una madurez con la que consigue crear el soneto memorable que comienza "Como el toro he nacido para el luto", una composición que, a través de la figura trágica del animal destinado a morir violentamente, consigue transmitirnos la agonía casi existencial de la insistencia infructuosa del enamorado:

> Como el toro te sigo y te persigo,
> y dejas mi deseo en una espada,
> como el toro burlado, como el toro.[13]

De nuevo tenemos la imagen de la espada en un contexto amoroso, esta vez especialmente afortunada, pues sirve al doble propósito de mostrar la tragedia del hombre doliente y del toro, igualados en su destino fatal.

Como en el caso del cuchillo, la espada es instrumento cuya asociación con la muerte no precisa de explicaciones. En *El torero más valiente* (acto III, fase anterior, escena II) el personaje Ramón llama *Júpiter* a Pinturas, el mozo de espadas de José, y se produce el siguiente diálogo:

> PINTURAS: ¿Qué / insulto me da por mote? / No me ponga usté, Ramón, / nombres que no entiendo (...) / Llámeme sencillamente / Pinturas, mozo de   estoques / de José.
> RAMÓN: Pues del oficio / te he sacado el sobrenombre / jupiterino.
> PINTURAS: ¿Cómo?
> RAMÓN: Como el mayor de los dioses / vibras rayos.
> PINTURAS: Son espadas / solamente.
> RAMÓN: No le estorbas / el curso a la imagen: llevas / la muerte en tu seno...
> PINTURAS: ¿Dónde?
> RAMÓN: ...la muerte para la muerte.

Resulta interesante la conjunción, en unos pocos versos, de dos imágenes, rayo y espada, de tanto peso en *El rayo que no cesa*, y ambas en asociación directa con la muerte. En esa misma obra, por cierto, José ya había dicho:

> Rayo es el amor, ¿oís?
> arroja en un cielo lleno
> de oscuridades su saña,
> parece que nada daña
> y no deja nada bueno.

Desde luego, no podemos compartir la opinión de Eutimio Martín, biógrafo de Hernández, cuando escribe que "*El rayo que no cesa* no hay por qué ir a buscarlo en la tradición literaria, sino en la misma condición vital, por no decir fisiológica, del poeta".[14] Si lo segundo puede resultar razonable, la negación de lo primero supone cerrar los ojos a una evidencia: en pocos escritores aparecen de manera tan transparente las lecturas realizadas en su formación, como ocurre con Miguel Hernández. La aseveración de Martín le lleva a mantener la hipótesis de que tanto *rayos* como *espadas* y *cuchillos* son en ese poemario representación simbólica del sexo masculino en erección, proyección en último extremo de su circunstancia erótico-amorosa desesperada: "Se trata de la 'espada' (o 'puñal' o 'cuchillo') que atormenta al poeta por falta de vagina donde poder envainarla".[15]

Creemos haber aportado en este trabajo un conjunto suficiente de muestras que ayudan a fijar el valor simbólico del vocabulario que se cuestiona, y todas las pruebas nos llevan al mismo lugar: la vivencia literaria de la desesperación se enuncia en términos equiparables a la muerte. Lo ha expresado claramente Agustín Sánchez Vidal: "cuando las expansivas fuerzas vitales tropiezan con un obstáculo que impide su avance, inician una regresión o repliegue sobre sí mismas que conduce a esas pulsiones de muerte que literariamente se manifiestan bajo la temática de la pena, el toro, el cuchillo, el cardo".[16] Jorge Urrutia, por su parte, ha señalado también que "la muerte es una constante en el libro, y es de resaltar que, en el momento de darse a conocer, los primeros lectores se quedaron con esa idea", y cita a continuación el testimonio probatorio del escritor chileno Luis Enrique Délano, lector de la obra en el Madrid republicano.[17]

Es cierto que la simbología de la espada ofrece en nuestra cultura, entre otros, significados fálicos. Por atenernos a un testimonio literario cercano, recordemos el viento-hombrón que en el romance lorquiano persigue a Preciosa con "espadas calientes" («Preciosa y el aire»). Y hay que recordar que ya en 1992 Marcela López Hernández, en su repertorio léxico de la poesía hernandiana, registraba 'pene' como valor de *espada* en el verso "y dejas mi deseo en una espada", del soneto 23.[18]

Cierto es, también, que al lector le asiste el derecho de acoger en su mente cuantas sugerencias emanen de su lectura de un texto. Pero la teoría de la recepción, que hace depender el significado de una obra de la voluntad del lector (y, de hecho, produce una semiosis potencialmente ilimitada) cobija también, a nuestro entender, las interpretaciones arbitrarias. Y por ello, habría que plantearse, como hace Umberto Eco, "los límites de la interpretación".[19]

Eco ha afirmado categóricamente que no valen *todas* las interpretaciones, y presenta un caso que puede resultar caricaturesco, pero que le sirve para poner freno al ilimitado semantismo de un texto propugnado por los teóricos de la recepción. "Si Jack el Destripador nos dijera que hizo lo que hizo sobre la base de su interpretación del evangelio de Lucas, sospecho que muchos críticos orientados hacia el lector se inclinarían por pensar que había leído a Lucas de un modo bastante extravagante, [lo que] demuestra que hay al menos un caso en que es posible decir que determinada interpretación es mala".[20] Ahora bien, ¿la única alternativa a la intención del lector es regresar a la intención del autor, finalidad tradicional de la hermenéutica literaria? Quizá sería deseable, pero se trata, desde luego, de un ejercicio arriesgado, porque no siempre resulta fácil, o incluso posible, establecer tal intención. En el caso de Miguel Hernández, nos las habemos con un escritor que no dejó testimonios hermenéuticos acerca de su obra. Bastantes de sus versos, por su especial configuración metafórica o por responder a una cosmovisión muy personal, resultan hoy bastante oscuros, lo que no se dice con frecuencia, resguardados muchas veces el crítico o el mero lector detrás la emoción que transmite el conjunto del poema. Y esa dificultad de comprensión no la referimos ahora especialmente al caso conocido de los poemas de *Perito en lunas* y de su ciclo. No existe un corpus reflexivo, salido del autor, al que los lectores puedan echar mano en apoyo de sus intuiciones. ¿Es entonces "la hora del lector" y es aceptable cualquier interpretación?

Existe, sin embargo, un camino intermedio entre la intención del autor y la intención del lector, que Umberto Eco ha llamado la *intentio operis*, la intención de la propia obra, y que puede moderar los impulsos de los lectores hacia una semiosis infinita: serán aceptables cuantas interpretaciones sea capaz de racionalizar el receptor siempre que respeten la coherencia interna del texto, esto es, las estrategias textuales que el autor ha construido en él, y que incluyen, por ejemplo, su forma, su estructura y la conjunción de las isotopías que lo dotan de un sentido concreto. Esa coherencia interna, contextual, será, pues, el parámetro para medir la aceptabilidad de una interpretación en el conjunto de todas la probabilidades semánticas de la obra.

Ahora bien, por otro lado, sabemos que el acto de la enunciación de un texto obedece a unas circunstancias concretas históricas. La voz de Miguel Hernández en 1935 se expresa en medio de una gran crisis personal, en la que se incluye su peripecia amorosa, aspecto éste que ha sido atendido últimamente con enorme interés por los biógrafos del poeta. Estas circunstancias extralingüísticas no sólo no son despreciables, sino que pueden secundar la construcción de un sistema interpretativo fiable. Pero tampoco por sí mismas tienen la capacidad definitiva de penetrar el hermetismo de una obra, sino que han de acordarse al resultado lingüístico y estético reflejado en la misma, en su propia coherencia interna.

El caso del soneto 23 de *El rayo que no cesa* resulta paradigmático en la ejemplificación de cuanto llevamos dicho. El apoyo que ofrecen otros pasajes de la producción hernandiana, con la imagen de espadas y cuchillos en contextos que se vinculan claramente con el sentimiento exacerbado y con el dolor interior (y no con valores marcadamente sexuales), es, ciertamente, muy ilustrativo para la elucidación semántica y creemos haber aportado una documentación oportuna que hace hincapié en las abundantes concordancias temáticas que se dan en de la obra de Miguel Hernández. En otras parcelas de su producción literaria este método ha rendido frutos admirables.[21] Pero si no fuera suficiente, aún resulta de mayor fuerza la apelación al propio poema, a su propia construcción y al conjunto de significados parciales que van recorriendo sus estrofas hasta llegar al último terceto. En efecto, el soneto se configura, y así se ha alabado por la crítica, como una identificación de principio a fin, entre el sujeto lírico y el toro. En su primera oración, que comprende el primer verso y parte del segundo, ya declara aquél que "como el toro he nacido para el luto / y el dolor", es decir, nace destinado a la muerte trágica entre sufrimientos. Los siguientes versos prolongan la comparación e inciden enseguida en aspectos claramente sexuales ("...como el toro estoy marcado / por un hierro infernal en el costado / y por varón en la ingle con un fruto"). El instinto sexual insatisfecho (en el verso 13 se dirá "mi deseo") causa padecimiento. Y al final, tenemos la equiparación definitiva con la muerte del toro en la plaza: repetidamente burlado por el torero, en su última acometida a la muleta, el animal, engañado definitivamente, halla el sabor de la muerte en la espada. Se produce, pues, la metonimia espada-muerte, que en la sucesión de identificaciones hombre-toro ha de valer también, convertida ahora en metáfora, para el sujeto lírico, y revalida lo afirmado en el primer verso: "he nacido para el luto".

Existe, pues, una coherencia estructural que hace que en el texto vayamos progresando desde el nacimiento hasta la muerte y en el que la isotopía que en el toro vincula espada con muerte, sirve también para el hombre. Nada original, por otra parte, ya lo dijimos, resulta Miguel Hernández en la asimilación amor-muerte, tópica en la lírica amatoria y frecuente en *El rayo que no cesa*. Y además se halla prefigurada en el soneto 17 («El toro sabe al final de la corrida»), donde se anuncia la imagen que tendrá mejor desarrollo en el 23: igual que el toro prueba al final de la corrida el sabor de la muerte, que "es el de un vino / que el equilibrio impide de la vida", el enamorado probará también el "cotidiano cáliz de la muerte", que "vierte sobre mi lengua un gusto a espada / diluida en un vino espeso y fuerte / desde mi corazón donde me muero". Como se ve todo apunta en la misma dirección.

Queremos dejar claro que inclinarse por una de las dos interpretaciones de *espada* (miembro viril o dolor-muerte) sería algo completamente insustancial —allá cada lector— si no se estuviera decidiendo en ello una cuestión que afecta al autor.

La primera interpretación lleva implícita la carga de una tacha sobre el poema —aunque no haya *intención* del receptor en ello—, pues presupone un error compositivo en el poema que dejaría al descubierto una estructura y una semántica imperfectas: habría que reprobar al poeta la incoherencia de su afirmación en el primer verso: "Como el toro he nacido para el luto", es decir, 'como el toro he nacido para morir sufriendo'. Y, por ello, habría que retirar la afirmación que siempre se hace a propósito de este soneto, cumbre de la lírica española: que en él se produce una igualación absoluta, de principio a fin, entre sujeto lírico y toro, reforzada insistentemente, además, por un sintagma que se repite ocho veces y que abre y cierra la composición. Tal mengua pondría en entredicho la pericia literaria de Miguel Hernández. Y no es que haya que reconocerle al autor por fuerza y siempre unas dotes artísticas sobrehumanas. Por supuesto que podría incurrir en torpezas del oficio. Incurrió Cervantes en ellas. Pero ahora no se trata de eso. Se trata de que el daño que se inflige a la competencia artística del poeta no se justifica en causas objetivas a él imputables, sino sólo en el desprecio de una interpretación que es acorde a la lógica interna del texto, para acoger, en cambio, subjetivamente, una interpretación —sobreinterpretación, diría Eco— que desatiende la *intención de la obra*. Por cierto que el mismo *Vocabulario* de Marcela López no da al símbolo espada —sin que se sepa por qué— el mismo valor en el soneto 19 ("el rigor de esta agonía / de andar de este cuchillo a aquella espada"), pues anota: 'Dolor al no ser correspondido por la amada', que es el mismo sentido que le aplica al "carnívoro *cuchillo*": 'Amargura, pena, dolor'. Abundando más en los testimonios, podemos recordar, como hemos visto antes, que en *El labrador de más aire* es precisamente una *mujer* doliente —no un hombre—, quien hace suya la imagen de la espada, con lo que la sugerencia de los genitales masculinos queda excluida.

    Sabemos que el uso del símbolo en la obra de Miguel Hernández manifiesta la particularidad de ir adoptando valores diversos y aun opuestos en diferentes textos. La crítica hernandiana se ha encargado de resaltar este asunto para hacernos ver qué elementos tales como el toro, el viento o el rayo, por citar sólo algunos, tienen una polivalencia cuando se consideran las diferentes etapas de la producción del poeta. Esto hay que reconocerlo porque es una verdad evidente. Por otra parte, el lector tiene derecho a forjarse su propio mundo de sugerencias en la lectura de un poema. Ahora bien, creemos que no se debe aceptar una interpretación determinada de un símbolo en un texto cuando la misma entra en contradicción con los principios que se postulan en otras partes de ese mismo texto, con el consiguiente menoscabo de su lógica interna. Como se ve, el corolario de todo esto es que hacemos responsable al autor de desaciertos o descuidos que sólo ha producido la mente del receptor al sobreinterpretar la escritura original.

NOTAS

[1] Véase al respecto Manuel Ruiz-Funes Fernández, *Algunas notas sobre "El rayo que no cesa"*, Alicante, Instituto de Estudios Alicantinos, 1972, pp. 14-15. "Es un libro pensado, quizás, hasta el más mínimo detalle, meditado desde lo externo hasta lo interno".

[2] Para un análisis detallado del componente literario de la obra, con múltiples referencias a la tradición que está en la base de los poemas hernandianos, puede consultarse: José María Balcells, *Sujetado rayo. Estudios sobre Miguel Hernández*, Madrid, Devenir, 2009, pp. 95-147 y 185-227. Hay que decir que no se puede certificar, ni mucho menos, que Hernández conociese, ni siquiera de manera indirecta, todas las obras que cita minuciosamente Balcells a propósito de *El rayo que no cesa*. En muchas ocasiones no cabe hablar más que de coincidencias.

[3] Por citar sólo poemas aledaños al poemario principal, son abundantes los sonetos de *El silbo vulnerado*, y de su ciclo, que se construyen en torno a la pena. Damos el primer verso de algunos: "¡Qué penas tan ilustres son las penas", "De amor penadas se alicaen las flores", "Penas de Andalucía son mis penas", "Llanteando mi pena por la orilla", «PENA-bienhallada», "Gozar, y no morirse de contento", "La pena, amor, mi tía y tu sobrina", "La pena hace silbar, lo he comprobado", "Como queda en la tarde que termina", "Como recojo en lo último del día". Véase, al respecto, Vicente Ramos, *Miguel Hernández*, Madrid, Gredos, 1973, pp. 244-254. Marie Chevallier, *Los temas poéticos de Miguel Hernández*, Madrid, Siglo XXI, 1978, pp. 73-76, 91-96 y 115-120.

[4] Acerca de la escritura táurica o taurina de Miguel Hernández pueden consultarse: Juan Cano Ballesta, *La poesía de Miguel Hernández*, Madrid, Gredos, 1972, pp. 94-100. Pablo Corbalán, "Los toros de Miguel", en *Miguel Hernández*, ed. de María de Gracia Ifach, Madrid, Taurus, 1975, pp. 175-183. Manuel Ruiz-Funes Fernández, "Sobre los sonetos del toro en *El rayo que no cesa*", en *Estudios sobre Miguel Hernández*, ed. de Francisco Javier Díez de Revenga y Mariano de Paco, Murcia, Universidad de Murcia, 1992, pp. 413-420. Mariate Cobaleda, "El simbolismo del toro en la obra poética de Miguel Hernández", en *Presente y futuro de Miguel Hernández. Actas del II Congreso Internacional, Orihuela-Madrid*, 2003, pp. 243-257. Graciela Susana Puente Iglesias, *Miguel Hernández: Poética taurina*, Buenos Aires, Botella al Mar, 2006. Javier Villán, "Miguel Hernández y los toros", en *Un cósmico temblor de escalofríos. Estudios sobre Miguel Hernández*, ed. de Francisco Javier Díez de Revenga y Mariano de Paco, Murcia, Fundación Caja Murcia, 2010, pp. 357-366.

[5] Véase Juan Eduardo Cirlot, *Diccionario de símbolos*, Madrid, Siruela, 1997.

[6] Aunque puede resultar un exceso hablar de este libro como de un cancionero petrarquiano, pues concurren en él poemas de clara índole antipetrarquista, lo cierto es que circulan por la obra innumerables temas y motivos que proceden de la estirpe del poeta de Arezzo.

[7] Carta de julio de 1936, en *Obra Completa*, edición de Agustín Sánchez Vidal y José Carlos Rovira con la colaboración de Carmen Alemany, Madrid, Espasa-Calpe, 1992, p. 2441.

[8] *La poesía de Vicente Aleixandre*, Madrid, Gredos, 1968, p. 71.

[9] *La poesía de Miguel Hernández*, Gredos, Madrid, 1978, p.145. Un acercamiento al asunto, en relación con otros poetas coetáneos que hicieron uso de la imagen, puede leerse en María Dolores Jalón: "La imagen del cuchillo, símbolo de cosmovisión trágica en el libro *El rayo que no cesa* de Miguel Hernández", 2002. Digitalizado en http://uir.unisa.ac.za/bitstream/10500/872/1/dissertation.pdf.

[10] *Ibídem*.

[11] Digamos de pasada que el poema se publicó en el número de junio de 1936 de la *Revista de Occidente* y debió de ser escrito muy poco antes, pues obedece al estímulo de la conmemoración del cuarto centenario de la muerte de Garcilaso. En esas fechas prebélicas, Hernández disfruta de estabilidad emocional y sus cartas abundantes y extensas a Josefina constatan con ilusión sus proyectos profesionales (tras su reconocimiento por el gremio literario) y personales (por ejemplo, el matrimonio de ambos). Las únicas sombras importantes en ese momento son la ausencia de la novia lejana y la imposibilidad de encontrar un trabajo cerca de su tierra levantina. Viene esto a cuento del dramatismo de los versos reproducidos y de la necesaria prudencia que habría que tener a la hora de utilizar sus poemas como fuente *notarial* de su biografía. Y esta consideración bien pudiera extenderse, incluso, a otros momentos de más turbulencia en la vida del escritor oriolano.

[12] "¡Triste de mí! De sol a sol me hallo, / y de una sombra a otra, consumiendo / lo más de este morir que llaman vida". Francesco Petrarca, *Cancionero*, traducción de Ángel Crespo, Barcelona, Ediciones B, 1988, p. 397.

[13] Para el tema de la insistencia amorosa y de la tradición que en ella late, véase José Antonio Torregrosa Díaz, "«Te sigo y te persigo»: imágenes de la insistencia amorosa en *El rayo que no cesa*", *Barcarola*, 76, noviembre 2010, pp. 49-56.

[14] *El oficio de poeta. Miguel Hernández*, Madrid, Aguilar, 2010, p. 368.

[15] *Ibídem*, p. 362.
[16] *Miguel Hernández, desamordazado y regresado*, Barcelona, Planeta, 1992, p. 183.
[17] Prólogo a Miguel Hernández, *El rayo que no cesa*, Madrid, Alianza Editorial, 2010, p. 23.
[18] *Vocabulario de la obra poética de Miguel Hernández*, Salamanca, Universidad de Extremadura, 1992.
[19] *Los límites de la interpretación*, Barcelona, Lumen, 1992. También de Umberto Eco, *Interpretación y sobreinterpretación*, Madrid, Akal, 1995. Citaré por la reedición de 2002.
[20] *Interpretación y sobreinterpretación*, cit., p. 34-35.
[21] Para descifrar el sentido de las audaces metáforas de cada octava real de *Perito en lunas*, Agustín Sánchez Vidal se valió, con resultados iluminadores, del cotejo de esta obra con el resto de la producción hernandiana, anterior y posterior, "un método que da un relativo margen de seguridad". Véase Miguel Hernández, *Perito en lunas. El rayo que no cesa*, edición, estudio y notas de Agustín Sánchez Vidal, Madrid, Alhambra, 1976, p.14.

TERRESTRE FULGOR: LA VOZ DE MIGUEL HERNÁNDEZ EN AMÉRICA

Alberto Villanueva

Todos escribimos a partir de nuestra propia situación como nacidos en un lugar determinado y hablantes de una lengua con sus propias particularidades. Asumamos pues que así anulamos cualquier pretensión de situarnos en una objetividad y, mucho más importante, la arrogancia de que esa lengua esté en el centro de alguna universalidad. La lengua poética escrita, oral *y gestual* de Miguel Hernández, bien es sabido, emerge por los campos en torno a la Orihuela de los años treinta y allí permanece enraizada, como en todo poeta genuino, hasta su muerte en "una España hostil —escribiría Octavio Paz—, enemiga de la España que soñó su generosidad" (178). Era en noviembre de 1942, cuando Paz escribía "Recoged esa voz...", sus líneas de despedida, que así concluían:

> No quiero recordarte, Miguel, gran amigo de unos pocos días milagrosos y fuera del tiempo, días de pasión en los que, al descubrirte, al descubrir a España, descubrí una parte de mí, una raíz áspera y tierna, que me hizo más grande y más antiguo. Que otros te recuerden. Déjame que te olvide, porque el olvido de lo puro y de lo verdadero, el olvido de lo mejor,[1] es lo que nos da fuerzas para seguir viviendo en este mundo de compromisos y reverencias, de saludos y ceremonias, maloliente y podrido. Déjame que te olvide, para que en este olvido siga creciendo tu voz, hurtada ya a tu cuerpo y a la

memoria de los que te conocimos, libre y alta en los aires, desasida de este tiempo de miseria. (179)

Era cuando, además, el gran mexicano describía que lo había conocido "cantando canciones populares españolas, en 1937" y que "[p]oseía voz de bajo, un poco cerril [...] sonaba a campo, a eco grave repetido por los valles, a piedra cayendo en un barranco" (178). Y es a través de las canciones populares — "entonadas por Hernández, con José María (*sic*) Petere al piano", escribe Guillermo Sheridan (301) —, señaladas en este sucinto homenaje del joven Octavio Paz, donde se trasvasa y habrá de perdurar más directamente el oriolano en una vertiente de cantautores, hispanoamericanos y españoles, sobre todo en las décadas de los sesenta, setenta y principios de los ochenta, que "recitaban y acompañaban con sus propia música poemas de poetas conocidos, como, por ejemplo, de Federico García Lorca, Antonio Machado, Miguel Hernández, Pablo Neruda o Nicolás Guillén" (Siebenmann 253). Son los años de la Revolución Cubana —de gran influencia en Latinoamérica—, tiempos de guerra de guerrillas y de la muerte del Che Guevara en Bolivia, en el marco de una polarización del mundo en aras de la guerra fría de los dos imperios, con sus intervenciones militares y su propaganda, cortina de hierro y "frentes populares", Guerra de Corea, y aplastamientos por la U.R.S.S. de intentos más que nada democrático-socializantes en Hungría y Checoeslovaquia, guerra de Vietnam y tiempo de las revueltas estudiantiles. De golpes de Estado y dictaduras militares que recrudecen dentro de ese contexto en el Brasil, en 1964, y en los setenta en los países hispanoamericanos, sobre todo del Cono Sur, el área donde se podía percibir la influencia hernandiana basada en su obra con mayores referentes sociales y políticos.

Pero antes aún de todo esto, donde primero se evoca y, sobre todo, se convoca su poesía es en la Argentina de la generación "del 50 (con los sonetos a lo Miguel Hernández primero, con el invencionismo luego) —escribe César Fernández Moreno— [que] se concentró nuevamente en lo formal" (44). Obsérvese este énfasis y también en el hecho de que "[e]l último soneto de forma rigurosamente clásica que Miguel Hernández va a escribir, se dedica a un poeta argentino: Raúl González Tuñón [...] del cual fue amigo (*Obra poética completa* [2] 284). Este soneto, añade Leopoldo de Luis, "es, propiamente, la primera poesía de Hernández con intención social. González Tuñón, uno de los más destacados poetas sociales argentinos, estuvo en España, donde escribió poemas sobre la revolución de Asturias de

1934 que, sin duda, impresionaron al joven Miguel" (10). Escribe en el segundo cuarteto de este poema que está entre su libro de 1936 (central para esta generación siguiente a la del 27) *El rayo que no cesa*, constituido principalmente de sonetos, y *Viento del pueblo* de 1937, en que se abandona la forma italianizante —que sonaba a "prosa" a los oídos de las gentes del periodo renacentista acostumbrados al octosílabo, cuando fue introducida en España según Boscán (Alonso 47)—[3] y aparece el romance, más acorde a la tradición española y también al cancionero del siglo XV, lo cual sin duda se amoldaba con mayor eficacia al efecto *gestual* y declamatorio de las lecturas públicas:

> [...]
> Hombres como tú eres pido para
> amontonar la muerte de gandules,
> cuando tú como el rayo gesticules
> y como el rayo al rayo des la cara.
> [...] (*OPC* 304)

Pero es esa zona rigurosa que había alcanzado un punto central en *El rayo que no cesa*, antes de los poemas así llamados sociales y morales, la que mejor ensambla tradición y renovación, hacia la modernidad que una tal, determinada, personalidad, la de Miguel Hernández, inaugura. Conviene pautar levemente su *poética* porque es lo de valor más sostenido y fecundo en cuanto a su presencia en Hispanoamérica (y en España). La cual si bien ha sido trabajada y no es mi propósito principal aquí, conviene clarificar señalando que los estudios realizados han quedado subsumidos en la clásica dualidad de signo, estilo, o de la noción tradicional de ritmo, también aplicable éste *sólo* a "poesía" en contraposición a "prosa", etc. Así la idea de *modernidad* que, como dice Henri Meschonnic en "Le mythe de la rupture", "es la abolición de la oposición entre lo antiguo y lo nuevo" (76).[4] Y el *ritmo*, aclaro siguiendo a este autor, ya no es visto como "una alternancia formal" (basado en las clásicas reglas métricas, rima, etc.). Émile Benveniste había indagado en su artículo "La notion de 'rythme' dans son expression linguistique" acerca del sentido clásico de la palabra *ritmo*, y la dilucida en tanto "designa la forma en el instante en que ella es asumida por lo que es movimiento, móvil, fluido, la forma de lo que no tiene consistencia orgánica"; opuesta a *esquema* en tanto es "una 'forma' fija, realizada": la parálisis de todo movimiento, y la definición hasta ahora prevaleciente (333). El ritmo como "organización del movimiento", concluye Meschonnic —y añade con Gérard Dessons—, donde "la regularidad y la irregularidad no son más que unas figuras entre otras, y no la polaridad organizadora de las figuras" (74). El ritmo entendido como *"una forma de vida (la invención de una sensibilidad, por ejemplo) que deviene una forma de lenguaje"* (200, mi énfasis). En este sentido, "el *ritmo* incluye ahora no sólo las alternancias mensurables de acentos, sino toda la prosodia, efectos de eco —consonánticos y vocálicos—así como la entonación para el habla. Retoma, en su relación empírica, lo corpóreo y lo social que la lingüística del enunciado y de la frase, y aún la del discurso, justamente aquí, abandonan a lo extralingüístico. El ritmo del discurso, entonces, no depende únicamente de la fonética, *depende de una teoría de conjunto del discurso*. Esto es, depende más de una *antropología histórica del lenguaje* que de una lingüística" (*Traité du rythme* 75, mis énfasis).

De aquellas figuras, como quedase dicho, se han encargado de manera tradicional varios estudios a partir del conocido empleo por Miguel Hernández de la octava real, liras, décimas, "silbos" y sobre todo sonetos en la extraordinaria y veloz fase que desemboca en *El rayo que no cesa*, ya sea indicando su riqueza de vocabulario, aliteraciones, hipérboles, usos fónicos, de pausas y entonación, metáforas y símbolos, todo lo que había dirigido al poeta hacia el barroco a partir de su lectura tanto de los clásicos del Siglo de Oro como de la influyente generación del 27. Encontrar huellas del modernismo es normal, puesto que había calado hondo en varios de los mejores escritores españoles, pero también hay un "Epitafio desmesurado a un poeta (Julio Herrera y Reissig)", que cabe señalar y citar en fragmento:

> [...]
> Fue una rueda solitaria
> hecha con radios de amor
> y a la luna y al dolor
> daba una vuelta diaria.
> Un águila sanguinaria
> le picó cada sentido,
> que aventado y esparcido
> de un avaricioso modo
> llevaba del cuerpo a todo.
> [...] (*OPC* 309)

Porque indica de paso su entendimiento poético del uruguayo (barroco, y *cursi* en el ámbito delimitado con genio por Ramón Gómez de la Serna en su ensayo "Lo cursi"),⁵ su comprensión del ritmo propio de este poeta difícil sobre todo cuando desafuera el modernismo y que, por esta razón, resultase marginado por tantos fuera de Vallejo, Huidobro, Federico García Lorca y Neruda.⁶ Por cierto, el ritmo se impone desde cada poema, y cada poema define a las palabras que lo comprenden y no a la inversa. En el caso de Hernández, además, el empleo de las formas tradicionales, aunque no siempre puntillosamente obedecidas, nunca se aleja de circunstancias que conllevan su *historicidad* —entendida como "el estatuto contradictorio entre una situación histórica dada, que es siempre la circunstancia de una actividad, y la capacidad de esta actividad de salir indefinidamente de las condiciones de su producción, sin dejar de continuar actuando y de estar incesantemente allí en los nuevos presentes"— (Meschonnic y Dessons 234). En otras palabras, hay una incorporación de la sofisticación barroca (sin la parafernalia mitológica), que es urbana — y entonces refería a Madrid— siempre llevada a Orihuela: el ritmo como *forma de vida*. Así, quienes han visto en el barroquismo de Hernández un principal ejercicio de aprendizaje bajo los auspicios del 27, no parecen haberse enterado de parte muy significativa de la mejor escritura en las lenguas iberoamericanas del siglo XX.

Con este contexto apenas esbozado, los toques de surrealismo en su obra intermedia entre *El rayo que no cesa* y *Viento del pueblo* no dejan de ser coherentes porque ya otros dos andaluces, Federico García Lorca —llegado a la Residencia de Estudiantes en 1919, con Madrid entonces bajo el signo del ultraísmo— y Rafael Alberti se habían impuesto en la capital con "su doble y común aspecto neopopular y surrealista (ambos de signo romántico)", escribe Fernández Moreno (219). Cabe también señalar con este autor, que se había iniciado "[u]n paralelo entre los sucesivos pasos de [García Lorca y Neruda en cuanto muestra] la simbiosis que durante este periodo se produce *entre la poesía española y la sudamericana*", y en 1933 se publican "dos cumbres de uno y otro poeta: *Residencia en la tierra* para el chileno, *Bodas de sangre* para el español" (219-20, mi énfasis). Como es sabido, ambos poetas se habrían de encontrar con gran recibimiento en Buenos Aires, en 1934, y otra vez en España y 1935.

Y si bien es indudable la influencia de Neruda, el camino de la reciprocidad no me parece menos evidente, por ejemplo, como admite el chileno en esta primera estrofa de "A Miguel Hernández asesinado en los presidios de España", del *Canto general* (1950):

> Llegaste a mí directamente del Levante. Me/ traías,/ pastor de cabras, tu inocencia arrugada,/ la escolástica de viejas páginas, un olor/ a Fray Luis, a azahares, al estiércol quemado/ sobre los montes, y en tu máscara/ la aspereza cereal de la avena segada/ y una miel que medía la tierra con tus ojos. [...] (124)

Poema en que lo llama repetidamente de "hijo mío" y en el que escribirá con mucha verdad: "[h]oy sobre la tierra pongo mi rostro y te escucho". Que testimonia una adhesión combativa en principio, pero que interesa más que nada en cuanto indica influencias que se concretarán más tarde en las famosas *Odas elementales* (1954) del propio Neruda. Escribe Hernández en estas casi liras, que lo sitúan en aquel "olor a Fray Luis":

> ODA AL VINO
> A lluvia de calor, techo de parras;
> a reposo de pino,
> actividad de avispas y cigarras
> en el sarmiento fino,
> cuerda de pompas y sostén de vino.
>
> Morada episcopal, la cepa nimia,
> bajo la luz levante,
> en situación se pone de vendimia,
> luciendo a cada instante
> racimos en estado interesante.
> [...]
> Al vino ya la tumba de madera
> le prepara su fondo;
> el vaso su torreón, su vinajera
> la misa, el cáliz mondo:
> ¡triunfo y consagración de lo redondo!
> [...] (*OPC* 107-108)

A continuación, sigue otro ejemplo muy comentado:

> ODA A LA HIGUERA
> Abiertos, dulces sexos femeninos,
> o negros, o verdales;

mínimas botas de morados vinos,
cerrados: genitales
lo mismo que horas fúnebres e iguales.
[...] (*OPC* 109)

Y uno más, para finalizar con esta región lírica:

HUERTO-MÍO

Del monte en la ladera...
Fray Luis

Paraíso local, creación postrera,
si breve de mi casa;
sitiado abril, tapiada primavera,
donde mi vida pasa
calmándole la sed cuando le abrasa.
[...]
Propósitos de cánticos y aves
celan las frondas, nidos.
Entre las hojas brotan nubes, naves,
espacios reducidos
que a ¡cuánto amor! elevan mis sentidos.

La hoja bien detallada por el cielo,
y el cielo por la hoja,
surten de gracia y paz el aire en celo,
que cuando se le antoja
arrecia ramas, luz de cielo afloja.
[...] (*OPC* 113-14)

Son odas de un lenguaje preciso y refinado, elegante, escritas a los 23 y 24 años, pertenecientes al centenar de poemas entre *Perito en lunas* (1933) y su secuela "gongorina", y *El rayo que no cesa* (*OPC* 91). Si bien publicó pocos de ellos en la revista de Ramón Sijé *El Gallo Crisis*, sin duda llegaron a manos y oídos de Neruda, quien, como es sabido, fue concluyente en cuanto a las relaciones del oriolano con esta publicación neocatólica. El tratamiento de los detalles naturales, afectivo y no exento de humor en estos ejemplos, es lo que incorporará el chileno en sus *Odas*, a la cebolla, a la alcachofa, etc. Hay una muestra en este fragmento de la "Oda a una castaña en el suelo":

> Del follaje erizado
> caíste
> completa,
> de madera pulida,
> de lúcida caoba,
> lista
> como un violín que acaba
> de nacer en la altura,
> y cae
> ofreciendo sus dones encerrados,
> su escondida dulzura,
> terminado en secreto
> entre pájaros y hojas,
> escuela de la forma,
> linaje de la leña y de la harina,
> instrumento ovalado
> que guarda en su estructura
> delicia intacta y rosa comestible.
> [...] (39)

Compárese aquí la metáfora y símil para la castaña con un violín —desenvolviéndose desde la primera línea a la octava—, con la metáfora para los higos en la "Oda a la higuera" de Miguel Hernández, aquella línea que dice: "mínimas botas de morados vinos". O cuando en esta misma oda metaforiza la sexualidad femenina al comienzo, así Neruda intercala en este otro ejemplo de su "Oda al vino":

> Amor mío, de pronto/ tu cadera/ es la curva colmada/ de la copa,/ tu pecho es el racimo,/ la luz del alcohol tu cabellera,/ las uvas tus pezones,/ tu ombligo sello puro/ estampado en tu vientre de vasija,/ y tu amor la cascada/ de vino inextinguible, / la claridad que cae en mis sentidos,/ el esplendor terrestre de la vida. [...] (224-25)

Y también se puede comparar con este poema de Miguel Hernández del mismo periodo, que no está lejos de la oda:

> DÁTILES-Y GLORIA
> Proyectiles de oriámbar
> a guerra de deseo.
> Exento de su ambiente,
> deleite con sombrero,

> archivo, sobre causa,
> del más esbelto efecto,
> el hueso cae: parábola
> del femenino sexo.
> Dátiles: altos bienes,
> Declinación del cielo.
> [...] (136-37)

Resulta ahora paradójica la actitud de aquella crítica entonces acerba de Neruda al oriolano, justo en un periodo de feraz y prodigioso crecimiento que desembocase en *El rayo que no cesa* cuando, casi veinte años más tarde, reciclara las influencias debidas al "hijo" sin indicación directa alguna, salvo la de su propia —y cariñosa, indudablemente— "paternidad". En términos más generales, ya Juan Ramón Jiménez escribió, también con acritud, sobre estos préstamos descuidados y otros colmos del gran poeta chileno.[7] Mientras tanto, en Buenos Aires —escribe César Fernández Moreno— y 1933 "se había realizado una gran Exposición del Libro Español: a partir de la guerra, varias de las principales editoriales españolas debieron establecer aquí sus definitivos cuarteles, y ellas fueron el punto de partida de nuestro actual desarrollo librero" (221). Esta difusión más continuada en la otrora capital del modernismo —es preciso recordarlo—, habrá de sufrir las destrucciones culturales y la corrupción estatal que se imponen con el peronismo a partir de 1943, y, más agudamente, desde la presidencia conquistada en 1946. La generación del 50 retoma postulados de la dispersada anterior del cuarenta; así por ejemplo, dice Fernández Moreno, en la vuelta al soneto aquélla resulta "apoyada en la influencia de Miguel Hernández, [y se constituye en un] último chispazo talentoso de aquel viejo esfuerzo restaurador" (320). Y añade el crítico:

> En lo lírico, la generación de 1950 no sólo buscará un lenguaje nuevo, sino también una poesía no elegíaca, más vital que la del 40: pregonará un canto afirmativo de ese mundo que le era negado por la situación política que le tocó soportar desde que sus integrantes alcanzaron uso de razón literaria y hasta la caída de Perón. Es tal vez por esta mayor insatisfacción, que ellos han sentido la mayor urgencia en vivir, en dar a conocer su juventud, esa aventura que los del 40 habían alcanzado a experimentar siquiera antes de ser sumergidos. (320)

Esta influencia será inicial y luego, en el caso de Alberto Vanasco y Mario Trejo, confluirá hacia el "invencionismo" liderado por Edgar Bayley, con lógica poética puesto que hay una busca continua de la unidad entre *poesía* y *vida*. Alberto Vanasco publica en esta vena su primer libro, *24 sonetos absolutos y dos intrascendentes*, en 1945. Un ejemplo, que remite al modelo de *El rayo que no cesa* —donde hay varios sonetos con repetición de palabras, anáforas, y, sobre todo aquí, aliteraciones "de los fonemas bilabiales oclusivos /p/, /b/" o "el continuo uso de la aliteración bilabial" /m/, señala, entre muchos otros usos, Acereda (53-54)— puede verse a continuación en "Yo, otra vez frente al campo, gris", con entonación rioplatense:

> Un poco más allá, se rompe el cable/ del alambrado, y luego está la pampa,/ rubricada en el pie como una estampa/ por la fuga de un sapo miserable.// La soledad redonda y galopable/ me sorprende después como una trampa,/ en la tarde recóndita que acampa/ mientras la lluvia alegra el impermeable.// Y así las cosas bailan el retorno/ de su completa soledad mojada,/ defendidas de mí, de mi contorno// por una fría indiferencia, rompo/ la tirantez en forma despiadada,/ y me duermo en las cosas, como un trompo. (Fernández Moreno 547)

De Mario Trejo en *Celdas de la sangre* (1946), "A Miguel, muerto así, en la flor de la edad":

> Se me escapa el dolor, se me desata/ la nudosa tensión que me domina/ el cuerpo, sabiamente, y me encamina/ a tenerte detrás de mi corbata,// que pudiendo morir entre la mata/ con el hocico al viento de una encina/ al moro que te tuvo en la retina/ se le distrajo el plomo en la culata.// Dolor de artuña balará la España/ eternamente por tu muerte huraña,/ y una tarde de tregua y desperezo// saldrá de una trinchera tu alma sola,/ para poder morir a la española:/ orgullosa la frente, y el pescuezo. (Fernández Moreno 554)

Y un último ejemplo: "Prisionero, voy de paso" del *Cancionero* (1953) de Miguel Ángel Gómez, muerto en 1959, quien tuvo contacto epistolar con Hernández, y que es probable leyese poemas sueltos de la muy posterior compilación publicada bajo el título de *Cancionero y romancero de ausencias (1938-1941)*, a través de amigos comunes, o quizás simplemente sea un buen ejemplo del aire —hernandiano— de la época, en el Río de la Plata:

> Raudas aguas sigilosas,/ ramajes de la corriente,/ atiéndanme, voy de paso,/ prisionero en la creciente.// Atiéndanme, camalotes/ que van por la correntada/ cuando los juncales rondan/ las islas de madrugada.// Atiéndanme, sauces, puertos,/ y somnolientas bahías:/ prisionero voy de paso/ entre la muerte y los días. (Fernández Moreno 564)

En el Uruguay en cambio, más marginal en términos literarios desde comienzos del siglo XX y nada inclinado a la actividad de grupos (por ejemplo, las vanguardias tuvieron su ocasional y siempre tardío impacto en escritores aislados), el libro de Juan Cunha *Sueño y retorno de un campesino (Égloga, Elegía, Geórgica),* de 1951, anota Alejandro Paternain, resulta "asistido muy de cerca por la sombra de Miguel Hernández", en cuanto a "[m]etro, estrofa, giros expresivos [que] muestran con claridad su procedencia; pero la adecuada fusión del paisaje y el hombre uruguayos a una musicalidad propia hacen del libro una entidad acrecentada y autónoma con respecto al modelo español" (26). Es cierto que el libro se pone bajo "la sombra compañera/ de Miguel, el poeta campesino", escribe Cunha (93), pero todo lo demás escasea y no resiste el paso del tiempo. Sin embargo, hay poemas suyos posteriores que mejoran mucho esa compañía como, por ejemplo, en el soneto homónimo del libro *Palabra cabra desmandada* (1971), que hace años seleccioné para una brevísima muestra de poesía uruguaya:

> CABRA Palabra desmandada/ Todavía quien sabe quién te dice/ Me dejarás que huyendo te utilice/ Tu huida cubrirá mi retirada// Pero regresarás a tu quebrada/ Donde yo nunca más vaya ni pise/ Si te busqué sabés cómo te quise/ Bueno a pesar de tal o cual pedrada// Puesto que cabra al fin al monte tires/ No te veré ni nunca más me mires/ Muda al hondazo sorda a mi silbido// Si cuando quiera ver entre ida y vuelta/ Vaya a saber por dónde en qué revuelta/ Para siempre jamás te me hayas ido. ("Poesía reciente" 267)

Más al norte, gran parte de los jóvenes integrantes de la revista *Hora de España* —que había reemplazado "a *Cruz y Raya* y a la *Revista de Occidente,* ambas desaparecidas en el verano de 1936" (Sheridan 288-89)—[8] ya en su exilio mexicano en 1939, pasarán a formar "parte del cuerpo de redacción de *Taller",* a instancias de Octavio Paz, uno de sus integrantes, quien añade:

[l]a mayoría de mis amigos mexicanos aprobó la idea y así ingresaron en nuestra revista Juan Gil-Albert, Ramón Gaya, Antonio Sánchez-Barbudo, Lorenzo Varela y José Herrera Petere [...] Me nombraron director y secretario a Gil-Albert. El ingreso de los jóvenes españoles no fue sólo una definición política sino histórica y literaria. Fue un acto de fraternidad pero también fue una declaración de principios: la verdadera nacionalidad de un escritor es su lengua. ("Antevíspera" 99)

Si *Hora de España* había contado con la presencia de Miguel Hernández, es de suponer su influencia, así como a partir de la anterior difusión en México y 1938 de *Voces de España (Breve antología de poetas españoles contemporáneos)*, de Octavio Paz, a través de *Letras de México*, que incluye del oriolano la "Canción del esposo soldado", y uno de Antonio Aparicio, por "amistad con este joven [cuya] inclusión, sólo por eso, es injusta: el poema es un manual de convencionalismos para imitar a Miguel Hernández", escribe Guillermo Sheridan (341-42).

Los poemas hernandianos de lucha social y combate militant, antes y durante la Guerra Civil, resurgirían alrededor de los sesenta y setenta hispanoamericanos, sobre todo a partir del entramado vocalista, escénico y emocional construido por los cantautores hispánicos. Lo que ha resultado constante y perdurable, allende los años cuarenta y cincuenta más propensos a una suerte de "restauración" de formas tradicionales, principalmente del soneto, pero que en realidad en los mejores poetas, ya sea en la práctica o en su aceptación tolerante, fue sólo una aparente vuelta al orden, es la difusión indudable de la poesía de Miguel Hernández a través del Pablo Neruda de las *Odas elementales*, y, desde allí, integrada a una corriente afincada en la realidad del poema y de la vida. Todavía queda por verse los resultados de ese mayor enraizamiento del Hernández final a Orihuela y a la lengua, desde la definitiva compilación reciente del *Cancionero y romancero de ausencias (1938-1941)*, en 1978. Es en esta región, de rigor a la vez más íntimo y abierto, del dolor y del amor, de una memoria y una moral, que retoma un ansia de exactitud en el ritmo como manera de vida, es aquí, donde sin duda su voz encuentra siempre suficiente eco, sencillamente porque supo estar en el *presente* de la mejor poesía hispánica actual.

NOTAS

[1] Notable similitud con este fragmento de carta de Miguel Hernández, de 1933: "Querido Miguel Ángel [Gómez]: Anoche me ha dado Pablo tu carta y la alegría de ver que te acuerdas de mí en la Argentina. Yo te había echado desde que te fuiste al lado del corazón en que guardo a mis mejores amigos, y *allí te olvidé para acordarme de ti cuando hablara de los poetas de América* con los de aquí, y sobre todo con Pablo (¿Hace falta aclarar: Pablo Neruda?)" (*Palabra Virtual*, mi énfasis).

[2] *OPC* en adelante.

[3] En *El rayo que no cesa* los endecasílabos constituyen casi el 92% del total de 524 versos (Alberto Acereda 24).

[4] Son mis versiones en lenguas extranjeras, excepto cuando en la bibliografía figuran en traducción española.

[5] Ensayo (publicado con algunas variantes --también de título-- en *Cruz y Raya* en 1934 y en la *Revista de Occidente* en 1936) que comienza con esta frase: "[a]sí como lo barroco tiene su última explicación en lo cursi, lo cursi tiene su primera explicación y antecedente en lo barroco" (685).

[6] Así, fue excluido de la polémica y notable antología hispánica *Laurel* (1941); Octavio Paz justificó esta exclusión en "Poesía e historia (*Laurel* y nosotros)" (62-64): ante las críticas siguió sin comprender al uruguayo (no parece haberse enterado, por ejemplo, del Ramón Gómez de la Serna de "Lo cursi" y otros escritos) ¿o, debe decirse, que el humor en general?

[7] Por ejemplo, en *Españoles de tres mundos* (1942) y, de manera ejemplar, en el aforismo "No colmarlo" ("1936-1949. Notas sobre poesía y poetas", *Ideolojía (1897-1957)*).

[8] "La revista ["bellamente preparada por la maestría editorial de Altolaguirre y diseñada en el discreto y exacto purismo de Ramón Gaya"] se decoraba con un lujoso consejo de redacción (Machado, Bergamín, León Felipe, Alberti, Cernuda, *Miguel Hernández*, Max Aub, Emilio Prados, Altolaguirre), pero su alma radicaba en los jóvenes Sánchez Barbudo, Gil-Albert, María Zambrano y Rafael Dieste. Su 'liberalismo humanista' no dejó de causarles ciertos problemas y roces con los comisarios" (Sheridan 289, mi énfasis).

OBRAS CONSULTADAS

Acereda, Alberto, *El lenguaje poético de Miguel Hernández (El rayo que no cesa)*, Madrid, Editorial Pliegos, 1995.

Alonso, Álvaro, "Introducción", *Poesía de Cancionero*, Madrid, Ediciones Cátedra, 1986, pp. 9- 53.

Benveniste, Émile, "La notion de "rythme" dans son expression linguistique", en *Problèmes de linguistique générale, 1*, París, Éditions Gallimard, 1966, pp. 327-335.

Carroll, Jorge, ed., "Miguel Ángel Gómez. Cartabierta", *Palabra Virtual*. Web. 21 junio 2010.
<http://www.palabravirtual.com/index.php?ir=ensayo.php&id=12&p=Miguel+%C1ngel+G%F3mez&t=cartabierta>.

Cunha, Juan, *Sueño y retorno de un campesino (Égloga, Elegía, Geórgica)*, Montevideo, Ediciones del pie en el estribo, 1951.

Fernández Moreno, César, *La realidad y los papeles. Panorama y muestra de la poesía argentina contemporánea*, Madrid, Aguilar, 1967.

Gómez de la Serna, Ramón, "Lo cursi" en *Obras completas XVI. Ensayos, Retratos y Biografías I.Ensayos, Efigies, Ismos (1912-1961)*, Ed. Ioana Zlotescu, Barcelona, Círculo de Lectores/Galaxia Gutenberg, 2005, pp. 685-711.

Hernández, Miguel, *Obra poética completa*, introducción, estudios y notas de Leopoldo de Luis y Jorge Urrutia, Madrid, Alianza Editorial, 1992.

Luis, Leopoldo de, "Notas para esta Antología", en Miguel Hernández: *Poemas sociales, de guerra y de muerte*, Madrid, Alianza Editorial, 1993, pp. 7-18.

Meschonnic. Henri, "Le mythe de la rupture", en *Modernité Modernité*, París, Éditions Verdier /Gallimard, 2005, pp. 67-76.

---, y Gérard Dessons, *Traité du rythme. Des vers et de proses*, París, Armand Colin, 2005.

Neruda, Pablo, *Canto general II*, Buenos Aires, Editorial Losada, 1970.

---. *Odas elementales*, Buenos Aires, Editorial Losada, 1977.

Paz, Octavio, "Recoged esa voz...", *Las peras del olmo,* Barcelona, Seix Barral, 1978, pp. 178-79.

---. "Antevíspera: *Taller* (1938-1941)", *Sombras de obras*, Barcelona, Editorial Seix Barral, 1983, pp. 94-113.

Paternain, Alejandro, *36 años de poesía uruguaya. Antología,* Montevideo, Editorial Alfa, 1976.

Sheridan, Guillermo, *Poeta con paisaje. Ensayos sobre la vida de Octavio Paz*, México D.F., Ediciones Era, 2004.

Siebenmann, Gustav, "Tangos cantautores y canción de protesta", *Poesía y poéticas del siglo XX en la América Hispana y el Brasil,* Madrid, Editorial Gredos, 1997, pp. 250-54.

Villanueva, Alberto, "Poesía reciente en el Uruguay (1960-1990)". La poesía nueva en el mundo hispánico y luso-brasileiro. *Iberoromania*,(Max Niemeyer Verlag, Tübingen) 34 (1991), pp. 131-48.

MIGUEL HERNÁNDEZ: LUCES Y SOMBRAS

José Luis Zerón

Por extraño que parezca, Miguel Hernández, uno de los poetas más estudiados, glosados y homenajeados de todos los tiempos, no tiene presencia en la actualidad poética. Mi afirmación es arriesgada, soy consciente de ello, pero no ociosa. No hay más que leer las poéticas y los escritos teóricos de los poetas nacidos entre 1960 y 1985, así como los estudios más profundos sobre poesía actual publicados en los últimos diez años para darnos cuenta de que el autor de *El rayo que no cesa* despierta poquísimo interés en el nuevo panorama poético español. No pretendo resultar intempestivo, pero creo que es precisamente ahora, durante la celebración del centenario del poeta oriolano, cuando hay que reflexionar sobre el lugar que ocupa su obra en la cultura contemporánea [1].

Es una realidad que las nuevas corrientes de la crítica literaria, así como las poéticas surgidas alrededor de la posmodernidad ignoran o desprecian a Miguel Hernández mientras que ensalzan a otros grandes de la poesía hispana del siglo xx como Neruda, Lorca, Juan Ramón, Cernuda, César Vallejo, Claudio Rodríguez, Gamoneda, Valente e incluso, últimamente, a Luis Rosales, hasta ayer injustamente olvidado. La nueva poesía se está gestando entre el fervor reivindicativo y el nihilismo radical, la altanería y la lealtad, y Miguel Hernández es, sin duda, una de las víctimas de esta contradicción[2]. Entiendo que los poetas desolados y nihilistas, los apóstoles del feísmo, el fragmentarismo y el *nonsense*, así como los canónigos de la experiencia, con su retórica *sotto voce* y sutilmente irónica, se sientan lejos de la vocación órfica que se percibe en la poesía de Miguel Hernández. Asimismo veo lógico que los poetas más exigentes con el lenguaje específicamente poético, diseñadores de una poética lúcida, reflexiva y escueta, los representantes de las poéticas llamadas esenciales, no se sientan identificados con el poeta oriolano (aunque harían bien en leer el *Cancionero y romancero de ausencias*). Lo que no me cuadra es que los autores que abogan por una poesía de signo crítico y resistente —que no tiene por qué renunciar a la calidad literaria más exigente—, la llamada poesía de la conciencia crítica o nueva poesía social, representada por nombres de reconocido prestigio en el panorama de la literatura alternativa como Jorge Riechmann o Enrique Falcón, no admitan abiertamente su magisterio, ni lo citen profusamente en sus poemas y en sus textos críticos. Lo mismo ocurre con poetas neosurrealistas, ¿es que no se han fijado en las imágenes fulgurantes de Miguel Hernández, en la magia de su lenguaje intenso, armonizado con el habla cotidiana?

Serán muchas y variadas las causas por las que las últimas tendencias poéticas niegan o ignoran a un poeta universal como es Miguel Hernández, pero sospecho que mucho tiene que ver, en general, la crítica hernandiana, más pendiente de la historiografía o el recuento biográfico que de la verdadera hermenéutica. Tampoco ha ayudado al pleno reconocimiento del poeta oriolano la pléyade de fieles devotos que lo han santificado, olvidando que es universal por su obra y no por sus hechos[3], y menos aún los manipuladores e interesados que han saqueado su memoria. Por otra parte están los "tristes tópicos" —como muy bien refleja en un juicioso artículo Agustín Sánchez Vidal— ,que han distorsionado la imagen real de Miguel Hernández como hombre y como poeta[4]. Topicazos como la leyenda del poeta-pastor semianalfabeto que escribía a golpes de impulso, la profecía de un destino trágico, así como todas las anécdotas —más o menos ciertas- relacionadas con su compromiso político propiciaron la mitificación del poeta, pero también restaron valor artístico a su obra, sometida por el autor a una disciplina metódica, lejos de la negligencia y espontaneidad que se le atribuye. Miguel Hernández supo crear ambientes dramáticos para sobrecoger al lector (véase la célebre "Elegía" a Sijé) y aprendió a jugar con los recursos literarios para lograr efectos desconcertantes —brillantes aliteraciones, invención de vocablos ,sinestesias, oxímoros etc.— en consonancia con las aventuras experimentales de los poetas vanguardistas de la primera mitad de siglo. No hay que dejar de insistir en la imagen de un Miguel Hernández disciplinado, sobre todo pensando en quienes aún no han comprendido que, como ha ocurrido con tantos poetas muertos en plena juventud, la muerte truncó una voz que empezaba a madurar, y que toda su producción es consecuencia de un proceso evolutivo tan sorprendente como conmovedor. Muchas veces me he preguntado cuál habría sido el destino de Miguel Hernández si hubiera sobrevivido a la brutalidad de las cárceles franquistas. Me cuesta imaginármelo con su temperamento en un exilio interior como el que vivió Aleixandre. Creo que sus sólidos principios le habrían impedido integrarse en el sistema franquista. Es muy probable que hubiera terminado yéndose de España. También me pregunto cómo hubiera encajado la modernidad con sus problemas medioambientales, la proliferación del armamento nuclear, la plaga del terrorismo, las purgas estalinistas, la caída del comunismo o los asombrosos avances de la tecnología; qué hubiera escrito acerca de las barbaries en Vietnam, Palestina, Argentina, Chile o Bosnia. Sólo la imaginación puede responder a estas preguntas. Pero estoy seguro de que habría escrito una obra de creciente envergadura.

Para terminar de entender por qué el insólito periplo hernandiano no es un modelo a seguir para los poetas jóvenes, tan atentos, sin embargo, a las singularidades y tan críticos con la normalización de la poesía, no hay que olvidar que la deshumanización del arte que pregonara Ortega vuelve a estar vigente. El mundo se ha convertido en un espectáculo global y excesivo. Vivimos un tiempo de derivas, extravíos e incertidumbres donde se impone la velocidad y la novedad y conviven la heterodoxia, el entusiasmo por el progreso, el desencanto y la apatía. Una época ésta poco dada a los desahogos sentimentales y sociales donde no hay lugar para la ebriedad poética.

Y Miguel Hernández vivió la poesía como una ebriedad, su exceso poético es consecuencia de la disciplina y la necesidad. Recorrió en una sola década todas las etapas posibles de la poesía española de su tiempo (casticismo naturalista, gongorismo, neorromanticismo, vanguardismo y poesía social) hasta escribir el *Cancionero y romancero de ausencias*, poemario depurado y original con el que alcanzó el lenguaje propio diferenciado que había buscado con ahínco. Pero este libro definitivo no convirtió a su creador en un innovador, ni en el gran artista que habría sido si la muerte no hubiera malogrado su vertiginosa trayectoria. Hemos de admitir que en casi la totalidad de su obra fulgura, en ocasiones, la pirotecnia retórica, y no siempre, aunque lo parezca, su poesía sale del corazón, sino que surge por imitación o facilidad verbal. El pintor y poeta Ramón Gaya ya advirtió de la verbosidad del oriolano al escribir con excesiva dureza acerca de *Viento del pueblo*: "la facilidad versificada le arrastra ciegamente para donde ni él mismo sabe y termina siendo esclavo de su facilidad, es decir, termina por ser facilidad sola, por ser vacío, nada"[5].Aunque Miguel Hernández elija "las manifestaciones de la sangre y no las de la razón, que lo echa todo a perder con su condición de hielo pensante[6], muchos de sus versos, como decía anteriormente, nacen de una impostura premeditada[7]. No es poesía en carne viva todo lo que escribió. Por eso mismo, aunque ha tenido —tiene— devotos, admiradores y detractores, no ha creado una escuela solvente. La mayoría de sus epígonos son meros imitadores o vates de segunda fila[8].

La vida de Miguel Hernández fue en sí misma una gran paradoja y su obra estuvo sometida a constantes disyuntivas que él fue resolviendo con intuiciones y razonamientos. Lo cierto es que no era un inocente. Para alcanzar sus aspiraciones mendigó favores, fingió sentimientos y aduló a quienes podían beneficiarlo. Supo moverse en los entresijos literarios. Claro que Miguel no era un burgués, ni falta que le hacía: le bastó con hacer ostentación de su sencillez y naturalidad para cautivar en poco tiempo a la flor y nata de la joven intelectualidad española del momento. Y cuando llegó la ocasión demostró que también sabía ser un cosmopolita[9].

Lo que yo admiro de Miguel Hernández por encima de sus hallazgos y extravíos es precisamente su humana y legítima aspiración de ser reconocido, su coraje y tenacidad, su capacidad de asombro, su necesidad de convertir el mundo en poesía, el don y la condena de vivir apasionadamente cada instante, cada acontecimiento ("un amor hacia todo me atormenta", escribió), su búsqueda de un espacio de libertad entre la rutina del habla y la servidumbre retórica, su sabiduría para integrar en un espacio mental y psicológico los elementos visibles de la realidad y, sobre todo, la superación de la incultura y las ideologías caducas sin renegar de sus raíces. Supo renunciar muy pronto al sonsonete que le contagió Sansano, y a la primera oportunidad se libró del influjo asfixiante del ultracatólico Sijé. Tuvo, además, los arrestos suficientes para marcharse de Orihuela, la ciudad levítica que nunca pudo abandonar del todo. Otro poeta en las mismas circunstancias sociales y culturales, al primer traspié, habría renunciado a sus ínfulas literarias; pero él nunca se sintió un fracasado, ni cedió en sus aspiraciones de ser un poeta universal. Miguel siempre estuvo seguro de sus posibilidades.

Cierto que hay en sus poemas artificio, broza y hasta mal gusto, pero estos vicios e imposturas no suponen una merma considerable de calidad y autenticidad. Hermética o accesible, contenida o torrencial, escrita desde el solipsismo o apelando a la solidaridad, su poesía, siempre dotada de una forma plástica y sensorial, es poderosa y atrayente. Sus intensas metáforas subliman la tragedia y trascienden la cotidianeidad. Por eso Miguel Hernández cautiva al pueblo, un logro que muy pocos poetas cultos han podido alcanzar.

Cuentan quienes lo conocieron que Miguel Hernández emitía una invisible pero perceptible luminosidad que siempre se imponía a las sombras ocasionales de su carácter: "me acuerdo de ti, porque sé que sufres con esas gentes puercas que te rodean y me apeno de ver tu fuerza viril y luminosa encerrada en el corral" (García Lorca)[10]. "Su rostro era el rostro de España cortado por la luz, arrugado como una sementera y endurecida al viento, eran dos rayos de fuerza y ternura" (Neruda)[11]. "Su presencia fue como una ráfaga de sol, de pan en la ciudad negra" (Octavio Paz)[12]. "Su rostro irradiaba una luminosidad que se difundía por aquellos ojos tan claros" (José Domingo)[13]. "Tenía uno de esos rostros vírgenes que no han sido desgastados por el buril de la ciudad, y de todo él afloraba un olor a aprisco mezclado con el sol" (Juan Gil-Albert) [14]. Quienes trataron a Miguel utilizan el símbolo de la luz para destacar su energía, su vehemencia, su vitalidad, su carácter voluntarioso y solidario. Pero el poeta oriolano también anduvo entre brumas, cometió errores y maduró en el dolor y el desengaño. Fue un hombre impresionable y audaz que vivió apasionadamente; un digno perdedor en un mundo de vencedores deshumanizados. En el furor de un sol expansivo hay también sombrías expectativas de muerte: "este rayo ni cesa ni se agota/ de mí mismo tomó su procedencia/ y ejercita en mí mismo sus furores"[15]. El poeta "es un hijo de la luz y de la sombra" [16] que se rebela contra las tinieblas.

La poesía hernandiana no siempre irradia una luz cenital, a veces emite un resplandor crepuscular, cinerario que cobra apariencia de mancha solar o de sol de medianoche. En el binomio luz-sombra podemos rastrear su significado más profundo.

Miguel Hernández también es el poeta iracundo, agresivo, ácido de "Silbo de afirmación en la aldea", "Sonreídme", "Los cobardes" o "Los hombres viejos". El nocturno y saturnal de "Umbrío por la pena, casi bruno", "Sino sangriento", "Me llamo barro, aunque Miguel me llame", "Silencio que naufraga en el silencio" o "Cerca está el cementerio". El poeta aterrado que amanece en un "Alba de hachas" y ve partir "El tren de los heridos". [17] El poeta perseguido que ve "en todas las casas/ojos que resplandecen y acechan .Lejos de sucumbir a la enfermedad y a las frustraciones de la derrota, reafirma su fe en el ser humano y escribe dos de los versos más conmovedores de la lírica universal: "pero hay un rayo de sol en la lucha/que siempre deja la sombra vencida" [18].

Como hombre, Miguel Hernández siempre dio la cara en el hogar, en el ágora, en las trincheras o en la cárcel. Como poeta supo fundir lo particular y lo universal con gran maestría; amalgamó palabra reveladora y conciencia crítica, emoción sentimental y emoción estética y nunca pretendió rebajar la poesía sino educar al pueblo con ella. Su verso, como dice Agustín Sánchez Vidal, "es el resultado de fecundar el impulso popular originario con creaciones cultas [19]; ese es el mayor logro de su creación literaria.

Titono y Eos siguen disputándose la voz de Miguel Hernández en este mundo desencantado. Parafraseando el bello oxímoron que sirve de título a uno de sus últimos poemas, podemos decir que Miguel sigue en la sombra lleno de luz [20].

NOTAS

[1] Han sido numerosos los homenajes que se le han tributado a lo largo del año, sin embargo, hasta el momento, nos tememos que la celebración del Centenario sólo ha aportado más mitificación y hagiografía. Como ha escrito con razón José Ramón Giner, el exceso de homenajes no ha servido para liberar a Miguel Hernández de la prisión de su biografía: "Resulta más atractivo el Hernández imaginado que el real". Giner advierte que "el problema de estos excesos es que Hernández acabe por convertirse en una moda, que nos aleje de su obra" y denuncia el oportunismo de muchos homenajeadores: "Miguel Hernández ha sido la excusa para que algunas personas montaran una exposición o cualquier cosa que se les ocurriera." José Ramón Giner, "Excesos hernandianos", *Arte y Letras* (suplemento cultural del diario *Información* de Alicante), 23 de septiembre de 2010.

[2] Miguel Hernández ha recibido más de un revés de la crítica, pero no se puede afirmar con rotundidad que haya existido una corriente de rechazo a su obra. Un ejemplo de la dureza con que algunos críticos han despachado la obra hernandiana es un artículo de José Ángel Valente que puede haber influido en los nuevos poetas, se titula "Poesía y realidad en Miguel Hernández". Publicado inicialmente en la revista *Ínsula*, n.º 224-225, julio-agosto de 1965 y recogido posteriormente en su libro *Las palabras de la tribu*, Barcelona, Tusquets, 1994.

[3] La Senda del Poeta se ha convertido en una romería laica. Cientos de admiradores realizan anualmente durante tres días un recorrido en tres etapas que se inicia en Orihuela y termina en el cementerio de Alicante.

[4] Agustín Sánchez Vidal, "Tres tristes tópicos", *Cincuenta años sin Miguel Hernández*, Diario *ABC*, sábado 28-3-92. Para conocer la realidad hernandiana resultan imprescindibles las biografías: *Miguel Hernández, desamordazado y regresado*, de Agustín Sánchez Vidal, Barcelona, Editorial Planeta, 1992; *Miguel Hernández: pasiones, cárcel y muerte de un poeta*, de José Luis Ferris, Madrid, Temas de Hoy, 2002; *El oficio de poeta Miguel Hernández*, de Eutimio Martín, Madrid, Editorial Aguilar, 2010. También desde una crítica rigurosa, hernandistas como Aitor Larrabide o Ramón Pérez Álvarez han combatido con sus artículos y ensayos los tópicos que han magnificado o desvirtuado la peripecia vital del poeta oriolano.

[5] Ramón Gaya, "Divagaciones en torno a un poeta: Miguel Hernández", *Hora de España*, n.º XVIII (mayo, 1938)

⁶ Estas palabras sobre lo que debe ser la poesía las escribió Miguel Hernández en su elogio a Residencia en la tierra de Pablo Neruda, publicado en *El Sol* el 2 de enero de 1936. Ver *Obra completa,* segundo volumen, teatro, prosas, correspondencia, edición crítica de Agustín Sánchez Vidal y José Carlos Rovira con la colaboración de Carmen Alemany, Madrid, Espasa-Calpe, 1993.

⁷ En uno de los escasos artículos de teoría poética que escribió Miguel Hernández ("Mi concepto del poema", en *Obra completa*, volumen II, *Teatro, prosas, Correspondencia*, Madrid, Espasa Calpe, 1993) leemos: "¿Qué es el poema? Una bella mentira fingida. Una verdad insinuada. Sólo insinuándola, no parece una verdad mentira (...) Los poemas desnudos son la anatomía de los poemas ¿Y habrá algo más horrible que un esqueleto?"

⁸ Dice el escritor chileno Roberto Bolaño, a través de uno de los personajes del cuento *Enrique Martín* (Barcelona, Círculo de Lectores, 2008), que Miguel Hernández "era un buen poeta que ignoro por qué gusta tanto a los malos poetas". El caso del poeta oriolano resulta desalentador: ha creado una escuela de malos poetas, lo que sin duda le ha perjudicado.

⁹ Sorpresivamente también cautivó al consagrado y muy elitista Juan Ramón Jiménez, que le dedicó un elogioso artículo: "Con la inmensa minoría", *El Sol*, 23 de febrero de 1936. Este elogio no fue circunstancial; en 1948 escribió: "De los poetas españoles muertos durante la guerra, los más señalados fueron Miguel de Unamuno, Antonio Machado, Federico García Lorca y Miguel Hernández. De ellos, el que peleó en los frentes y no quiso salir de su cárcel, donde se extinguía tísico y cantando sus amores, mientras otros compañeros siguieron detenidos, fue Miguel Hernández, héroe de la guerra. Decir esto que yo digo es justo y es exacto", Juan Ramón Jiménez, *Guerra en España (1936-1953)*, introducción, organización y notas de Ángel Crespo, Barcelona, Seix-Barral, 1985.

¹⁰ Carta a Miguel Hernández fechada en 1933, García Lorca: *Epistolario I*, Madrid, Alianza Editorial, 1983.

¹¹ Pablo Neruda, *Confieso que he vivido*, Barcelona, Ed. Argos Vergara, 1979.

¹² Octavio Paz. "Recoged esa voz", *Primeras letras*, Barcelona, Seix Barral, Barcelona, 1986.

¹³ José Domingo, *Revista Nacional de Cultura*, Caracas, enero-febrero,1961.

¹⁴ Juan Gil-Albert, "Miguel Hernández, notas de un carnet", *Documenta Miguel Hernández*, Valencia, Generalitat Valenciana, 1985.

[15] Estos versos pertenecen al segundo soneto de *El rayo que no cesa*, en *Obra completa*: Primer volumen, *Poesía*, Madrid, Espasa-Calpe, 1993.
[16] "Hijo de la luz y de la sombra" es el título de uno de los poemas más bellos del *Cancionero y romancero de ausencias*, ver O.C.1.
[17] Son algunos poemas célebres de distintos libros de Miguel Hernández, O.C.1.
[18] Son los versos finales de "Eterna sombra", perteneciente al ciclo del *Cancionero y romancero de ausencias*. Para muchos biógrafos puede considerarse como uno de los últimos —sino el último— poemas escritos por el poeta oriolano. Miguel Hernández, *Antología comentada* (I volumen, poesía), edición comentada de Francisco Esteve, Madrid, Ediciones de la Torre, 2003.
[19] Agustín Sánchez Vidal, "La propuesta hernandiana", en *La sombra vencida, Miguel Hernández. Encuentro con el poeta*, Orihuela, Círculo Uno Taller de Cultura y Empireuma, revista de creación, octubre de 1987.
[20] Se trata del soneto titulado "Sigo en la sombra, lleno de luz; ¿Existe el día?", perteneciente al ciclo del *Cancionero y romancero de ausencias*, O.C.1.

COLABORADORES

Luis Mariano Abad es profesor de Lengua Castellana y Literatura en el IES Tháder de Orihuela. Sus publicaciones incluyen: *Miguel Hernández. Imagen de su huella. Breve antología ilustrada por 23 artistas*, Ayto. de Almansa, 1992 (en colaboración con José Antonio Torregrosa), *40 poemas. Miguel Hernández. Antología ilustrada por 38 artistas*, Orihuela, Asociación Cultural Orihuela 2m10, 2010 (en colaboración con José Antonio Torregrosa); «Primeras lecturas de Miguel Hernández», *Empireuma*, n.º 22, Orihuela, 1997; «De nuevo sobre el "Silbo de afirmación en la aldea"», J.J. Sánchez y F. Esteve (eds.), en *Presente y futuro de Miguel Hernández. Actas del II Congreso Internacional Miguel Hernández*, Orihuela, Fundación Cultural Miguel Hernández, 2004; «El niño yuntero: realidad y tradición literaria», *Letras de Deusto*, n.º 126, Bilbao, Universidad de Deusto, 2010; «La perpetuación eterna de los padres: un elemento poético de Gabriel y Galán en la cosmovisión hernandiana», *Barcarola (Monográfico dedicado a Miguel Hernández)*, n.º 76, Albacete, noviembre 2010; «Gabriel y Galán y Miguel Hernández», *Actas del III Congreso Internacional Miguel Hernández*, Carmen Alemany (ed.), Universidad de Alicante, Alicante (En prensa).

Juan Carlos Abril (Los Villares, Jaén, España, 1974) es doctor en Literatura Española por la Universidad de Granada y actualmente trabaja en la Università degli Studi di Roma «La Sapienza». Ha publicado los libros de poemas *Un intruso nos somete* (1997), *El laberinto azul* (2001), y *Crisis* (2007). Ha preparado ediciones de autores como Luis García Montero o José Manuel Caballero Bonald, entre otros, y la antología *Deshabitados* (2008). También ha traducido, junto a Stéphanie Ameri, *Las cenizas de Gramsci*, de Pier Paolo Pasolini, o *Los Indomables*, de Filippo Tommaso Marinetti, entre otros. Forma parte de numerosas antologías, entre las que destacan *10 menos 30. La ruptura interior en la «poesía de la experiencia»*, de Luis Antonio de Villena (1997), *Yo es otro.*

Autorretratos de la nueva poesía, de Josep M. Rodríguez (2001), *Veinticinco poetas españoles jóvenes* (2003), *Cima de olvido*, de Rafael Alarcón Sierra (2006), o *La inteligencia y el hacha (Un panorama de la Generación poética del 2000)*, de Luis Antonio de Villena (2010). Ha publicado crítica literaria y poemas en diversas revistas como *Ínsula, Cuadernos Hispanoamericanos, Historia y Política, Rilce, Letras de Deusto, La Estafeta del Viento, Litoral, El Maquinista de la Generación, Sibila, Humanitas, Analecta Malacitana, Clarín,* o *Campo de Agramante*, entre otras. Dirige la revista *Paraíso*.

Rei Berroa. Poeta, crítico y traductor dominicano, autor de más de veinticinco libros, entre los cuales destacamos, en poesía: *Libro de los dones y los bienes* (Caracas, El Perro y la Rana, 2010), *Otridades* (Zamora, El Sinsonte en el Patio Vecino, 2010), *De adinamia de mente de umnesia* (Villahermosa, México, Maúcho, 2010 [poemario sobre el Alzheimer]), *Libro de los fragmentos y otros poemas* [Caracas, El Perro y la Rana, 2007], *Libro de los fragmentos* (Buenos Aires, Ultimo Reino, 1988), *Retazos para un traje de tierra* (Madrid, 1979); en crítica: *Aproximaciones a la literatura dominicana* I y II (Santo Domingo, Banco Central, 2007 y 2008), *Ideología y retórica: Las prosas de guerra de Miguel Hernández* (México, Libros de México, 1988), *Literature of the Americas* (Dubuque, Iowa, International University Consortium, 1988). Desde 1991 coordina anualmente para el Teatro de la Luna de Arlington, Virginia, y Washington, DC, el Maratón de Poesía del cual publica cada año, desde 2004 una antología. Se desempeña como profesor de Literatura Contemporánea de España, Latinoamérica y el Caribe en George Mason University, Virginia. Como poeta ha sido invitado a algunos de los más importantes festivales de poesía del mundo, incluidos los festivales de Medellín (Colombia), Caracas, México, Tabasco, La Habana, Montreal y Esmirna.

Irene Chico-Wyatt nació en España, donde obtuvo su licenciatura en Literatura Inglesa de la Universidad Complutense de Madrid. Trabajó varios años en el programa Vanderbilt-In-Spain. En 1993 inició sus estudios en la Universidad de Kentucky, donde obtuvo su maestría y doctorado. Actualmente es Coordinadora Académica del Departamento de Estudios Hispánicos de la misma universidad. Sus campos de especialización son poesía peninsular e hispanoamericana contemporánea, poesía escrita por mujeres (específicamente,

Alejandra Pizarnik), teatro del Siglo de Oro, y estudios cinematográficos. Entre sus publicaciones se encuentran varias reseñas de libros (*The Colonial City in Spanish-America: Urban Life in the Age of Atlantic Capitalism*. Jay Kinsbruner. Austin, University of Texas Press, 2005. En *The Sixteenth Century Journal. Homenaje a María Zambrano*. James Valender ed. México, El Colegio de México, 1998. En *Romance Quarterly*, 49.4 (Fall 2002), pp. 312-313); y la introducción al libro de Gregory Keith Cole *Spanish Women Poets of the Generation of 1927*, New York, The Edwin Mellen Press, 2002.

Arturo Dávila S. trabaja en el Departamento de Lenguas Extranjeras en Laney College, Oakland, y es Profesor Invitado en la Universidad de California en Berkeley, donde obtuvo su Doctorado en Lenguas y Literaturas Romances. Se especializa en Literatura Colonial (visiones indígenas de la Conquista de México) y Literatura Latinoamericana y Chicana contemporánea. Ha obtenido tres premios de poesía: *La ciudad dormida* (Premio "Sor Juana Inés de la Cruz", México, 1995); *Catulinarias* (Premio "Antonio Machado", España, 1998); y *Poemas para ser leídos en el metro* (Premio "Juan Ramón Jiménez", España, 2003). Su libro *Alfonso Reyes entre nosotros* (2010) fue publicado por la Universidad Autónoma de Nuevo León. Entre sus artículos se encuentran: "La caja de Pandora y el método neobarroco: entre Lezama Lima y Ernesto Cardenal" (2009); "El neobarroco sin lágrimas: Góngora, Mallarmé, Alfonso Reyes *et al*" (2008); "Carlos Monsiváis: 'Nuevo catecismo para indios remisos' o las trampas de la Reverenda fe" (2007); y "Tesis para Alfonso Reyes: Fósforo y la fama parcial" (2004). Actualmente realiza una investigación sobre los códices prehispánicos y escribe un libro sobre la importancia de la poesía chicana en la literatura hispanoamericana.

Luis García Montero (Granada, 1958) es uno de los poetas actuales más importantes en lengua española. Recientemente reunió su obra poética en el volumen *Poesía (1980-2005)*, publicando también *Vista cansada* (2008), y *Un invierno propio* (2011). Ha recibido, entre los más prestigiosos, el Premio Adonáis por *El jardín extranjero* (1983), el Premio Loewe y el Premio Nacional de Poesía por *Habitaciones separadas* (1994), o el Premio Nacional de la Crítica por *La intimidad de la serpiente* (2003). Catedrático de Universidad, también es un reconocido ensayista, destacando *Poesía, cuartel de invierno* (1987), *Confesiones poéticas* (1993), *Aguas territoriales* (1996), *El sexo día: historia íntima de la poesía española* (2000), *Los dueños del vacío. La* *conciencia poética, entre la identidad y los vínculos* (2006), o *Inquietudes bárbaras* (2008). Ha realizado adaptaciones teatrales de clásicos, incursiones en la literatura infantil como *Lecciones de poesía para niños inquietos*, o estudios y ediciones de autores como Gustavo Adolfo Bécquer, Rafael Alberti, Carlos Barral o Luis Rosales, entre otros. Articulista de opinión en diversos medios, también podrían citarse otras obras suyas recopilatorias como *La puerta de la calle* (1997), o misceláneas como *La mudanza de Adán* (2002), entre otras. Su último libro es *Mañana no será lo que Dios quiera* (2009), una biografía novelada sobre el poeta Ángel González.

Fernando Operé es catedrático de Literatura y Cultura en la Universidad de Virginia, USA, en donde es también Director del Programa de Estudios Latinoamericanos. Ha impartido clases y dado conferencias y recitales de poesía en numerosas universidades de los Estados Unidos, Hispanoamérica y España. Es autor de los siguientes libros: *España y los españoles del siglo XX* (2007); *Indian Captivity in Spanish America: Frontier Narratives* (2008); *Historias de la frontera. El cautiverio en la América hispánica* (2001); *Cautivos* (1997); y *Civilización y barbarie en la literatura argentina del siglo XIX. El Tirano Rosas* (1987), así como numerosísimos artículos. Su obra poética la componen los poemarios: *Segundo cántico* (2009); *Anotado al margen. Cuaderno de ruta* (2007); *Memorial del olvido* (2005); *Poesía a dos voces* (2004); *Alfabeto de ausencias* (2002); *Salmos de la materia* (2000); *Amor a los cuerpos* (1997); *Acróbata de ternuras* (1994); *¿Quién eres tú Betty Blue?* (1991); *Despedidas* (1987); y *Días de lluvia y otros soles* (1987).

Conny Palacios, nicaragüense, es autora múltiple (poeta, narradora, ensayista, y crítica literaria). Licenciada en Español por la Universidad de Saint Thomas en Miami, Florida, USA. Doctora en Español por la Universidad de Miami, Florida, USA (1995). Actualmente es Associate Profesor en Anderson University, Carolina del Sur, USA. El 12 de julio del 2001 ingresó a la Academia Nicaragüense de la Lengua y ha escrito 7 libros: *En carne viva* (Novela, 1994), *Pluralidad de máscaras en la lírica de Pablo Antonio Cuadra* (Ensayo, 1996), *Exorcismo del absurdo* (Poesía, 1999), *Percepción fractal* (Poesía, 1999), *Radiografía del silencio* (Poesía, 2003), *Helena Ospina: La voz encendida de la poesía mística en Centroamérica. Un análisis del proceso poético y místico* (Ensayo, 2008), *Naraya* (Novela, 2008) y ha coeditado una antología titulada *El güegüense al pie de Bobadilla: Poemas escogidos de la poesía nicaragüense actual*, selección y notas de Omar García-Obregón y Conny Palacios, 2008. Más de 35 artículos publicados en diversas revistas literarias y su obra ha sido objeto de estudio por parte de la crítica.

José Antonio Torregrosa es profesor de Lengua Castellana y Literatura en el IES "Antonio Sequeros", de Almoradí (Alicante). Publicó el libro *Juan Guerrero Ruiz. Vida literaria y epistolario inédito*, Murcia, Academia Alfonso X El Sabio, 1986. Ha colaborado en las siguientes revistas culturales o específicamente literarias: *Monteagudo, Empireuma, La Lucerna, Alquibla, Auca de las Letras, Letras de Deusto*. Ha impartido conferencias sobre distintos escritores y aspectos literarios diversos. Sobre Miguel Hernández ha publicado los siguientes trabajos: dos videogramas para la exposición "Miguel Hernandez, Poeta", 1992: *Miguel Hernández: Vida, amor y muerte de un poeta* (22') e *Imagen de su huella. La obra literaria de Miguel Hernández* (15'), al igual que los siguientes artículos: *Miguel Hernández, Imagen de su huella. Breve antología poética ilustrada por 23 artistas*, edición de Mariano Abad y José Antonio Torregrosa, Almansa, 1992; *Miguel Hernández: 40 Poemas. Antología ilustrada por 38 artistas*, edición y comentarios de Luis Mariano Abad Merino y José Antonio Torregrosa Díaz, Orihuela, 2009"; «Elegía» a Ramón Sijé: Claves para una lectura literal", *Letras de Deusto*, 126, Universidad de Deusto, 2010; "Te sigo y te persigo": imágenes de la insistencia amorosa en *El rayo que no cesa*", *Barcarola*, 76, Albacete, 2010; "Miguel Hernández: la tradición superada", comunicación presentada al *III Congreso Internacional Miguel Hernández*, Orihuela-Elche-Alicante, octubre 2010.

Alberto Villanueva, nacido en Paysandú, Uruguay, es profesor de Literatura Hispanoamericana en la Universidad de La Florida Central (UCF), EE.UU. En el área del ensayo, ha publicado dos libros: *"En idiomas cantan diferentes": notas sobre poesía contemporánea* (Montevideo, Vintén Editor, 2009), y *Alberto Girri en el presente poético* (Maryland, Ediciones Hispamérica, 2003). Asimismo, artículos suyos han aparecido en publicaciones tales como *Cuadernos Americanos* (UNAM, México), *Revista Iberoamericana* (University of Pittsburgh), *Hispanófila* (The University of North Carolina at Chapel Hill), *Hispamérica. Revista de Literatura* (University of Maryland), *Iberoromania* (Max Niemeyer Verlag, Tübingen), *Bulletin of Hispanic Studies* (University of Liverpool), *The Romanic Review* (Columbia University), *Texto Crítico* (Xalapa, Universidad Veracruzana), *Espéculo. Revista de Estudios Literarios* (Universidad Complutense de

Madrid), *Hipertexto* (The University of Texas-Pan American), *Visor Libros* (Madrid), *Río de la Plata: Culturas* (París), *Cuadernos de Marcha* (Montevideo). En poesía, selecciones de sus poemas han pasado a integrar diversas revistas literarias y antologías, y ha publicado los siguientes libros: *Escribo pájaro* (Montevideo, Vintén Editor, 2008), *(+) Poemas pragmáticos* (Maryland, Ediciones Hispamérica, 2005), *(17) Poemas pragmáticos* (Buenos Aires, Ediciones Último Reino), *De la ralea de la voz (1988/1996)* (Montevideo, Vintén Editor, 1998), *Mínima natural distancia* (Montevideo, Vintén Editor, 1990), *Hai kú* (Montevideo, Ediciones del Mirador, 1989) y *Vacilación sostenida* (Montevideo, Ediciones del Mirador, 1987). Su último libro preparado, *Antología poética (1987-2010)*, deja una suma mediante cambios, supresiones definitivas e inéditos, y continúa trabajando en otros dos libros de poemas y prosas.

José Luis Zerón nace en Orihuela en 1965. Co-director de la revista de creación *Empireuma*. Ha publicado cuatro libros de poesía: *Solumbre* (Orihuela, Ediciones Empireuma, 1994); *Frondas*, Premio Nacional de Poesía Nicolás del Hierro (Ciudad Real, Ayuntamiento de Piedrabuena y Junta de Comunidades de Castilla- La Mancha, 2000); *El vuelo en la jaula*, Premio Nacional de Poesía Ciudad de Callosa (Orihuela, Cátedra Arzobispo Loazes, Generalitat Valenciana, 2004); *Ante el umbral* (Instituto Alicantino de Cultura Juan Gil-Albert, Alicante, 2009); *Las llamas de los suburbios* (Orihuela, Fundación Cultural Miguel Hernández, 2010). También es autor de la plaqueta *Alimentando lluvias* (Alicante, Instituto de Cultura Juan Gil-Albert, 1998). Ha sido incluido en varias antologías nacionales y publica en numerosas revistas y periódicos de ámbito nacional e internacional.

EDITORES

Aitor L. Larrabide nació en Bilbao en 1969. Licenciado en Filología Hispánica por la Universidad de Deusto y doctor por la Universidad de León con la tesis *Miguel Hernández y la crítica*, publicada en 1999 por dicha universidad. Ha publicado numerosos artículos sobre Miguel Hernández, Ramón de Basterra, Juan Ramón Jiménez, Emilio Prados, Fernando Villalón, Pedro Garfias, etc. Además ha ofrecido conferencias en Bilbao, Madrid, Alicante, Orihuela, Santander, Lleida, Guadalajara, Toledo, La Habana, Miami, Avilés, etc., así como ha presentado revistas y libros. El campo de investigación principal es la literatura española de los años 30. Actualmente trabaja en diversas ediciones de José Antonio Balbontín, sobre el que ha cuidado la publicación de un poemario inédito del exilio, *A la orilla del Támesis*, y las memorias *La España de mi Experiencia*, así como varios artículos y conferencias en el Ateneo de Madrid y en el de Santander. Ha preparado y prologado diversas publicaciones hernandianas, editadas por la Fundación Cultural Miguel Hernández, con sede en Orihuela (Alicante), en la que trabaja desde 2002: *Hacia Miguel Hernández* (2003), de Ramón Pérez Álvarez; *Escritos sobre Miguel Hernández* (2003), de Arturo del Hoyo, *La claridad del aire. Ramón Sijé.* (2006), *Una voz de España en México: Miguel Hernández* (2007), la edición facsímil de *Homenaje a Miguel Hernández* (2007), etc., y ha comisariado diversas exposiciones sobre Francisco de Díe (2003), Juan Gil-Albert (2004), la prensa de Orihuela y Miguel Hernández (2005), Miguel Hernández y la guerra civil (2007), Ramón Sijé (2007), etc. Ha sido director de las cuatro ediciones del Taller de Empleo promovido por la Fundación Cultural Miguel Hernández desde 2002 hasta 2010.

Elvia Ardalani (Mexico, 1963) es Profesora Asociada de Creación Literaria y Literatura en el Departamento de Lenguas Modernas de la Universidad de Texas-Pan American. Está doctorada por la Universidad Texas A&M University-Kingsville. Entre sus libros publicados se incluyen *Cuadernos para un huérfano* (en prensa), *El ser de los enseres/ Being of the Household Beings* (Miguel Ángel Porrúa, en proceso de publicación); *Miércoles de ceniza* (Miguel Ángel Porrúa, 2007); *De cruz y media luna-From Cross and Crescent Moon, ed.Bilingüe* (Claves Latinoamericanas, 2006); *Y comerás del pan sentado junto al fuego* (Claves Latinoamericanas, 2002); *De cruz y media luna* (Tierra de libros, 1996) y *Por recuerdos viejos, por esos recuerdos* (1989). Es corresponsal de la revista española *Alborada/Goizaldia* y editora de la revista virtual *El Collar de la Paloma*. En el campo del ensayo académico ha publicado varios artículos, entre ellos "Memorias de una revolución imaginada" en el libro *Conciencia Mexicana: Bicentenario de la Independencia y Centenario de la Revolución* (Céfiro Press/Cálamo 2010) "El agua frente al muro: Reflexiones sobre mujer, literatura y frontera" en el libro *Enhebrando palabras al hilo de la escritura,* Vigo, Editorial Academia del Hispanismo, Universidad de Vigo, 2007, "Los esbozos psicológicos de Clarín en *La Regenta*". Serie monográfica de la Asociación Nacional de Estudios Hispanos y Latinos, Estados Unidos, 2001, "El recibimiento literario de la narrativa chicana y cubanoamericana en México y Cuba: Perspectivas de la cosmogonía de la marginalidad", Universidad de Arizona en Tucson, 2000. Pertenece al cuerpo editorial de la revista de crítica literaria *Hipertexto, Céfiro*, y de la editorial universitaria UT-Pan American Press. Fue co-editora de la revista *Letras Hispanas* así como fundadora y directora de los proyectos universitarios *Literatura del Norte*, un repositorio electrónico de artículos de crítica literaria sobre literatura del norte de México que inicia este año y *Poéticas,* repositorio de artículos críticos sobre poesía escrita por mujeres, también a iniciarse en 2011.

ÍNDICE

Presentación	1
Recordando a un gran poeta: Miguel Hernández JUAN CANO BALLESTA	3
El sudor: un elemento poético de Gabriel y Galán en la poesía de Miguel Hernández LUIS MARIANO ABAD	7
Lo popular en la poesía de Miguel Hernández y su vigencia JUAN CARLOS ABRIL	31
Ausencias condicionadas: el pedregoso camino de la poesía de Miguel Hernández en México ELVIA ARDALANI	41
De *Perito en lunas* a *Los hijos de la piedra*: intuición de una expresividad político-profética REI BERROA	55
Trauma y superación en los últimos poemas de Miguel Hernández IRENE CHICO-WYATT	65
Meditaciones sobre Miguel Hernández: *los halagos sonoros* y *el cerebro poliédrico* ARTURO DÁVILA	79
La soledad de Miguel Hernández LUIS GARCÍA MONTERO	117
Cartografía americana de un recuerdo. Homenajes tempranos a Miguel Hernández (1942-1960) AITOR L. LARRABIDE	135

Miguel Hernández en las Américas
FERNANDO OPERÉ   161

El dolorido vivir de Miguel Hernández como una constante
en su producción poética
CONNY PALACIOS   177

Espadas y cuchillos en *El rayo que no cesa*: sobre
interpretaciones
JOSÉ ANTONIO TORREGROSA   191

Terrestre fulgor: la voz de Miguel Hernández en América
ALBERTO VILLANUEVA   211

Miguel Hernández: luces y sombras
JOSÉ LUIS ZERÓN   227

www.ingramcontent.com/pod-product-compliance
Lightning Source LLC
Chambersburg PA
CBHW032040150426
43194CB00006B/353